신정론
하나님의 실수

신정론 하나님의 실수

초판 1쇄 인쇄　2010년 10월 15일
초판 1쇄 발행　2010년 10월 23일

지은이 | 심영보
펴낸이 | 손형국
펴낸곳 | (주)에세이퍼블리싱
출판등록 | 2004. 12. 1(제315-2008-022호)
주소 | 서울특별시 강서구 방화3동 316-3 한국계량계측회관 102호
홈페이지 | www.book.co.kr
전화번호 | (02)3159-9638~40
팩스 | (02)3159-9637

ISBN 978-89-6023-442-0　13230

이 책의 판권은 지은이와 (주)에세이퍼블리싱에 있습니다.
내용의 일부와 전부를 무단 전재하거나 복제를 금합니다.

aporia

신정론

| 에세이 작가총서 324 | 심영보 지음

하나님의 실수

계절은 봄이라

시간은 아침

아침 중에도 오전 일곱 시

저 동산 언덕엔 이슬방울 맺히고

종달새 날며 지저귀는데

달팽이 가시나무 위에 앉아 있네

하나님은 하늘에 계시니

세상만사 태평하구나.

―로버트 브라우닝(Robert Browning, 1812~1889)의
『피파의 노래』(*Pippa's Song*)에서

들어가는 말

어느 교회의 젊은 청년이 암(cancer)으로 부모보다 먼저 하늘나라에 간 일이 있었다. 그의 어머니는 아들을 유난히 사랑하고 자랑스러워했는데 대학을 졸업하던 해 그는 세상을 떠났다. 4년간의 공든 탑이 무너져 내렸다. 어머니의 아들에 대한 기대는 누구보다도 크고 강했다. 성도들이 그녀에게 많은 말로 위로해주었지만 전혀 도움이 되지 못했다. 장례식 날, 그 어머니의 오열은 모든 조문객들에게 전율을 느끼게 했다. 그 모친은 아들의 관 앞에서 그만 드러눕고 말았다. 교인 중에 한 장로님이 다가가서 그녀를 일으켜 세우며 달래보려고 애를 썼다. 그대로 두었다가는 장례를 진행할 수 없었기 때문이다.

"모든 것은 하나님의 뜻입니다. 자, 그러니 그만 일어나세요."

"뭐요? 뭐라고요? 하나님의 뜻이라고요?"

그녀의 목소리가 장례식장을 메아리쳤다. 돌발 상황이 벌어졌다. 그 장로님은 교회 안에서 가장 존경받는 분으로서 그 어머니를 그렇게 위로해주었다.

그러나 아들을 잃은 슬픔의 통곡이 이제는 원망과 비난의 절규로 변하고 말았다. 마치 사슴이 자신의 짝을 잃으면 심장이 터져 죽는 것처럼, 그녀의 입에서 피를 토하는 비명소리가 터져 나왔다. 조문객들도 발걸음을 멈추었다. 그녀의 한풀이에 귀를 기울이며 숨을 죽이고 있었다.

"당신 자식이 아니니까, 그렇게 말하지요! 내 새끼 살려내시오!"

그리고 그녀는 그만 기절하고 말았다. 쓰러진 그녀를 부둥켜안은 유족 중의 한 사람이 외쳤다.

"의사를 데려오라."

여기저기서 수군대는 소리가 들린다.

"어찌 하나님은 젊고 젊은 사람을 데려간담. 우리 같이 늙은이들은 안 데려가고."

"장래가 구만리 같은디."

"꽃도 피지 못한겨."

마침 의사가 도착하여 그 모친에게 응급조치를 취했다. 조문객들 중에는 무신론자들이 있었다. 타 종교인들도 있었다. 그리고 반기독교적인 사람들도 있었다. 성경책을 손에 든 목사도, 함께 온 교인들도 어떻게 해야 좋을지 좌불안석이었다.

하나님의 뜻이 어떤 것인지 인간은 확실히 알 수 없다. 그런데도 그렇게 말을 해야만 하는 상황이 발생한다면, 당신의 입장은 어떠한가? **만약** 그렇게 말을 하려면, 하나님의 뜻과 섭리가 무엇인지 알아보려고 노력은 해야 하지 않겠는가? 설령 안다고 할지라도 어떻게 그것을(?) 수용해야 할지…….

모든 비극적인 신앙사건에 대한 해석은 세 가지 관점에서 보아야 한다.

첫째는 텍스트(Text)이다.

둘째는 콘텍스트(Context)이다.

셋째는 프리텍스트(Pretext)이다.

악(Evil)의 의미가 무엇인가? 인간의 생명을 해치는 것이다. 악은 현상적 실체이다. 악에는 세 가지 종류가 있다. 첫째, 자연적인 악이다. 이것은 천재지변을 통한 인간생명의 희생이다. 둘째, 사회적인 악이다. 인간의 제도와 관계성에서 비롯한 살인과 사형이다. 셋째, 윤리적인 악으로 스스로 자살하는 것이다. 생명은 한 알의 밀알처럼 땅과 병충해, 비바람과 눈보라 속에서 치열한 홍역과 전쟁을 치르고 난 후 30배, 60배, 100배의 풍요로운 결실을 맺어야 할 책임과 의무가 있다.

모든 인간의 생명은 존중되어야 하며 보호되어야 한다. 그 이유는 "하나님의 형상"대로 창조되었기 때문에 생명을 해치는 것은 하나님의 형상을 파괴하는 것이다. 특히 인간이 만들어 놓은 '사형제도'는 "하나님의 형상"을 해체시키며 도전하는 행위다.

스스로 원치 않는 죽음을 "하나님의 뜻"과 "하나님의 섭리" 혹은 "하나님의 실수"라고 말하는 것은 하나님의 괘씸죄에 해당할지 모른다. 더 나아가 신성모독죄에 해당할 것이다. 인간의 비극과 뒤틀리고 왜곡된 상황을 그런 식으로 표현하거나 그렇게 해석할 수 있는 자유도 제한되어 있다. 단지 가만히 입을 다물고 싶을 따름이다. 왜냐하면 침묵은 돌이기 때문이다. 잠자코 말없이 지켜보고 싶은 저차원의 신앙일 뿐이다. 하나님의 깊은 뜻을 설명할 자신이 없다.

비극의 탄생을 일방적으로 "하나님의 뜻"이라고 말한다. 그것은 줄기 없는 잎과 같이 너무나도 뻔뻔스럽다. **만약** 하나님의 "의도적 오류"(Intentional Fallacy, IF)가 있다면, 그 존재 여부에 대한 현명한 독자들의 혜안을 듣고 싶다. 해답의 열쇠를 구걸한다. 이 글을 읽고 난 후, 꼭 한마디 가르침을 달라고 정중히 부탁드린다.

만약 하나님의 뜻이 생명을 해치는 데 있다고 한다면, "살인하지 말라"고 하신 "십계명"은 어떻게 해석해야 되겠는가? 자궁 속에 있는 열매조차도 살해해서는 안 된다. 아차, 싶으면 악을 미화시키는 꼴이 되기 십상이다. 이러한 고뇌 속에서 "하나님의 뜻"인지 "하나님의 실수"인지 전혀 분간하지 못한 채, 어설프게 필을 들었다.

글 솜씨가 뛰어난 필객의 붓끝은 아니지만, 필자의 마음속에 웅크리고 있는 '검'으로 먼저 자신을 도려내는 아픔으로 인간의 고난에 대한 의미를 생각해본다.

독자들에게서는 이미 두 가지 반응이 나타났다. 하나는 "하나님도 실수를 많이 하셨네요."라는 화살이 날아온다. 다른 하나는 "나를 만드신 것이 하나님의 실수입니다."라는 화살이 동시에 날아온다. 밀(J. S. Mill)의 코멘트에 의하면, 전자는 소크라테스요, 후자는 바보다.

그대는 어느 쪽인가?

만약 두 개의 화살이 동시에 날아온다면, 그대의 영혼이 온전하겠는가?

2010년 9월
심영보

차 례

들어가는 말 ………………………………………… 5

1부 하나님의 지진 감지 시스템 …………… 13

1. 하나님의 실수라고요? …………………………… 20
2. 살아 있는 소금기둥 ……………………………… 22
3. 바리케이드 ………………………………………… 25
4. 더블토크 …………………………………………… 28
5. 만약 그 여자가 당선되면 ………………………… 30
6. 목사의 다림줄 ……………………………………… 34
7. 보이지 않는 손 …………………………………… 36
8. 가장 아름답고 엄숙한 순간 ……………………… 38
9. 삼자(三自)의 축 …………………………………… 39
10. 선상투표 …………………………………………… 41
11. "포도주를 물로 만들어 주십시오." ……………… 42
12. 뒤집기 신학 ……………………………………… 44
13. 공은 둥글다고? …………………………………… 46
14. 지렁이도 무는 수가 있다 ………………………… 48
15. 내면의 닻 ………………………………………… 49
16. 뮌하우젠 증후군 ………………………………… 52
17. 생명의 보자기 …………………………………… 54
18. 스피노자 효과 …………………………………… 57
19. "출교"시킵시다 …………………………………… 59
20. "파"는 눈물을 흘리게 한다 ……………………… 61
21. 하늘의 스파이 …………………………………… 63
22. 이프 신학 ………………………………………… 67

23. 황야의 무법자	73
24. 참새 정가입찰제	78
25. 자기 갑옷의 노예	80
26. 복수의 속옷	82
27. 전당포 주인	85
28. 빈총이라도 동료에게 겨누어서는 안 된다	88
29. 꼼수전략	91
30. 가지 못한 길	93
31. 우레와 번개	96
32. 바람 곳간	98
33. 악연도 필연	100
34. 동풍의 씨앗	103
35. 아킬레스건	106
36. 서풍의 씨앗	109
37. 누구를 위하여 종을 울리나?	111
38. 좋은 울타리	113
39. 저주의 대물림	115
40. 프로타고니스트와 듀터라고니스트	116
41. 1,600달러	118
42. 플레시보 촛불집회	119
43. 구더기 어머니	121
44. 진정한 멘토	123

2부 진리는 죽음이다 127

1. 선과 악은 하나	132
2. 선악의 공존은 미스터리	135
3. 그림자 없이는 빛도 없다	137
4. 고난의 수수께끼	139
5. 하나님의 아포리아(aporia)	143

6. 때 이른 타작마당 ································· 145
7. 구약의 이프 신학 ································· 148
8. 신약의 이프 신학 ································· 151
9. 사탄의 이프 ······································· 153
10. 실수 불가일까? ·································· 155
11. 나쁜 일과 좋은 일은 왜 발생하는가? ·········· 157
12. 거룩한 무관심 ···································· 160
13. 우연적 필연성과 필연적 우연성 ················ 162
14. 죽음의 선물 ······································ 165
15. 여호와의 질문 ···································· 166
16. 왜 완전범죄를 묵인하는가? ····················· 169
17. 자살도 '소명'인가? ······························ 172
18. 만약 엘리사에게 가발이 있었더라면 ··········· 178
19. 10인승 구명정에 100명이 몰려온다면 ········· 183
20. '회색'은 주인을 알아본다 ······················· 186
21. 죽을병 ··· 190
22. 원발불명암 ·· 194
23. 낙엽이 제때에 떨어질 수만 있다면 ············ 200
24. 웰빙과 웰다잉 ···································· 203
25. 타면자건(唾面自乾) ······························ 207
26. 와우(WOW): 물 위를 걷는 기술 ··············· 209
27. 알끼키의 원리 ···································· 211
28. U자형 인간 ······································· 213
29. 한 알의 모래알 속에서 우주를! ················ 217
30. 하나님의 컬러(color) ···························· 219
31. 은밀한 원인(secret cause) ······················ 222
32. 만약 선과 악의 이원론이 맞는다면 ············ 225
33. 메타포에게 말을 걸어보라 ······················ 229

나가는 말 ·· 234

1부
하나님의 지진 감지 시스템

1부

하나님의 지진 감지 시스템

하나님은 선하신 분인가? 아니면 악하신 분인가? 하나님이 선의 고갈을 방치하고 있는 것은 혹시 아닌가? 사탄의 의도를 알고 있으면서 악의 소생을 혹시 묵인하고 있는 것은 아닌가? "선악과"는 인간이 선과 악의 이분법을 알기 이전에 이미 에덴동산에서 그 빛을 보여주고 있는 것이다. 인간이 타락하기 이전에 등장한 선과 악의 모양이 자리를 잡고 있었다.

스코트(R. B. Y. Scott)는 『구약성서에서의 지혜의 길』(The Way of Wisdom in The Old Testament)에서 다음과 같은 명제를 제시한다.

만약 하나님이 하나님이시면,
그분은 선하지 않다.
만약 하나님이 선하시면,
그분은 하나님이 아니시다.

If God is God,
He is not good.
If God is good,
He is not God.

선과 악의 화해는 불가능한 것인가? 이상한 질문이라고 생각할 것이다. 변하는 것과 변하지 않는 것, 존재와 비존재 그리고 존재와의 만남이 충돌을 일으킨다. 그리고 그 화해의 역설이 다가온다.

"신정론"(Theodicy)! 인간 이성의 걸림돌, 끝없는 철학적 질문, 신비주의의 결론, 신학적 과제다. 에둘러 가야 할 필요가 있겠는가? 하나님은 선하시지만 악하시다. 하나님은 악하시지만 선하시다. 그렇다면 하나님의 정체성은 무엇인가? 선악의 양면성이다. 양면성이란 하나의 현상이지 하나님의 속성은 아니다. 그럼에도 불구하고 하나님의 양면성은 존재한다.

하나님은 두 개의 마스크를 가지고 있다. 흰색과 검정색이다. 하나님은 자신만의 가정법을 절대적으로 여긴다. 이 가정법 속에는 하나님의 의지가 내포되어 있다. 하나님의 가정법에 걸려 있는 인간은 선택을 해야 한다. 인간의 자유의지는 무용지물이다. 오직 하나님의 조건법에 따라서 인간의 운명이 결정된다. 하나님의 "괘씸죄"에 걸려들면 인간은 괴롭다. 하나님의 흑백논리는 선과 악, 죄와 정의로 나타난다. 따라서 인간은 하나님의 가정법을 유념해야 한다.

만약 하나님이 존재한다면,
모든 일이 불가능하다.
만약 하나님이 존재하지 않는다면,
모든 일이 가능하다.

If God is,
Everything is impossible.
If God is not,
Everything is possible.

선을 추구하는 하나님이 존재한다. 그럼에도 불구하고 악이 존재한다. 에덴동산으로 돌아가자. 엉겅퀴와 비바람, 가죽 옷과 흐르는 땀, 해산의 고통으로 돌아간다. 과거로의 회귀다. 현실 도피적 토론이다. 그러나 여전히 악을 막지 못한다. 따라서 하나님이 추구하는 선은 악의 숨결 앞에서 그 기운이 사라진다. 모든 일이 불가능하다. 영원토록 그날이 오기까지 악은 사라지지 않을 것이다.

하나님이 존재하지 않는 무신론은 하나님을 원망하지 않는다. 비존재의 존재에 대한 의지와 기대나 희망은 없다. 불평불만의 대상은 결국 자의식적 존재다. 실존적 불안에 대한 피안은 결국 자아다. 하나님에 대한 존재의 부정으로 인간은 자유를 얻었다. 생명을 해치는 자유와 책임까지도 가능하다. 하나님에 대한 존재의 인정으로 인간은 구속을 받는다.

신학자들은 하나님의 "정의", 선과 악, 즉 "신정론"의 문제를 다루다가 증거 불충분이라는 이유로 기각을 결정한다. 지금까지 그래왔다. 앞으로도 그럴 가능성이 농후하다. 이것이 현실이며 리얼리티이다.

금지된 나무의 열매를 먹지 말라는 이야기는 그것이 무엇이든 '금지된 한 가지'가 있다는 것을 전제로 한다. 예를 들면, "이 문을 열지 말라. 이곳을 둘러보지 말라. 이 음식을 먹지 말라. 뒤를 돌아보지 말라." 등이다. 왜 하나님이 그와 같은 지시를 내리고 있는지 알아보려면, 단지 누군가에게 "이 일은 하지 말라."고 말해보면 쉽게 알 수 있다. 나머지는 인간의 본성이 다 알려줄 것이다.

하나님의 플롯은 무엇인가? 하나님의 생각은 아담과 이브를 동산 밖으로 추방하는 것이다. 그 동산은 어떤 곳인가? 인간 또는 사물의 본성이 하나 되고 일치되며 조화를 이루어 통합되는 장소. 그 어떠한 분열도 없는 곳이다. 이러한 관점에서 "에클레시아", 교회라는 공간은 모든 인간의 갈등과 분열을 보듬어 안아서 아우르며 치유하는 곳이다. 통합과 통섭의 장으로서 에덴동산은 인간을 위한 최초의 에덴교회였다.

그러나 선과 악의 지식의 열매를 먹게 되었을 때 인간은 선과 악, 빛과 어둠, 옳고 그름뿐 아니라 남성과 여성, 신과 인간까지도 포함하는 모든 대립 쌍들을 알게 된다. 인간은 선과 악의 지식의 열매를 먹었다. 그가 영생의 나무인 두 번째 나무의 열매를 먹을까 봐 하나님은 인간을 동산에서 내쫓고 두 케루빔 사이에 "화염검"을 두어서 지키게 한 것이다.

아담과 이브는 하나님으로부터 떨어져 나갔으며 하나 됨에 대한 그들의 감각을 통해 자신들이 이분법적으로 분열되었다는 사실을 깨닫게 된다. 그들은 자신들의 벌거벗음을 감추고자 시도한다. 그러나 하나님은 인간의 드러냄과 감춤의 이분법이 마치 뫼비우스의 띠처럼 하나로 연결되는 타이밍을 원하고 있다. 이 같은 하나님의 소망은 어떻게 그들이 동산으로 다시 돌아갈 수 있느냐 하는 것이다. 다시 말하면, 선과 악의 공존상태를 어떻게 회복시키느냐 하는 것이다.

캠벨(Joseph Campbell)의 저서, 『네가 바로 그것이다』(THOU ART THAT)에서 그는 통섭의 장으로서 에덴은 선과 악의 분리를 주장하지 않는다. 이 신비를, 이 비밀을 이해하기 위해서는 모든 판단과 윤리와 도덕, 선악의 문제까지도 내려놓고 잊어야 한다는 것이다.

인간은 두 차원에서 살아갈 수밖에 없는 존재이다. 하나는 아무 판단 없이 인생을 있는 그대로 인식하는 것이다. 다른 하나는 자신이 속한 문화나 특수한 종교의 윤리적 가치들과 관련을 맺으며 살아가는 것이다. 물론 이 두 가지는 쉽지 않을 것이다.

"에덴"이라는 목가적 장소는 이분법적 대립 쌍들—남성과 여성, 선과 악—로 이루어져 있으며 인간의 정신과 생각이 하나님의 정신과 생각만큼 거룩하다는 것에 대한 영적인 메타포다. 이 추방의 스토리는 심리학적 해석을 통해서만 그 의미를 이해할 수 있다. 다르게 해석하는 것은 기독교의 "메타포", 즉 은유의 법칙과 그 뜻을 오해하거나 곡해하는 것이다.

예수의 메타포를 이해하지 못한 신약시대의 종교지도자들의 오해와 곡해 그리고 무지가 골고다의 십자가라는 비극적인 결과를 초래하고 말았다. 선과 악이 공존하는 십자가의 메타포를 생산해 냈다.

　인간의 추방, 고난과 고통에 대한 '리얼리티의 부정'은 훌륭한 것이며 멋진 것이다. 하나님을 믿는다고 하는 사람들이 오히려 이것에 대한 전문가들이다. 그래서 아이러니하며 특히 더 잘한다. '현실부정'은 실제로 비극적인 사건이 벌어졌는데도 불구하고 '이것은 아니야!' 라고 고백한다. 인간 존재의 지성, 감성, 양심, 심지어 영성까지도 이 현실을 은밀히 소리 없이 무시한다. 그것은 살아남기 위한 일종의 꼼수전략이요, 방편일는지 모른다. "진리가 너희를 자유케" 한다면, 이 고통스런 삶의 현장에서 진정한 자유를 찾는 것이 인생의 목적이라고 할 수 있다. 인간은 지금 이 시간, 무언가에 끌려가고 있다는 생각을 지울 수 없다.

　'현실부정'은 성경의 역사적 사실들을 직시하지 않는다. 설령 그 사실들을 인정하고 고백한다 할지라도 자기 자신과 남들을 상대로 상황이 그렇게 나쁘지 않은 척 행동하게 만드는 심리적 방어기제다. **만약** 하나님의 "의도적 오류"(Intentional Fallacy, IF)가 있다면, 어떻게 할 것인가? 신학자들은 그럴듯하게 해석해주지 않는다. 방치하는 것만이 생존을 위한 살 길인가? '현실부정'은 심각한 비극을 견뎌낼 수 있도록 할 뿐만 아니라 해야 할 일보다는 하고 싶은 일을 할 수 있도록 도와준다. 인간은 모두 '현실부정'을 필요로 한다. 그러나 가장 위험한 '현실부정'은 신앙과 연관된 '현실부정'이다. 그것은 대단히 치명적이다. "로마가 불타오르고 있는데 낚시를 하는 것은 최고 형태의 현실부정에 해당한다."고 퀸네트(Paul Quinnett)는 말한다. 이 같은 '현실부정'은 타격이 클 수도 있으며 역사의 발전을 후퇴시킨다. 그리고 신학의 발전과 신앙의 성장을 가로막는다. 그 결과 인식의 차이는 있지만, 저마다 자신의 신앙을 정당화하기 위하여 원점(?)으로 돌아간다. 특별히 해석이 불가능하다는 판단으로 포기한 문제가 오늘의 "하나님의 실수"를 토설케 한다.

수시로 흔들리는 "소마"(soma)의 메타포, 즉 땅의 지진을 어떻게 감지할 수 있을까?

1. 하나님의 실수라고요?

"하나님의 실수라고 해야 이해가 갑니다."

당신의 말을 18년 가까이 되뇌다가 끝내 참을 수 없어서 토해 내려고 한다. 당신은 장로의 아내로서 교회에서 할 만큼 했다. 그 사실을 모두 잘 알고 있다. 나도 그렇게 생각한다. 당신의 남편인 G장로도 매사에 신중하고 성실했다. E목사도 당신 남편의 그런 점이 좋아서 장로로 세운 것이 아니겠는가! 언제 남편이 장로가 되겠다고 원했던가! "자격이 안 된다"고 "자신이 없다"고 그렇게 고집하며 사양하지 아니했던가! 그는 겸손한 사람이었다. 그렇게 고사했음에도 불구하고 목사는 기어이 남편을 장로로 세웠다. 그것은 그의 인품과 성품, 신앙적 헌신을 믿었기 때문이다. 그런 사이였는데 그 일이 어떻게 "하나님의 뜻"이라고 말하고 싶겠는가? "인간의 실수"라기보다는 "하나님의 실수"라고 하는 것이 속이 시원하다.

J권사!

나는 당신의 믿음을 의심하지 않는다. 차라리 "하나님의 실수"라고 한다면, 그 모든 사건의 전모를 받아들이겠다고 하던 당신의 심정을 충분히 이해하고 싶다. 남편은 E목사를 동역자 중의 한 사람으로 선택했다. 목사에게도 남아 있는 가족들이 있다는 것을 당신은 잘 알고 있을 것이다. 나로서는 그들도 외면할 수 없는 소중한 사람들이며 원치 않는 피해자들이다. 그리고 당신이 알지 못하는 가족들이 더 있다. 최소한 그들에게 누가 되지 않게 하는 예의를 지켜야만 한다고 생각한다. 살얼음판을 걸어가는 심정으로 이 글을 쓰는 것이니 J권사의 양해를 구한다. 당신이 말한 대로 그 일은 "하나님의 실수"라고 말해드리고 싶다.

오죽하면, 롯(Lot)의 아내가 뒤를 돌아다보았을까!

J권사!

당신을 위로하기 위하여 롯의 아내를 들먹이려고 하는 것은 아니다. 고통의 한복판에 서 있는 당신의 이야기를 새삼스럽게 꺼내서 아픈 상처를 회상해보는 즐거움이나 야릇한 담론의 모험을 시도해보는 것은 더더욱 아니라는 것을 밝혀둔다. 신앙인의 한 사람으로서 고난과 고통의 현장을 어떻게 이해할 것인가. 그리고 남은 세월 그리스도 예수 안에서 어떻게 살아갈 것인가에 대한 존 번연(John Bunyan)의 『천로역정』(Pilgrim's Progress)과 같은 흔적을 남기고 싶어서 필을 든 것이다.

전지전능하신 하나님께서 왜 고난과 고통의 부조리한 상황을 만들어 내실까? 왜 침묵만을 고집하는 것일까? 왜 숨어만 계실까? 왜 묵인하시는 것일까? 왜 악을 허용하시는 것인가? 악에 의한 희생자들의 고통은 무엇으로 보상해줄 수 있을까? 하나님은 혹시 인간의 고통을 즐기고 계시는 것은 아닌가? 과연 "하나님의 실수"라는 표현을 하나님은 용납하실 것인가?

J권사!

이런 복잡하고 곤혹스런 말을 할 수밖에 없는 것을 이해해주길 바란다. 당신의 비탄에 젖은 그 아픔을 조금이라도 달랠 수만 있다면 좋겠다. 한 맺힌 세월의 나날들을 어떻게 삭이면서 살아 왔는가? 지나온 삶의 여정은 서로 다를지라도, "험한 세월을 살아왔노라."고 고백하면서 이집트의 바로(Pharaoh)를 축복하는 야곱(Jacob)처럼 용서할 수 없는 "그"를 축복해줄 수는 없는지? 있다면 얼마나 좋을까! 어설프고 설익은 바람을 가져본다.

남은 생애를 고문당하면서 살아갈 것이 안타깝고 슬픈 일이다. 뇌리 속에 파묻혀 꿈틀거리는 그 충격의 흔적은 망각의 은혜가 있어야만 지워질 것이다. 차라리 치매라도 걸렸으면 잊고서 살아갈 수 있으련만. 고통의 흔적들을 조금이라도 벗겨드릴 수만 있다면…….

J권사!

남편의 "엘리 엘리 라마사박다니"의 메아리가 내 귓전에 지금도 메아리친다오. 비록 당신이 "하나님의 실수"를 고백한다 할지라도, 하나님은 변함없이 당신을 사랑하고 있다오. 내 말을 믿지 못한다 할지라도 당신이 걸려 넘어지는 그곳에서 '십자가'를 발견할 수도 있을 것이오.

2. 살아 있는 소금기둥

그녀의 심정을 이해하고 싶다. 두고 온 가족들에 대한 염려와 걱정 때문에, '나만 살려고 이렇게 도망을 치는구나.' 라는 죄의식 때문에 뒤를 돌아보지 않으면 천추의 한이 될 것 같았다. "돌아서면 죽는다! 절대로 돌아보지 마라"는 남편과 두 딸들의 간곡한 당부가 있었음에도 불구하고 그녀는 끝내 일을 저지르고 말았다.

함께해야 할 시간에 함께 있어주는 것은 무엇인가? 있어야 할 자리에 함께 있어주는 것이 무엇인가? 휴머니티다. 단순한 호기심으로 뒤를 돌아다본 것일까? 그것은 아닐 것이다. 남겨둔 재물들이 아까워서 돌아본 것일까? 그것도 아닐 것이다. 아마도 친정아버지와 어머니, 혈육들과 정들었던 친구들,

아끼고 사랑했던 애마들, 개와 고양이, 애완동물들, 살아 있는 생명들, 뜨락에 피어난 라일락 꽃, 돌 틈 사이에 난 민들레와 봉숭아, 남새밭에 심어놓은 채소들……. 그들의 생사와 미래가 궁금했을 것이다. 두 딸아이와 약혼한 사윗감들은 또 어쩌란 말이냐? 약혼을 하기까지 미래의 장인과 장모는 야훼 하나님에 대한 신앙을 사위들에게 전해주었다.

"하나님의 심판이 있을 것이다."

롯의 말을 농담으로 알아들었지만 그래도 그들은 정직하고 성실한 청년들이었다. 그랬다! 그것 때문에 뒤를 돌아다본 것이다. 생명을 사랑하는 그녀의 마음이 발목을 잡은 것이다. 뒤를 돌아다보는 순간, 그녀의 몸에 남아 있던 수분이 모두 증발하고 말았다. 물을 모두 **빼앗긴** 그녀는 "소금기둥"(Pillar of Salt)(창 19:26)으로 변하고 말았다. 소돔(Sodom)과 고모라(Gomorrah)의 심판은 가장 대표적인 '자연적인 악'의 상징이다. '소금기둥'은 '자연적인 악'의 희생물이요 결과물이다. **만약** 하나님의 진노가 발동하면, 생물이 무생물로 바뀌어버린다. 슬프고 애통한 일이다.

하나님의 진노는 사랑의 슬픔이라고 말할 수 있는가? 하나님의 거룩한 진노는 사랑의 진노라고 말할 수 있는가? 살아남은 가족들의 고통과 슬픔보다도 죽음의 문턱에서 고통스럽게 죽어가는 그들의 목숨이 안타까웠다. 롯의 슬픔과 딸들의 고통을 뒤로 한 채, 그녀는 '소금동상'으로 영원한 기념물이 되었다.

롯의 아내에 대한 프로필은 아주 간단한 2형식 문장으로 처리한다. 소돔과 고모라에서 소알(Zoar)까지 죽음을 피해 달아나는 롯의 아내에 대한 심경과 그들 사이에서 오고 간 이야기는 한마디도 전해주지 않는다. 정신없이 삼십육계 줄행랑을 쳐야 살 수 있었던 그 긴박한 상황 속에서 이야기는 무슨 이야기냐고 반문할지 모른다. 그녀의 족적과 고뇌에 대한 한마디 언급도 찾아볼 수 없다. 이름조차 등장하지 않는다. 아무개의 '처'라는 표현은 여성들의 정체성을 침해하는 것 같으며 어쩐지 가부장적인 냄새가 나는 것 같다. 한국어의 특성상, '처(妻)'라는 호칭의 문제는 "도의적 공정성"(Political Correctness, PC)에도 어긋나며 바람직한 표현은 아닐 것이다. 롯의 '아내'라고 표현하면, 조금은 부드럽지 않겠는가? 그대의 이름이 익명으로 숨겨져 비난의 화살을 피해갈 수 있다면, 다소 위로가 될 수 있겠는가?

영국의 낭만주의 시인, 키츠(John Keats)는 "희랍항아리의 부"(Ode on a Grecian Urn)에서 "들리는 소리보다 들리지 않는 소리가 더 아름답다."고 고백한다. 들리지 않는 소리가 더 진실하며 아름답다. 무명은 소리가 들리지 않는다. 그러나 침묵의 역설은 다름 아닌 고함이요 외침이며 항변이다. 목젖이 보일 정도로 입은 벌리고 있지만, 소리가 나오지 않는다. 외마디의 처절한 절규의 메아리가 그녀의 입에서 토로한다. 그들의 담론은 과연 무엇이었을까?

'소금기둥'이 된 그녀를 비난하지 마라. 그녀의 관심과 사랑에 귀를 기울여보라! '소금기둥'은 비극의 상징이 아니다. '소금기둥'은 휴머니즘의 극치요, 인간애의 최고봉이다, 그녀에게 돌을 던지지 마라. 그녀의 행동에 박수를 보내라. 롯의 아내를 사랑하라. 그녀는 생명에 대한 애틋함과 애석함이 남달랐다. 도스토예프스키(Fyodor M. Dostoevskii)의 『죄와 벌』(Crime and Punishment)에서처럼 인생무대는 선과 법, 상으로만 채워질 수 없는 인간의 죄성에 묻혀 살아간다.

롯의 아내는 자신의 죽음으로 역사에 길이 교훈을 남겨주었다. 그 교훈의 의미는 저마다 다를지라도 "인간 실격"이나 "신앙 실격"이라는 섣부른 결론을 내리지 않는 것이 좋겠다. 소돔과 고모라의 클라이맥스는 바로 '소금기둥'에서 그 절정을 이룬다. 그것은 인간애의 상징이다. 죄악의 상징은 결코 될 수 없다. **만약** 그녀가 소돔과 고모라에서 '소금기둥'이 되었더라면, 죄악으로 물든 죽음을 맛보았을 것이다. 그녀는 '지금' 그곳을 빠져나와 도피 중에 있다는 것을 알아야 한다. 그녀의 발걸음은 과정철학이요 과정신학이다. 소돔과 고모라는 "경건하지 않는 자들의 본보기"(벧후 2:7)가 무엇인지 잘 보여주는 사건이라고 베드로(Peter)는 해석하면서도 그녀에 대한 언급은 하지 않는다. 그러나 그녀의 희생은 죄악과 경건의 여부와는 차원이 다르다. 모세(Moses)가 받은 십계명의 위반도 아니었다. '용서할 수 없는 죄' 때문에, 인간의 생명을 해친 '악' 때문에 벌을 받은 것이라고 판단하는 것은 그녀의 몸과 마음, 영혼과 그녀의 인간애를 모독하는 일이며 롯의 심기를 건드리는 것이다. 단지 '조건'에 대한 반항이었을 뿐, 죄악이라고까지 말할 수 없다. 그녀의 상황인식에 대한 판단에 문제가 있어서 '실수'한 것이라면, 돌을 던지는 수고는 내려놓아야 할 것이다. 비난의 화살도 꺾어야 할 것이다.

"야훼여! 단지 열 명이라도 찾으시면, 어떻게 하시겠습니까?" 아브라함(Abraham)이 하나님께 요청한 의인 열 명의 범주 안에 그녀가 들어 있었다. '소금기둥'이 되기 전까지 '의로운 남편'인 롯을 따라 나섰던 순종파 여성이었다. "하나님을 저주하고 죽으라."는 욥(Job)의 아내와는 전적으로 다르다. 하나님의 섭리에 의하여 롯의 아내는 '살아 있는 소금기둥'이 된 것이다. 그녀는 과거에도 살았으며 지금도 살아 있다. 앞으로도 살아남을 것이다.

3. 바리케이드

미국 버지니아 주 뉴포트뉴스(Newport News)는 64번 국도가 통과하는 작은 도시다. 주위에는 포퀴슨, 햄톤, 스미스필드 지역이 자리하고 있으며 남으로는 대서양으로 향하는 제임스 강이 흐르고 있다. 강이 끝나는 하구에는 체서피크 만이 대서양을 마주보고 있으며 바다에서 불어오는 바람이 제임스 강줄기를 타고 도심 내부로 깊숙이 파고든다. 고양이나 개 코를 가지고 있지 않은 사람들조차 대서양의 풋풋한 짠맛을 느낄 수 있다.

근처에 패트릭 헨리 공항이 있다. 하늘을 가로지르는 군용기들의 꽁무니에서 내뿜는 소음과 매연들이 처마 밑에서 휴식을 취하고 있는 참새와 비둘기들에게도 적지 않은 스트레스가 되고 있다. 뉴포트뉴스는 아주 작은 군사 도시로서 군인가족으로 구성된 기지촌이라고 할 수 있다. 그곳에 한국의 이민자들이 모여서 세운 한인교회가 있었다. 교인들은 거의 대부분 군인가족들이었다. 한국에서 육사나 삼사관 학교를 졸업하고 유학생으로 와 있는 소수의 현역 군인들도 끼어 있었지만 여성들이 대부분 교회의 주 멤버들이었다. 국제결혼을 한 여성의 남편은 대부분 미국인이었다.

G장로는 50대 초반으로 미국회사에 다니고 있었으며 그의 아내인 J권사는 DY 식품점을 혼자서 운영하고 있었다. 그래서 쉴 틈이 없을 정도로 항상 벅찬 나날이었다. 직장에 다니고 있는 남편이 가게 일을 틈틈이 거들어주고 있었지만 G장로 역시 쉬는 날이 거의 없을 정도로 매우 분주하고 바쁜 나날들이었다. 토요일은 휴무이기 때문에 그는 언제나 멀리 필라델피아에까지 가서 식료품들을 사서 차에 싣고 주일 새벽에서야 도착한다. 장거리 운행으로 매주 그의 주일은 무척 피곤한 날이 되었다.

그동안 생업 때문에 장로로서 책임을 다할 수 없다는 이유로 그는 목사가 제안한 장로직을 한사코 거부했다. S교회는 장로가 필요할 정도로 교인 수가 많지 않았다. 그러나 E목사는 자신의 목회 사역 동반자로 그를 장로로 세웠다.

그 교회가 소속한 노회는 뉴욕, 필라델피아, 워싱턴까지 방대한 지역이었다. 노회를 분리하여 조직하려는 움직임이 있었지만 당회가 있는 교회 수가 부족했다. 노회 구성을 위해 당회를 조직하려고 했지만 그 또한 쉽지 않았다. 대부분의 이민 교회들은 영세한 편이었으며 교세가 미미했기 때문이다. 그러나 E목사는 시무하는 교회가 장로를 세우면, 당회 조직이 가능했다고 판단했다.

　E목사는 노회 안에서 친분이 있는 사람이 거의 없었다. 노회 또한 그의 신분을 잘 모르니 그럴 수밖에 없었다. 그는 장로를 세우고 당회를 조직하면, 노회 안에서 인정을 받을 수 있는 좋은 기회라고 생각했다. 그래서 그는 본인이 싫다는데도 G장로 장립을 무리하게 감행했다. 워낙 배짱이 세고 넉살이 좋은 그는 거뜬히 자기의 뜻을 이루고야 말았다. 노회는 4개월 후, 그 교회의 당회 탄생으로 분리되어 따로 구성되었다. 당회가 조직되고 목사 위임식도 거행되었다. 그는 당당하게 위임목사가 되었지만 대다수 교인들은 그런 일에는 별로 관심이 없었다.

　한국 사람들이 모인 이민 교회들은 한국에 있는 교회들과 성격이 비슷하다. 그중 하나가 여성들의 입이 싸다는 것이다. 인근에 있는 이민 교회 중에서도 S교회는 혀의 운동이 일취월장이었다. 사건의 직접적인 동기가 되었던 그 혀의 주인공들은 지금 어디서 어떤 혀를 놀리고 있는지 궁금하다.

　그 당시 대다수 교포사회는 자체 교회가 없었다. 미국인 교회를 오후에 임대하는 형식으로 예배드리곤 했다. S교회도 예외는 아니었다. 주일예배가 끝난 후에는 굳게 닫아버리는 "회칠한 무덤"과 같이 보이는 한국교회 성전들과는 전혀 달랐다. 지역사회를 위하여 화들짝 성전 문을 열어 제친 그들의 개방성과 열린 마음이 부러웠다. 바리새인(Pharisees)들처럼 항상 바리케이드만 설치하고 있는 한국교회와 교파 간의 님비현상들은 하나님도 말리지 못하는 현상이다.

　몇 해 전 S교회는 D교회로부터 분리되어 개척교회로서 소수의 사람들이 모여 시작한 교회였다. 그러나 주일에 성인만 50여 명이 모이는 교회로 성장했다. 하지만 경제력이 없는 여신도들이 대부분이었기 때문에 교회의 자립이 어려웠다.

　E목사도 아내가 직장에 다니면서 겨우 생계를 유지할 정도로 넉넉하지 못한 형편이었다. 이른바 생계형 목회를 하고 있었다. 목사의 사옥도 정식 가

옥이 아니라 군인들이 사는 컨테이너를 빌려 사용하고 있었다. 10년이 넘은 고물차를 끌고 다녔으며 차에서 들려오는 엔진 소음은 지나가는 행인들의 시선을 집중시키기에 충분할 정도였다.

작은 도시 안에 한인교회가 징검다리처럼 여기저기 흩어져 있었다. 비위에 거슬리면 소리 없이 교회를 떠나는 유목형 교인들이 많았다. 뿌리 깊은 나무처럼 줄곧 한 교회만을 받들어 섬기는 붙박이 신자들은 거의 찾아볼 수 없었다. 그렇다고 영성을 위하여 시절을 좇아 영양가 있는 머리를 찾아다니는 알짜배기 이동식 교인들도 아니었다. 방편의 수단으로 언제든지 보따리를 다시 꾸리는 교회 감별사들이 대부분이었다. 교회에 대한 깊은 애정과 애착이 있을 리 만무했다. 교인들에게는 말을 삼가며 행동을 조심하는 경건한 신앙과 영성훈련의 자세가 보이지 않았다. 이미 교인들은 전문적인 교회 감정사들이 되어 있었다.

모든 일에는 절차와 과정이 필요하다. 또한 투명성이 요구된다. S교회는 청빈하지 못하고 바탕도 근본도 과거도 알 수 없는 목사를 담임목사로 받아들였다. 부서진 바이올린을 하나님께서는 어떻게 사용하실까?

4. 더블토크

발자크(Balzac)가 우리에게 들려주는 말이 있다. "여자들이란 설혹 극단적인 거짓말을 할 때조차도 항상 진실이 있다. 왜냐하면 여자들은 무언가 자연적인 감정에 따라 움직이고 있기 때문이다." 거짓의 진실이다. 거짓 속에 진실이 고스란히 담겨 있다. 진실 속에 거짓이 녹아 있다. 그렇다. 거짓과 진실의 이분법이 아니다. 거짓과 진실은 내용과 내용물이다. 콘텐츠와 컨테이너이다. 암컷들의 거짓은 수컷들의 진실이 된다. 수컷들의 거짓은 암컷들의 진실이 된다. 수컷들이라 하여 암컷들의 거짓과 다를 바 없다. 다만, 혀의 놀림만 다를 뿐이다.

유태인 속담에는 특히 "여성들은 긴 혀를 가지고 있다. 세계는 여성들의 혀끝에 달려 있다. 흔들리는 지옥으로 향하는 사다리를 가지고 있다."고 한다.

죄와 불행의 시작은 입이다. 입으로 방아를 찧는다. 입방아는 속 다르고 겉 다르다. 권한이나 자격도 없으면서 알곡과 쭉정이를 입으로 걸러낸다. '더블토크'를 만들어 낸다. 더블토크에는 인간의 이중인격이 스며 있다. 자아분열이 발생한다. 이 얼마나 고통스러운 일인가.

입으로 뿌리는 씨앗은 뿌리는 자가 거두어야 한다. **만약** 씨앗을 기름에 튀긴다면 그 수명이 오래갈 것이다. 그러나 생명의 싹은 결코 구경조차 할 수 없을 것이다. 더 이상 생명의 싹이 나올 리 없다. 튀길 것이 무엇인지 알고나 튀기는가? 겨자씨를 기름에 튀기면 밀알이 되는가? 결코 싹이 나지 않는다. 씨앗을 튀기는 것은 고소하고 맛이 있다. 인생의 품위와 격조를 높여준다. 그러나 거기에는 생명이 없다. 그대들의 겨자씨와 밀알을 함부로 튀기지 마라!

입력과 출력은 입방아의 즐거운 유희다. 삼키고 내뱉는다. 전자는 사람을 더럽히지 않는다. 앞문으로 들어가 뒷문으로 빠져나온다. 후자만이 더럽힌다. 깊고 깊은 심중에서 기어 나와 면전에서 토설한다. 마음에 상처를 주기 십상이다. 입에서 나오는 쓰레기는 재활용이 불가능하다.

현실은 말처럼 쉽게 되지 않는다. 어떤 노력이나 지식, 정보, 정신의 집중 없이도 반사적으로 움직이는 근육이 있다. 인간의 신체 가운데 가장 혹사당하는 지체가 바로 혀의 근육이다. 그놈에게 휴식을 주어라.

무탈의 복은 입에 재갈을 물리는 것이다. 언제나 혀끝을 잡아맬 필요성이 있다. 필요할 때마다 유효적절하게 풀어주는 여유가 있어야 한다. 그리고 윗

입술, 아랫입술을 어긋장 나지 않게 조화롭게 놀리는 것이다. 단물과 쓴물이 혀끝에 닿지 않도록 차단막을 설치하는 것이다. 제어할 수 없는 혀의 유희는 불씨의 화근이다.

만약 늑대가 재판을 한다면 양들은 무엇이 되겠는가? 늑대의 입에서 나오는 열기와 독기 때문에 양들은 숨이 막혀 질식할 것이다. **만약** 목자가 양들의 혀의 운동에 제대로 대응하지 못한다면, 설령 잡아먹지 않는다 할지라도 그는 늑대나 다름없다. 목사의 더블토크는 양들에게는 고통이며 고난이다. 특히 길을 잃고 헤매는 양들을 향해 저주하는 목사의 더블토크는 마치 "비 없는 구름"과 같을 것이다.

5. 만약 그 여자가 당선되면

미국은 유태인인 이스라엘 장월(Israel Zangwill)의 희곡작품인 『용광로』(The Melting Pot)와 같은 나라다. 멕시코보다 더 열정적인 국가다. 무슨 좋은 일이 있으면 그 반응이 매우 열광적이다. 특히 한 해를 마감하면서 새해를 맞이하는 시즌인 크리스마스가 그 대표적이다. 미국에 살다 보면 이 나라는 온통 크리스마스를 위해 모든 것이 존재하는 것 같은 느낌이 든다. 도시, 농촌, 남녀노소, 빈부계층 할 것 없이 모두가 즐기는 축제의 하이라이트는 크리스마스 시즌이다. 이때의 파티는 시끌벅적하여 정신이 나갈 정도다.

S교회 교인들도 들뜬 분위기에서 크리스마스를 보내고 있었다. 12월 24일 밤, 교회에서 공식적인 파티를 마치고 모두들 헤어지고 있었다. 그러나 한편

에서는 미리 치밀한 계획을 세워놓은 터라 한 떼의 무리가 D네 집으로 우르르 몰려가고 있었다. 일부는 뜰에서 웅성웅성 거리더니 이내 Y네 집으로 달려갔다. Y네 집은 그래도 기지촌에서 꽤나 잘사는 실력 있는 큰언니로 통하는 집이었다.

무슨 속셈이 있었을까? E목사를 등에 업은 패거리들과 그렇지 못한 세력들이 모종의 음모를 꾸미고 있었다. D네 집 거실에는 이미 테이블에 진수성찬이 차려져 있었다. 맛있게 드시라는 접대용 멘트들이 여기저기서 터져 나왔다. 목사의 귀가 즐거웠다.

다음 주일에 있을 여전도회 회장 선거를 위한 사전 포석이었다. 회장에 당선되려면 하늘의 빽이 있어야 한다. 하나님은 제비뽑기의 주인이다. 신탁을 받은 목사의 권력이 그 일을 성사시키는 데 제격이다. 그러나 목사를 등에 업어야만 선거에서 이길 승산이 있는 것인가? 목사의 기도와 영발이 자기들 쪽으로 흐르도록 사전 포섭작업을 한 쪽은 D그룹이었다. 그때까지 E목사는 교인들의 그런 속셈을 전혀 모르고 있었다. 회장이 되고자 하는 여성과 그를 추종하는 세력들이 목사를 포섭하기 위하여 의도적인 파티를 계획한 것이다.

파티가 끝날 무렵에 여자들은 입방아를 찧기 시작했다. 그 입방아는 마치 토기장이의 녹로처럼 상대 후보를 진흙처럼 녹로에 올려놓고 빙빙 돌리기 시작했다. 발로 돌리면서 손으로 주무르며 때리기 시작했다. 아름다운 청자, 백자를 만들어 내는 일이라면 하나님도 기뻐하셨을 것이다.

D그룹의 대변인 격인 여성이 손을 휘저으며 열변을 토로했다.

"절대로 ○○는 회장이 되어서는 안 됩니다."

여기저기서 한마디씩 거들었다. 그리고 목사를 설득하기 시작했다. 설득이라기보다는 협박용이었다. 그들의 입에서 뿜어내는 열기가 숨을 쉴 수 없을 정도로 방안의 공기를 오염시키고 있었다. 신앙적이며 영적인 것과는 거리가 먼 것들이었다. 영적 산소는커녕 심리적 산소까지도 집어삼키고 말았다. 목자와 양들의 곁에 서 있으면 산소 같은 자유를 느낄 수 있어야 하지 않겠는가!

"목사님, **만약** 그 여자가 당선되면 우리는 모두 교회를 떠나겠습니다."

그나마 경제력이 있다고 보는 이 그룹에서 만에 하나 회장이 나오지 않는다면, 당장이라도 교회를 반쪽으로 갈라놓을 판세였다.

그날 밤, 비슷한 시각에 Y네 집에서도 똑같은 파티가 벌어졌다. 그들은 담임목사를 포섭할 기회를 놓쳐버렸다. 반대편에서 먼저 선수를 쳤기 때문이다. 그들의 모임은 그다지 활기를 띠지 못했다. 오히려 목사의 동석 여부에 따라서 선거결과가 달라질 수 있다는 걱정 어린 이야기들이 터져 나왔다.

라이벌끼리 같은 장소에 모여서 이야기한다는 것은 거북스러운 일이다. 적과의 동침에 훈련이 되어 있지 않은 이들의 행동에서 무슨 불미스러운 일이 벌어질지 누가 알겠는가. 그러나 '목심'을 먼저 잡아채는 측이 한 표라도 더 얻을 수 있다는 생각은 어느 쪽이든 동일했다. 교회 안에서 여전도회장이 차지하는 위치는 대단한가 보다. 한국교회 역시 조직 생리상 팔에 두른 완장이나 감투야말로 섬기는 자리 위에 군림한 지 오래되었다.

진수성찬의 먹을거리들이 E목사의 배를 즐겁게 해주었다. 그들의 이야기도 함께 섞여서 소화를 시키고 있었다. 포도주와 켄터키치킨 속으로 스며들었던 추하고 더러운 악담들이 아름다운 입술의 연주에 맞추어 흘러나올 때, 보이지 않는 적들을 신명나게 죽이고 있었다. 그들만의 긍정의 힘(?)은 목사를 감동케 했다.

"내 신발을 벗어주겠다."

목사는 자신의 권위라도 내세우고 싶어서 자신의 '신발'을 벗어 덥석 그들에게 넘겨주었다. 옛적에 이스라엘에서 유산매매나 물물교환 같은 일을 법적으로 결정할 때, 한쪽 사람이 다른 쪽 사람에게 자기의 신을 벗어서 주는 관습이 있었다. 이스라엘에서는 신발을 벗어 넘겨줌으로써 일이 결정되고 확정된다는 증거로 삼았다.(룻 4:7) 이른바 암거래가 성립된 셈이다.

"그런 여자라면 회장을 시키지 말아야지."

목사의 홀리 보이스가 방안의 분위기를 휘감아 돌자 박수소리가 터져 나왔다. 목사는 상대편 후보에 비하면 이 그룹이 자신의 목회에 도움이 될 것이라고 생각했다.

자기들의 시나리오 각본대로 척척 진행되어가는 D그룹의 기세가 하늘을 찔렀다. 주인의 발자국 소리만 들어도 꼬리를 흔들며 달려오는 강아지처럼 그들은 마냥 즐거웠다. 이른바 선거판은 우파의 축제마당이 되어 갔다. 다음 날, 자칭 우파로 등장한 후보자는 고삐 풀린 망아지처럼 허세를 부리며 이집 저집 돌아다니며 발품을 팔고 있었다. 이미 당선이라도 된 듯, 그녀의 치마 끝이 눈 녹은 물에 젖는 줄도 모르면서 거리의 잔설을 쓸고 다녔다.

그러나 반대편 Y그룹에서는 속절없이 내리는 눈송이만 바라보며 애간장을 태우고 있었다. 신발 밑창에 달라붙어 "뽀드득 뽀드득" 눈이 짓밟혀 신음하며 들려오는 소리만이 그들을 위로해주었다.

행운을 잡은 줄로 착각하고 있었던 패거리들은 며칠 동안 계속 목사의 사택을 뻔질나게 들락거렸다. 작전에 대한 대책과 확인, 검증을 재삼재사 체크하고 있었다. 아마 자기들의 생애 중에서 가장 흥미롭고 재미있는 선거전으로 기대가 한껏 부풀어 있었다.

D회장 후보 남편은 군인이었다. 미군 상사로서 독일에서 근무하다가 돌아온 지 1년도 채 안 되었다. 미군들의 결혼생활은 그리 오래가지 못했다. 특히 한국여성들과 결혼하여 사는 미군들은 "검은 머리 파뿌리가 될 때까지"라는 우리네 언약과 속담을 전혀 모르고 있었다. 그럼에도 불구하고 그녀의 남편은 한국 여성을 한 번도 따돌린 적이 없는 신사 중의 신사였다. 매우 성실한 사람으로 교인들 사이에서 상당한 인기를 누리고 있었다. 교회에서 남편의 치솟는 주가에 아내의 주가도 덩달아 상승하고 있었다. 그녀의 성격도 언제나 명랑하고 사교적이었으며 부지런했다. 그녀의 붙임성은 부인들로부터 호감을 얻게 되었고 어느덧 그들 사이에서 리더로 부각되었다.

그녀에 비하면 상대편 라이벌인 Y회장 후보는 변변치 못한 처지였다. 남편의 인기도에 따라서 교회 직분에 영향을 주는 것이라면, 이 게임은 벌써 끝난 것이나 다름없었다. 그녀의 남편 또한 미국 흑인으로 부동산 소개업을 하고 있었다. 사업이 번창한 남편 덕분에 그녀의 은행통장에는 돈푼깨나 쌓이고 있었다. 돈이 궁한 사람들에게 사채이자 놀이를 하는 것이 그녀의 유일한 무기였다.

그녀가 지금 함께 살고 있는 남편은 다섯 번째, 여섯 번째라는 소문이 떠돌았다. 상대편에서 경쟁자를 끌어내리기 위한 네거티브 선거 전략일 수도 있지만, 그녀는 소문에 개의치 않았다. 대낮에 물 길러 나온 우물가의 여인처럼, 예수가 자기에게 생수를 줄 것이라고 생각하고 있었다.(요 4:11) 그녀도 추종자가 적지 않았다. 처지가 비슷비슷한 사람들끼리 똘똘 뭉치고 있었다. 한 가지 부족한 에너지가 있다면, 목사가 자기들 편에 서서 기도해주고 있지 않다는 것이다. 좌파의 신세가 되고 싶어서 된 것은 아니었지만, 우파와의 전쟁에서 열세라는 운명은 어쩔 수 없었다.

어쨌든 두 그룹의 화려하고 요란한 연말 축제는 계속되었다. 한쪽은 칠면조 파티를 한다고 소문을 냈다. 다른 쪽은 댄스파티를 한다고 유세를 떨었다.

6. 목사의 다림줄

일방성! 인류 역사가 증명해주는 확고부동한 불행의 씨앗이다. 비극의 탄생이다. 인간은 쌍방향에 약하다. 대화와 변론에 약하다. 인터넷만도 못한 구석이 있다. 한쪽으로 치우친다. 선입견이 돋아난다. 편견이 싹튼다. 차별을 부추긴다. 쌍방향의 소통을 묵살한다. 소통의 부재를 일으킨다.

만약 목사의 저울추가 중심을 잃게 되면 어떠한 현상이 발생하는가? 목사의 저울질의 심보가 고약한 푸줏간 주인이 속이는 눈금이라면 어떠한 결과를 초래하겠는가?

목사의 손에 쥔 "다림줄"(plumb-line)(암 7:8)은 스룹바벨(Zerubbabel)의 손에 들린 것과 전적으로 다르다. 사람들이 기뻐하는 다림줄이라면 얼마나 좋겠는가? 목사는 수적으로 우세한 편에 설 것이다. 생활면에서 궁색한 쪽으로 마음이 기울지 않을 것이다. 상대편보다 더 여유가 있고 기름지며 윤기가 번지르르한 살찐 양들의 편에 서서 미소를 지을 것이다.

확답을 원하는 쪽의 성화에 못 이겨 마음이 이내 기울어진다면, 자유가 주는 진리를 상실하게 될 것이다. 하나님이 부여한 진리의 자유를 포기하는 것이다. 기독교의 민주주의는 세상의 것보다 고급스럽고 성숙하고 멋이 있어야 한다. 기독교의 자본주의는 세상의 것보다 더 공평하고 평등해야만 한다. 세상 속에 어울려 살면서도 그 기초와 원단이 달라야 한다.

그 시작이 미약하다고 비웃는 자 누구인가? 가진 것이 없다고 멸시하는 자 누구인가? 배운 것이 없다고 무시하는 자 누구인가? 못생겼다고 무시하며 차별하는 자, 깔보는 자 그 누구인가? 힘이 있다고 앞뒤 가리지 않고 권력을 휘두르는 자 누구인가? 두 강도 사이에서 매달린 그 사람을 바라보라.

다림줄이 있는 곳에 양들이 있었으며 백성들 틈 사이에 다림줄이 있었다. 다림줄은 심판의 공정한 잣대요, 판결의 수단이다. 정의의 편이요, 정의의 사자다. 산당들을 해체시키며 성소들을 파괴한다. 다림줄은 "여로보암"(Jeroboam)을 칼로 치겠다는 심판의 기준이었다.(암 7:8)

다림줄은 누가 누구에게 쥐어준 것인가? 측량 추를 손에 넣으면 모든 것이 다 해결되는 것인가? 하나님의 방앗간은 성급하게 돌아가지 않는다. 천천히 질서 있게 그리고 세심하게 돌아간다. 알곡과 쭉정이를 꼼꼼하게 걸러낸다. 일곱 눈으로 온 세상의 일을 살피시는 그분이 누구인지 왜 외면하고 있는가?(슥 4:10) 선거도 해보기 전에 목사는 이미 "그런 여자"의 운명을 결정할 수 있는가?

7. 보이지 않는 손

　드디어 벼르고 벼르던 여전도회 임원선거 날이 밝았다. 무슨 일이 벌어지든 태양은 또다시 동쪽에서 변함없이 솟아오른다. 의기양양한 쪽이 있는가 하면 조용하고 시무룩한 쪽도 있었다. 목사를 등에 업었다고 하는 우파는 신이 났다. 마치 독수리가 자기들을 업어서 이곳 젖과 꿀이 흐르는 가나안 땅으로 인도해주신 것처럼, 자기들 입맛대로 임원을 선출할 수 있다는 꼴들이 눈살을 찌푸리게 한다.
　기선제압! 보나마나한 선거! 하나마나한 투표! 상대를 얕잡아보는 시선들이 교회의 분위기를 압도했다. 당연히 당회장으로서 든든한 후원자인 E목사도 입회를 했기 때문에 우파들이 목에다 힘주는 것도 무리는 아니었다.
　마침내 임원개선을 선포하고 회장투표부터 시작하였다. 투표위원을 선출하는 데서부터 신경전이 벌어진다. 전례를 무시하고 투표위원을 당회장이 임명하자는 제의가 불쑥 튀어나왔다. 우파 쪽에서 사전에 기획해놓은 꼼수였다. 당회장 목사가 입회한 자리에서 그 제의를 반대할 자는 아무도 없었다. 다분히 계산된 제안이었다. 그 제안은 상대편에게 상당한 반감을 불러일으키기에 충분했다. 그러나 어찌하겠는가? 고민은 하면서 그렇다고 선뜻 누구 하나 나서는 사람도 없었다. 투표위원이 계획대로 선정되고 투표가 진행되었다. 투표에 참여한 성도들의 얼굴빛은 모두 황갈색이었다. 결코 녹색은 아니었다.

투표라는 것은 언제나 알 수 없는 묘한 변수가 있는 것이다. 투표의 생리는 마지막까지 그 뚜껑을 열어보아야 한다. 이쪽저쪽으로 몰려다니는 숫자로는 승산을 낙관할 수 없다.

마침내 투표가 끝났다. 뚜껑을 열고 집계가 시작되었다. 이게 어떻게 된 일인가? 예상을 깨고 투표는 반대쪽 Y네 편이 승리를 거머쥐었다. 이른바 좌파의 승리였다. 분위기가 물을 끼얹은 것처럼 썰렁해졌다. 침묵이 흘렀다. 승리를 장담하며 기고만장하던 사람들은 기가 죽어서 축 처져 있었다. 그러나 Y네 편은 근소한 표차로 간신히 이기기는 하였으나 후환이 두려워 감정을 억제하고 있었다.

겉으로는 무표정한 얼굴로 앉아 있었지만 그들의 속내는 "호산나"를 부르고 있었다. '보이지 않는 손'의 작용이었을까? 종려나무 가지를 양손에 들고서 환호성을 지르고 있었지만 그 소리는 전혀 들리지 않았다. 엉덩이가 들썩들썩 요동을 쳤지만 미동은 볼 수 없었다. 두 주먹이 불끈 쥐어졌지만 발을 구르며 의자를 두드리지도 않았다.

다음 회의 절차를 진행해야 한다. 그러나 투표위원들은 어이가 없다는 듯이 천장을 바라보고 있었다. 정신 나간 사람들처럼 잠자코 있었다. 패배를 인정하지 않았다. 무언가 잘못된 것이리라. 교인들은 모두 목사의 얼굴만 쳐다보고 있었다. 목사도 의외라는 표정으로 안색이 변해가고 있었다. 아무도 입을 열지 않는 침묵의 축제가 예배당을 무겁게 짓누르고 있었다. 선거 전부터 승패는 아마 결정지어진 것인지도 모른다.

8. 가장 아름답고 엄숙한 순간

　침묵이야말로 하나님의 음성을 들을 수 있는 가장 엄숙하고 아름다운 순간이다.
　"모든 심오한 사상과 감정은 침묵이 선행하거나 동반한다. 침묵은 우주 전체를 신성화하고 침묵은 주께서 보이지 않게 이 세상에 내리는 축복이며 침묵은 유일한 하나님의 목소리다."라고 멜빌(Herman Melville)은 말한다. "침묵이란 우리가 회수할 수 있는 것만큼의 가치가 있다."
　태초에 침묵이 있었다. 하나님을 사랑하는 사람은 반드시 침묵을 사랑한다. 예배의 장소는 침묵이 머무는 곳이다. 침묵의 쉼터는 결코 우연이 아니다. **만약** 게으름이 사탄의 놀이터라면, 침묵은 천사의 놀이터다. **만약** 소리가 이 세상의 테마곡이라면, 침묵은 하늘나라의 음악이요, 천체와 우주의 음악이다.
　침묵은 하나님을 어떻게 표현하든 누구나 각자의 하나님을 발견하는 곳이다. 침묵은 인간 정신에 의해 창조된 모든 교리와 구분을 넘어선 하나의 보편적인 상태다. 누구나 자기 인생에 대한 정신적인 이야기가 있다면, 간수해야만 하는 정신적인 침묵도 있다.
　침묵은 신성한 것에 바치는 경외감이다. 성스러운 공간에 들어갈 때 신발을 벗는 것과 같이 언어도 말도 소리도 다 벗어버린다. 한 순간의 침묵이란 하나님을 생각하는 최고의 존경이다. 그것은 인간의 생각이 정지되고 성령이 그 자리를 차지하는 순간이다. 감정이 밀려 올 때 언어는 사라진다. 침묵의 맹세는 성직자가 하는 최고의 신앙행위다. 스스로를 침묵의 호수에 던져버려라. 그러면 제일 깊고 높은 곳에 다다르게 될 것이다.
　침묵은 침묵이 없는 곳에서 더욱 그 진가를 발휘한다. 영적으로 표현하면,

침묵은 소리를 낸다. 공중을 가득 채운다. 장소에 따라서 침묵은 비극적 요소들이 있다. 기도시간을 알리는 깃발이 펄럭이는 소리, 사원의 종소리, 평원을 건너오는 회오리바람 소리, 핏대를 올리며 외쳐대는 시위구호 등은 잠자던 침묵을 더욱 소생시키는 것이다. 침묵은 신뢰의 궁극적인 영역이다.

가장 아름답고 엄숙한 시간에 파종한 씨앗이 가시밭에 떨어진다면 사탄의 놀이터를 허용하는 것이다.

9. 삼자(三自)의 축

얼마나 지났을까? 그 썰렁한 분위기도 어쩔 수 없이 흘러간다. 부조리한 현상이 발생했다고 생각한 한 여신도가 갑자기 일어나 가방을 챙겨들고는 부리나케 빠져나갔다. 다름 아닌 패배한 회장 후보자였다. 그녀가 지금까지 공들여온 3자의 축이 무너져 내렸다. 자존감, 자존심, 자신감이 바람에 나는 겨와 같이 한 순간에 사라지고 말았다. 그녀의 퇴장이 마치 신호탄이라도 된 듯이 하나둘씩 자리를 뜨기 시작했다. 급기야 약속이나 한 듯이 그녀를 따르던 신도들이 썰물처럼 우르르 밀려 나갔다. 그들이 빠져나간 자리에는 여기저기 낙서로 가득 찬 주보들이 널려 있었다. 앉아 있던 의자에는 가뭄에 나는 콩들도 보이지 않았다. 목사는 이들의 행동을 제지하지 못하고 멍하니 바라만 보고 있었다. 그도 그럴 것이 등 뒤에서 지지했던 후보가 당선이 되지 못했기 때문에 유구무언이었다.

패자의 무리는 일제히 소리 없이 퇴장했다. 그리고 그 이후의 상황이 어떻게 전개될지 그들은 전혀 모르고 있었다. 의도적으로 회의를 방해하고 싶었던 속셈이 있었다. 자기들이 모두 퇴장을 해버리면 회의는 무산되리라는 계산을 하고 있었다. 투표에 패배했을 경우, 다음은 어떻게 해보겠다는 사전 계획을 미처 생각하지 못했다. 그래서 자기들이 퇴장해버리면, 회의가 파행으로 끝날 줄만 알았다. 그러나 그들의 판단은 실수였다. 그들의 화살은 빗나가고 말았다. 빗나간 화살은 찾기에도 쉽지 않다. 어렵다.

어정쩡한 모습으로 회의를 진행 중인 E목사의 얼굴도 어느덧 굳어져 가는 화석처럼 변하고 있었다. 그러나 이러한 상황에서 회의를 중단시킬 수는 없었다.

"목사님! 회의를 진행하시죠."

G장로의 목소리가 그만 무거운 침묵의 축제를 깨고 말았다. 목사에게는 마치 예리한 송곳으로 칼끝을 찍어 내듯이 정확하게 목사의 폐부를 찌르는 것 같이 들렸다. 칼을 들이대는 전광석화 같은 뇌리를 스치고 지나가는 전파가 그의 온몸을 떨게 만들었다. 반대편이 없으니 그 다음 투표는 일사천리로 진행되었다. 신년의 임원은 그렇게 일방적으로 선출되었다. 법적으로 회원이 퇴장하고 회원권을 스스로 기권했기 때문에 불법이라고 할 수도 없었다. 뒤죽박죽 반쪽이 되어버린 선거가 흐르는 물처럼 자연스러웠다고는 볼 수 없었다. 그러나 선거 결과에 승복하는 것은 아름다운 일이다.

통쾌한 승리였다. 누가 누구를 지원하며 후원한 선거였던가! 불과 몇 표 차이는 나지 않았지만 값진 승리였다. 승리한 편은 다소 안도의 한숨을 내쉬고 있었다. 오직 하나님만이 그 통쾌한 기쁨의 미래를 책임져줄 것이다. 설마 다른 음모를 꾸밀 것이라는 상상은 할 수 없었다.

10. 선상투표

제비뽑기의 본래 목적이 상실되었다면, 그것은 인간들의 욕심에서 비롯된 것이다. 결코 하나님의 뜻이 아니다. 교회의 일과 하나님의 일을 착각하지 마라. 전적으로 다르다. 교회의 일이 하나님의 일이라고 설교하며 가르치는 목사들이 있다. 그것을 추종하며 믿고 따라가는 교인들도 있다. 이들은 모두 박제된 하나님을 믿는 것이다.

성경의 제비뽑기는 오늘날의 선거전이다. "제비는 사람이 뽑지만, 결정은 주께서 하신다."(잠 16:33) 선거는 인간의 일이요 교회의 일이지만, 일의 작정은 하나님의 일이요 하나님의 사역이다. 성경에서 선거 과정에서 다투었다는 이야기는 찾아볼 수 없다. 돈으로 뇌물을 주고받았다. 권력으로 회유했다. 이기기 위하여 테러까지 일삼는다. 성경에서 이러한 부정부패 모습들은 등장하지 않는다. 민주적인 절차와 과정으로 제비를 뽑았으며 투명했다. 제사장직, 제자직, 차등의 철폐, 땅의 분배, 제사용 희생제물의 선택 등 갈등과 분열의 종식을 위하여 제비를 뽑았다. 심지어 재앙의 원인이 어디에서 왔는지도 투표로 결정되었다. 도망자 요나(Jonah)를 잡기 위한 이른바 '선상투표'가 바로 그것이었다.

여호와의 손, 하나님의 손, 주님의 손은 언제나 '보이지 않는 손'이다. "여러분은 하나님의 능력의 손아래에서 스스로 겸손하십시오. 때가 되면 그분께서 여러분을 높이실 것입니다. 여러분의 걱정을 모두 하나님께 맡기십시오. 하나님께서 여러분을 돌보고 계십니다."(벧전 5:6~7)

주님의 손이 짧다고 항변하는 이 누구인가? 주님의 손은 길고도 길어 측량할 수 없다. "주님의 귀가 어두워서 듣지 못하는 것도 아니다. 오직 너희 죄악이 너희와 너희 하나님 사이를 갈라놓았고 너희 죄 때문에 주께서 너희에

게 얼굴을 돌리셔서 너희 말을 듣지 않으실 뿐이다."(사 59:1~2)

　주님의 손은 거미손이다. 죄악이 발견되면 끝까지 놓지 않는다. 독사의 독이 다 빠져나올 때까지 결코 놓지 않는다. 비록 고난의 길 한복판을 걷는다 할지라도 하나님께서는 약자의 편에 서서 그를 살려주시며 손을 내미신다. 원수들의 분노를 잠재우시며 주의 오른손으로 구원하여 주신다.(시 138:7)

　사람의 행위는 자기 눈에는 옳게 보인다. 그러나 주님께서는 그 마음을 꿰뚫어 보신다. 하나님은 정의와 공평을 지키며 사시는 것을 예배드리는 일보다 더 기뻐하시며 반기신다.(잠 21:2~4)

11. "포도주를 물로 만들어 주십시오."

　회장선거에서 실패했다고 판단한 그들은 당황하여 몸 둘 바를 모르고 허둥대고 있었다. 잔뜩 기대에 부풀었던 본인은 말할 것도 없이 주변 사람들까지 비통에 잠긴 얼굴들이었다. 어쩌다가 이런 꼴이 되었는지 억울하고 분했다. 혀끝을 잡아매지 못하고 말들을 참지 못하여 별의별 악담들을 내뱉었다.

　그들은 어느덧 양이 아닌 늑대로 변해가고 있었다. 그들은 "왕 같은 제사장,"(벧 2:9) '여왕 같은 제사장'이 되어 목사를 뒤에서 조종하고 있었다. 반대로 목사는 순진한 그들의 양으로 변하고 말았다. 처음부터 목사 자신이 이러한 시나리오를 기획한 것은 아니었다. 인간의 각본이 하나님의 각본이 될 수 없다. 이미 당선된 회장은 도덕적으로 신앙적으로 회장의 자격이 없으며 **만약** 회장직을 그대로 수행한다면 교회가 말썽의 소용돌이 속으로 빠지게 될 것이라는 거센 반발 때문에 목사의 마음이 기울어졌던 것이다. 이미 허리케인의 중심에 목사가 자리 잡고 있었다. 여진은 계속해서 발생하고 있었으며 그 강도가 미진에서 중진으로 흔들리기 시작했다.

그날 이후부터 목사의 사택은 선거 전과 같이 여성들이 떠날 날이 없었다. 날마다 대책회의가 열렸다. 어떻게 해서라도 이번 선거를 뒤집을 생각이었다. 결국 한 가지 결론에 이르렀다. 회의를 무효로 선언하든지 당선된 회장을 끌어내리든지 둘 중 하나를 선택해야 한다는 것이었다. 회의 절차상의 하자는 내세울 문제가 아니었다. 당회장 목사의 입회하에 정정당당하게 회의를 마쳤기 때문에 그럴 수는 없었다. 그래서 고육지책으로 짜낸 음모론은 당선된 회장에 대한 인신공격이었다. 이것이 최대의 무기라고 생각했다.

패배한 여성들은 강력하게 반대하고 나왔다. 누가 말린다고 순순히 물러설 기세가 아니었다. 마치 햄릿(Hamlet)이 고백한 것처럼, "죽느냐 사느냐, 그것이 문제로다." 사생결판이었다.

여성들은 이구동성으로 합창했다.

"포도주를 물로 만들어 주십시오."

"목사님, 뒤집어주십시오."

"반드시 뒤집어야 합니다."

"꼭 뒤집어야 합니다."

"뒤집지 않으면 안 됩니다. 그렇지 않으면 우리 모두는 교회를 떠날 것입니다."

목사의 입장도 난감했다. 그러나 그는 자신의 배짱을 믿었는지 여인들의 회유에 넘어가고 말았다. 뒤집기를 결심하고 그들에게 약속까지 하고 말았다.

"걱정하지 마라. 까짓 거 다음 주일에 당선무효를 선언하면 될 것 아니냐!"

그는 목에서 힘줄이 솟아날 정도로 호언장담했다. **만약** 목사가 지혜로운 사람이었다면 자기 교회 장로를 불러서 당회를 열고 사태를 원만하게 수습할 수 있도록 의논했어야만 했다. 목사는 장로가 얼마나 큰 힘이 되는지 알아야 한다. 그것을 몰랐거나 무시했다면, 지도자로서 벌써 자격미달이다. 실격이다. 소문은 꼬리에 꼬리를 물고 교회 안팎으로 요란하게 퍼져나가기 시작했다.

투표 당일, 일부가 퇴장한 뒤 남은 회원들은 투표를 계속하여 남은 임원들을 모두 선출했으며 회의를 정회하거나 폐회한 일이 없다. 그렇게 하는 것이 당연한 절차이지 않은가! 귀가 달렸으니 무슨 소리인들 들리지 않겠는가. '너희들이 투표한 것은 무효다. 다음 주일에 무효기 될 테니 두고 보라.' 그러나 이런 해괴한 일이 있을 수 있다고 믿는 사람은 하나님과 음모를 꾸민 사람들 이외에는 한 사람도 없었다.

E목사는 하나님께 대화나 변론을 요청하지도 않았다. 이사야의 변론과 스데반의 변론을 의도적으로 무시하고 있었다. 그는 합법적인 회의를 불법이라고 우길 수도 없었다. 그래서 그만의 묘책을 내놓았다.

12. 뒤집기 신학

뒤집기 한 판은 생사가 걸렸을 때 종종 나타나는 전략과 전술의 일종이다. 교회 안에서 주도권을 누가 휘어잡느냐 하는 세력다툼은 꼼수전략이다. 기독교의 윤리와 도덕을 망각하는 일이다.

최초의 뒤집기 신학은 모리아 산에서 벌어진다. 그것은 인간의 뒤집기가 아니라 하나님의 뒤집기였다.

"외아들 이삭을 바치라."

비극을 희극으로 반전시킨 주체는 누구인가? 하나님의 명령에 순종하며 따랐던 아브라함인가? 아니다. 하나님이셨다. 결코 인간 아브라함의 뒤집기가 아니었다. 하나님의 뜻에 온전히 맡기라. 하나님의 뒤집기로서 '반전신학'의 극적인 모습은 비극이 아닌 축복으로 다가온다.

뒤집기 신학의 진수는 에스더(Esther)의 스토리일 것이다. 모르드개(Mordecai)와 하만(Haman)의 갈등과 대결 사이에는 반전의 주역인 에스더가 있었다. 하만이 파놓은 함정과 덫을 에스더는 자신의 가정법—"**만약** 내가 죽으면, 죽으리라"(If I perish, I perish)(에 4:16)—전략으로 극적 반전을 야기한다.

에스더의 '이프 신학'은 "죽음의 신학"이다. 촛쯔파 신앙이다. 강심장이다. 막다른 벼랑 끝 믿음이다. 자기 자신의 안위와 영달을 위한 선택과 결정이 아니다. 이웃과 민족을 위한 희생과 죽음의 모험이었다.

샘 킨(Sam Keen)은 『춤추는 하나님에게』(To a dancing God)에서, "변증법은 보이지 않는 파트너와 대화하는 것이다."라고 말한다. 하나님과 변론하라. 인간의 실패는 자아에 대한 변증의 실패다. 욥과 세 친구들의 논쟁도 실패했다. 하나님과 소통하라. 보이지 않는 친구요 파트너인 하나님과 소통이 실패할 때, 영적 실패로 이어진다. 신앙의 승패는 하나님과의 변증에 달려 있다.

존스(Laurie Beth Jones)는 『최고경영자 예수』(Jesus CEO)에서, 예수 그리스도는 "반전기법"의 전문가라고 주장한다. 그리스도의 십자가는 뒤집기의 한 판이었다. 생명과 상생을 위한 구원의 신학이었다. 인식의 벼랑 끝에 몰려 있는 위기 상황들을 점검하고 체크하라. 인생의 전환점이 어디인지 파악하라.

13. 공은 둥글다고?

목사의 입장에서는 여론만 가지고 판세를 뒤집기는 어려웠다. 그는 판세를 뒤엎을 무슨 증거라도 내놓는 것이 이 사건을 처리하는 데 유리하다고 생각했다. 목사는 선거에서 패배한 회장 출마자를 불렀다.

"○○○는 부적격자라는 내용의 연판장을 작성해 오시오. 이름도 쓰고 사인도 해서."

"목사님, 아주 좋은 아이디어입니다. 그렇게 하겠습니다. 그런데 몇 명이나 해오면 되겠습니까?"

"많을수록 좋아요."

E목사는 세상을 한 바퀴 돌아서 목회에 복귀했다. 그래서 그의 정치적인 감각은 상당히 탁월했다. 목사의 기발한 히든카드는 그들에게 청량제나 회복제와 같았다. 그들의 발 빠른 발품으로 연판장은 일사천리로 아주 신속하게 작성되었다. 또 하나의 시나리오가 탄생한 것이다.

"○○○는 우리 교회 여전도회 회장으로 적합한 인물이 아닙니다. 그녀는 ······."

첫 문장에서부터 모자이크식 비난 일색이었다. 별의별 이야기들이 다 동원되었다. 상식이 통하지 않는 유치한 말까지 서슴지 않고 퍼질러놓았다. 지저분한 욕지거리로 네 장을 빽빽하게 작성해놓고 그 밑에 이름과 도장을 받아놓았다. 한글과 한자로 새겨진 도장의 빨간색 인주들이 선명하게 드러났다. 여리고(Jericho)로 내려가다 강도 만나 죽어가며 신음하는 나그네의 핏방울처럼 보였다.

연판장을 작성한 후, 그들은 읽고 또 읽어 달달달 외울 정도가 되었다. 차마 말로 표현할 수 없는 내용들까지 홀라당 까발리고 있었다. 사실이든 아니든 그런 것은 문제가 아니었다. 그들은 목사 앞에 연판장을 내밀었다. 목사가 보기에도 흠집을 내기에는 그 정도로 충분했다. 이렇게 깔아뭉개는데 어느 누가 버틸 수 있겠는가! 물러날 수밖에 별 도리가 없을 것이라고 생각했다.

E목사는 다음 주일 예배 때 모종의 선언을 할 작정이었다. 물론 당회를 열고 그 연판장의 정당성과 진위를 가려 교회를 수습해야 하는 민주적인 절차를 밟지도 않았다. 그는 혼자서 일방적으로 일을 벌일 심산이다. 목사의 의도를 알아채지 못하고 있던 G장로는 모든 일을 낙관하고 있었다. 그리고 이번 선거는 공평하고 정의로운 '보이지 않는 손'이 작용한 것이라고 믿고 있었다.

목사는 연판장의 내용과 글자를 성경 암송하듯이 하나하나 분석하며 읽고 또 읽었다. 자기 나름대로 죄증을 정리해보았다. 한편으로는 일방적으로 패배한 측의 말만 듣고 송사했다는 비난과 뒷말이 목사의 양심에 걸렸다.

"나는 그리스도 안에서 진실을 말하고 거짓말을 하지 않습니다. 내 양심이 성령 안에서 이것을 증언해 주고 있습니다."(롬 9:1)라고 당당하게 고백하는 바울의 선한 양심이 부러웠다. 궁여지책으로 조작한 것이나 다름없는 누더기 같은 그들의 연판장은 마치 "날아가는 두루마리"(슥 5:2)처럼 보였다. 그 두루마리에는 "저주"의 메시지가 기록되어 있었다.

E목사의 지진감지 시스템이 점점 무너져 내리고 있었다. 무엇이 흔들리고 있는지 전혀 알지 못했다. 사탄이 그의 마음과 영혼을 사로잡는다.

"우리는 모두 다른 교회로 떠날 것입니다."

협박의 메아리가 그의 모든 목회적 실존을 뒤흔들어놓았다. 미진의 흔들림을 느끼게 해주는 양심의 소리도 그 메아리 앞에선 숨을 죽이고 있었다.

물론 회장으로 당선된 그 여성은 목사의 이런 음모를 알지 못했다. **만약** 그 연판장이 사전에 노출되었더라면 아마 격렬한 몸싸움이 벌어졌을 것이다. 목사의 넥타이를 휘어잡고 흔들어댔을 것이다. 상대의 머리 끄댕이를 움켜쥐고 줄다리기를 했을 것이다. 어느 누군들 자신의 약점이나 비밀스런 치부가 노출될 때 당하고 있을 사람이 어디에 있겠는가?

　연판장을 목사에게 넘겨준 이들은 당선된 회장이 무효처리가 될 것이라는 생각에 쾌재를 부르고 있었다. 상대편 회장의 일그러지는 모습을 상상만 해도 즐거웠다. 이미 공은 목사에게 넘어갔다.

14. 지렁이도 무는 수가 있다

　목사들은 자신이 평범해 보이지 않는다는 것을 은연 중에 드러내고 싶어한다. 뭔가를 보여주기 위하여 항상 "음모"(陰謀?)를 꾸미고 있다. 이것이 목사들의 딜레마다.

　타인의 구두를 신고 십 리를 걸어보라. 양들의 신발을 신고 오 리를 걸어보라. 그 전에는 양들을 비판하지 마라. 이웃을 비판하기 전에 반드시 그렇게 실천해보라. **만약** 할 수 없다면, 혼자 경건한 체하면서 남을 업신여기는 거드름 피우는 자세는 피해야 한다.

　인간이란 교활한 동물이다. 야비하고 치사하다. 성공한 사람이 곤두박질하여 추락하는 것에 더 쾌감을 느낀다. 사람들의 피를 빨며 훔치는 거머리와 같다. 실패를 구경거리와 말거리로 삼아 스트레스를 해소하는 고약한 심보를 가지고 있다. 그러나 비록 피를 빨아들이는 빨판은 없지만 지렁이도 무는 수가 있다.

　"지렁이도 밟으면 꿈틀거린다." 이 속담은 인간을 함부로 다루지 마라, 어설프게 취급하지마라, 무시하지 마라, 멸시하지 마라, 천대하지 마라, 깔보지 마라는 경고성 훈계일 것이다. 또한 강자 앞에서 약자가 토로하는 넋두리일 것이다. 여자는 지렁이처럼 밟는다고 꿈틀거리는 미물이 아니다. 지렁이는 꿈틀거릴 수밖에 없지 않느냐. 몰라서 하는 말이다. 지렁이도 무는 순간 이빨이 솟아난다. 없는 이가 솟아날 때, 오뉴월에도 서리가 내리는 것이다. 여자는 자기를 밟는 발목을 물고 늘어지는 특이한 장점이 있다.

15. 내면의 닻

주일 아침이었다. E목사의 얼굴은 굳어 있었다. 그도 그럴 것이 오늘 선거무효 선언을 해야 한다. 앞으로 닥칠 폭풍우를 어떻게 피해야 할지 고민하면서 강대상에 올랐다. 기상천외한 이변이 발생한다 할지라도 자신의 판단과 결정에 주어지는 그리고 짊어져야 할 십자가라면, 기꺼이 그 길을 가야겠다고 생각했다.

"지난주일 여전도회 투표는 무효처리하겠습니다."

딱 이 한마디였다. 더 이상의 다른 사족을 달지 않았다. 재선거나 재투표의 언급도 없었다. 가타부타 해설과 주석도 없는 일방적인 선포였다. 강대상에서 설교 중에 전달된 그 메시지는 마치 하나님 말씀, 그 자체였다. 어느 누구도 시비를 걸지 못했다. 뒤집기는 대성공이었다. 작전은 딱 맞아떨어졌다. 작당을 모의한 세력들은 속이 다 시원했다.

그는 어떻게 설교를 했는지 모른다. 그이 영혼도 백을 흑이라고 우겨댔으니 말이다. 백은 백이라고 해야 하는 현실적인 사실, 팩트를 픽션으로 만들었기 때문이다. 커피 스푼으로 자신의 인생을 측정해버렸다. 한 줄기의 붉은 빛줄기가 목사의 뇌리를 스치고 지나간다.

예배가 다 끝나고 문 뒤에서 기다리고 있던 여인이 있었다. 선거에서 패배한 회장 후보였다.

"목사님, 잘하셨습니다. 죽도록 충성하겠습니다."

그녀는 그토록 여전도회 회장이라는 감투에 집착하고 있었다. 그녀의 십년 묵은 체증이 한 순간에 사라져버렸다. "여호와 닛시"(Jehovah-nissi)(출 17:15)! 승리의 나팔 소리가 다시금 귓가에 맴돌았다.

아론(Aaron)과 훌(Hur)이 한눈을 파는 사이에 모세의 팔이 내려오는 것을 알지 못했다. 이게 웬 말인가? 아니, 어찌 이럴 수 있단 말인가? 선거에서 이긴 승자들은 뒤통수를 얻어맞았다. 정정당당하게 선거에서 승리한 측에서는 이해할 수 없었다. 지축을 뒤흔드는 천둥소리와 함께 한 줄기 번개가 스치고 지나간다. 선거에서 이긴 승자들의 심장은 새까맣게 타들어가고 있었다. 눈동자의 흰자위도 활활 타오르는 분노의 보랏빛으로 변해가고 있었다. 분노의 포도가 영글어가기 전에 서풍이라도 불어온다면 얼마나 좋을까?

"날이 선 낫을 대서 땅에 있는 포도나무에서 포도송이를 거두라. 포도가 다 익었다."(계 14: 18~20) 그 천사는 낫을 땅에 휘두른다. 수확을 한 다음 하나님의 진노의 큰 포도주를 만드는 술틀에다 던져버렸다. 술틀은 성 밖에 있었으며 거기서 포도가 짓밟히고 말았다. 그 술틀에서 피가 흘러나와 말굴레의 높이까지 닿았으며 거의 300킬로미터까지 퍼져 나갔다.

축이 빠진 채 굴러가는 수레가 언덕 아래로 내달린다. 쫓아가서 멈추게 할 수 있는 이는 아무도 없었다. 고장 난 저 수레를 어떻게 잡을 수 있을까? 참으로 안타깝고 위험한 상황이 전개되고 있었다. 질서의 하나님도 현기증을 느끼고 있었다. 질서가 흔들리면 교인들의 기본적인 권리가 유린된다. 승자의 패자들은 마음에 상처를 입었다. 패자의 승자들은 진노의 대접에 자신들의 코를 들이밀고 있었다. 이것은 목사의 월권이며 성직 남용이었다.

의협심인가? 용기인가? 정의감이었나? 아마도 착각일 것이다. 잠시 이성을 잃은 것이겠지. 열등의식으로 뭉쳐진 삐뚤어진 오기나마 부려보겠다는 심술이겠지. 머리가 나쁜 탓일까? 철이 아직 들지 않은 탓일까? 무엇을 흉내내고 있는 것일까? 아니면 자신만의 그로테스크한 발상일까?

목사의 영성은 내공의 힘이다. 영성은 내면의 닻이다. 이것이 부족하면, 성전의 문지기만도 못하다. 자격상실이다. '쓰나미'처럼 거센 파도가 밀려오면 목회를 지탱해주는 성루가 무너진다. 내면의 닻이 흔들리며 성벽이 파괴된다. 내면에 잠재된 E목사만의 '소나기'가 한차례 지나갔다.

목사가 선거무효를 선언하던 주일, G장로는 아무 말도 할 수 없었다. 전혀 예기치 못한 상상 밖의 일이 터진 것이다. 뇌관을 잘못 건드리면, 터질 수밖에 없는 의식의 폭탄이 어느덧 장로의 옷소매 자락에 스며들었다.

주일은 주일답게 보내라. 주일은 모든 죄를 빨아들이는 스펀지와 같다. 이 스펀지는 색깔을 의도적으로 구별하지 않는다. 흙탕물을 비롯하여 먹물까지도, 심지어 주홍빛 페인트와 인간의 몸을 쥐어 짤 때 나오는 기름 속에 들어 있는 한 방울의 물까지도 흔쾌히 끌어들인다. 받아들인다. 흡수하지 않는 물의 종자가 없다.

주일은 생명을 소성케 하는 별스러운 날이다. 엿새를 보내는 동안 사망의 음침한 그림자를 몰아내는 날이다. 구원이 선포되고 만물이 소생하는 날이다. 그래서 참 기쁘고 즐겁다. 주일은 그래서 행복하다.

16. 뮌하우젠 증후군

어떻게 손바닥 뒤집듯이 그렇게 쉽게 뒤집을 수 있단 말인가?

목사의 가운, 에봇(ephod)의 가슴에는 흉패가 붙어 있고 주머니가 달려 있다. 이 주머니에는 두 개의 돌이 있어 자신이 선택되기만을 언제나 기다린다. "판결의 돌"이요 "심판의 돌"이다. 하나는 "우림"(Urim)이요, 다른 하나는 "둠밈"(Thummim)이다.(출 28:30) 이스라엘 백성들의 종교생활과 일상생활은 이 돌들에 의하여 결정된다. 전진과 후퇴, 재판과 판결, 땅의 분배와 처분, 인간들의 갈등의 문제 등 단 한 번의 선택으로 결정된다.

하나님의 지시대로 제사장은 두 개의 돌 중에서 선택한다. 어떤 것이 올바른 선택인지, 정의로운 선택은 어느 쪽인지 기도하며 결정한다. 모세는 이 돌에 대한 자세한 정보를 주지 않는다. 단지 "우림"은 Yes요, "둠밈"은 No라고 추측해볼 수 있다. 제3의 선택은 있을 수 없다.

제사장은 "에봇"이라는 자신의 옷을 더럽히지 말아야 한다. 우림을 둠밈으로, 둠밈을 우림으로, 입맛대로 그 결정이 바뀐다면 뮌하우젠 증후군(Münchausen syndrome)을 앓고 있는 것이다.

E목사의 "뮌하우젠 증후군"은 그가 교단에서 "출교"당하는 시점에서 더 증폭된 것이다. 그동안 그는 자신의 정체성을 의도적으로 숨겨 왔다. 설령, 의도성이 없다 할지라도 자연스럽게 환경을 속이는 분위기를 연출해왔다. 기술적인 페르소나(persona), 즉 '가면을 쓴 인격'을 가지고 순간순간 상황을 뒤집어 반전시킨다. 목사는 낮과 밤에 따라서 페르소나가 달라지는 카멜레온(chameleon)과 같았다. 어느덧 목회활동에 자연스럽게 스며들 정도가 되었다.

목사들이 앓고 있는 뮌하우젠 증후군 때문에 교회와 양들은 홍역을 앓는다. 목장의 양떼들이 목사의 좋은 먹잇감이요 희생양이 된다면, 그것은 이 증상 때문이다. 뮌하우젠 증후군을 앓고 있는 목사는 자신을 반대하는 양들에게 염소 가죽이나 이리 가죽을 양심의 가책도 없이 뒤집어씌운다.

실제로는 앓고 있는 병이 없는데도 아프다고 거짓말을 일삼는다. 자기의 몸을 스스로 자해하여 타인의 관심과 이목을 집중시킨다. 위장성 장애나 가장성 장애라고 할 수 있다. 실제적인 증상은 찾을 수 없다. 병이 있는 것처럼 가장하여 이른바 병원, 의사 '쇼핑'을 하는 증상이다. 자신의 자녀나 주변인이 아무런 병 없이 건강하다고 해도 병이 있다고 하여 병원이나 의사를 찾아가기도 한다. 의사에게 적대감을 가진 사람들에게 많이 볼 수 있는 현상이다.

미국의 정신과의사인 리처드 아셔(Richard Asher)가 평소 거짓말하기를 좋아했던 독일의 뮌하우젠(Baron Münchausen)의 스토리를 각색한 모험소설, 『말썽꾸러기 폰 뮌하우젠 남작의 모험』(The Surprising Adventures of Baron Münchausen)에서 1951년에 그 이름을 붙인 것이다.

에덴동산에서 뱀의 속임수, 아내를 누이라고 한 아브라함의 거짓말, 아내 리브가(Rebekah)가 남편 야곱(Jacob)을 속이는 속임수, 다윗의 정신 나간 행동……. 아나니아(Ananias)와 삽비라(Sapphira)의 속임수 등 성경의 주인공들도 대부분 이 증상을 앓고 있다.

17. 생명의 보자기

　지난번 목사의 선거무효 선언으로 교회 안의 공기는 점점 무거워졌다. 그 중압감은 매달아 바다에 넣으라는 "연자 맷돌"(마 18:6)보다도 가볍진 않았다. 차가운 체감온도는 사람의 몸을 엿판처럼 굳어지게 만든다. 화석처럼 굳어진 몸은 그 깨지는 강도가 더 세게 나타난다.

　여신도들의 발걸음이 총총걸음이다. 삼삼오오 짝을 지어 수군거린다. 하나같이 심각한 표정들이다. 귓속말로 뭔가를 속삭인다. 마치 나팔꽃처럼 입방아를 찧고 있는 입술들이 삐져나온다. 불길한 예감이 들었다. 성령께서 S교회의 문턱을 넘지 못하는 것은 아닌가. **만약** 성령께서 그 발길을 돌린 것이라면, S교회는 풍전등화에 직면할 것이다.

　목사의 무효선언은 한마디로 아주 깔끔하고 매끄럽게 정리되었다. 한 순간 모든 갈등을 "생명의 보자기"(삼상 25:29)에 싸서 아우르는 명쾌한 치유선언이었다. 더 이상의 갈등이 발생하지 않을 것이다. 게임 오버! 브라우닝(Robert Browning)이 고백한 것처럼, "하나님은 하늘에 계시니 만사태평하도다."

　설령 그렇게 생각하는 측도 있겠지만 세상일이 어디 그렇게 만만하단 말인가. 세상은 상대적이다. 교회도 상대적이다. 교인도 상대적이다. 신앙도 상대적이다. 믿음도 상대적이다. 영성도 상대적이다. 축복도 상대적이다. 저주도 상대적이다. 세상의 상대주의는 그렇게 단순하게 끝나지 않는다.

　한편에서는 꿈을 접지 못하고 기어이 재대결로 상대방의 콧대를 납작하게 꺾어놓겠다는 발상을 하고 있었다. 그러나 선거에서 패배한 그들 역시 불길한 예상을 하고 있었다. 당회장의 일방적인 선언에 반격해 올 것이라는 예측은 하고 있었다. 하지만 어느 누가 당회장의 권력에 도전할 수 있을까? 반전의 가능성을 생각하는 사람들은 아무도 없었다. 이제 공은 목사에게 넘어갔다. 그가 패자들의 명예회복을 위하여 십자가를 대신 짊어져야 한다.

심판의 번복은 있을 수 없다. 선거결과에 승복하라. 여기는 한국이 아닌 미국 땅이다. 민주주의가 미국 땅에서, 교회에서 실종된다면 말이 되겠는가? 교회는 민주화의 요새다. 진리의 성이다. 진리란 무엇인가? 값비싼 자유를 허용하는 것이다. 자유의 종소리를 울리는 것이다.

세상 그 어느 구석보다도 교회 안에서 페어플레이를 하지 못한다면 어느 누가 교회에 발을 들여놓겠느냐? 여기서 물러설 수 없다. 물러서지 않겠다. Y네 집에 모인 여자들은 자기들도 버틸 수 있는 성을 구축해야만 했다. 강진이 발생해도 흔들리지 않는 요새를 구축해야만 했다. 그들의 전략은 바로 G장로였다. 그를 등에 업어야 한다. 장로가 하는 일이 무엇인가? 성도들의 대변인이 아닌가? 그들은 그의 문을 노크했다.

"장로님! 이럴 순 없습니다. 너무합니다. 억울합니다. 교회를 바로 잡아 주십시오. 이 사태가 원만하게 해결되지 않는다면 우리는 교회를 떠날 것입니다."

G장로는 난처했다. 교회의 미래가 걱정이다. 교회의 분열이 얼마든지 일어날 소지가 있었다. 그렇지 않아도 혼자서 이 문제에 대하여 고민해 온 그였다. 그동안 신중한 성격의 그로서는 목사에 대한 불만은 갖고 있었지만 전혀 내색하지 않았다. 겉으로는 어느 편도 들지 않은 중립적인 입장이었다. 하지만 목사의 월권과 독재가 교회의 갈등과 분파를 일으키지 않을까 염려하고 있었다. 그러나 적극적으로 그들을 돕겠다고 말할 수도 없었다. 이들을 어떻게 설득할 것인가? 장로의 십자가가 점점 무거워져 한쪽으로 기울기 시작했다.

장로는 대외적으로 이 문제를 노회에 보고하여 외부지원을 요청할 수도 있었다. 그러나 그 같은 행동은 오히려 교회의 부끄러운 수치를 세상에 드러낼 것이다. 선교와 전도의 길은 물론 사랑과 용서라는 예수의 정신을 훼손하는 일이다. 덕이 되지 않는다. 교회는 주님의 명예요 하나님의 얼굴이요 체면이다. 그는 누구보다도 잘 알고 있었다. 오히려 세상에 알려질까 전전긍긍하고 있었다. 목사의 인격을 믿고 있었으며 사태가 원만히 수습되기를 기도하고 있었다.

하나님!
내가 할 수 없는 일들일랑
다소곳이 순응할 수 있는 체념을 주시옵소서.
하나님!
내가 할 수 있는 일들일랑
과감하게 밀고 나갈 수 있는 용기를 주시옵소서.
그리고
이 둘의 차이를 구별할 수 있도록 지혜를 주시옵소서.

다음날도 G장로 집에 교인들이 몰려들었다.
"목사님의 체면과 권위가 손상되지 않도록 하세요. 입 조심하시구요. 조금만 참고 기다립시다. 가장 중요한 것은 목사님을 위해서 기도하는 일입니다."
그는 답답한 심정을 억누를 수 없었다. 이 문제에서 피해가고 싶었다. 자신이 원해서 된 장로도 아니었지만 장로가 된 것을 후회하기도 했다. 목사와 성도들이 파놓은 함정에 빠진 기분이었다. 사탄이 쳐놓은 덫에 걸려든 기분이었다. 이 문제를 어떻게 수습해 갈 것이지 목사의 의중을 알아보아야겠다고 생각했다. 그는 목사의 사택으로 발걸음을 옮겼다. 그의 발걸음은 골고다의 언덕을 오르는 것과 같은 느낌이었다. 자신의 운명이 어떻게 결정될지 모르면서 거친 숨을 들이키며 내쉰다. 끝장선언으로 한판 붙어볼 태세였다.
"목사님! 이 일을 어떻게 하실 작정이십니까? 걱정됩니다. 저들이 이 문제를 원상태로 되돌리지 않으면 교회를 떠나겠답니다."

"장로님은 여자들의 이야기를 듣고서 지금 나를 찾아온 것 아닙니까! 여자들의 치마폭에서 놀아나요? 장로님! 그 말은 나를 협박하는 소리로 들립니다. 이 일에 나서지 마세요. 제가 다 알아서 할 테니까."

거칠고 퉁명스러운 목사의 목소리는 설교단에서 들려오는 은혜로운 목소리가 아니었다. 궁금증에 대한 해답은 분명했다. 더 이상 이 문제에 개입하지 말라는 뜻이었다. 윽박지르며 참견하지 말라는 경고성 쐐기치고는 단호했다. 깊은 늪지대로 빠져드는 것과 같았다. 그동안 있으나마나한 허수아비 장로로 행세만 했을 뿐, 아무 일도 할 수 없었다는 자괴감이 장로의 마음을 사로잡았다. G장로는 난감했다.

E목사의 마음은 이미 '소금기둥'처럼 굳어버릴 대로 굳어 있었다. 자신이 지지한 후보자가 당선되지 않은 것에 대한 자존심도 상처를 입고 있었다. 그러나 마지막 라운드에서 자신의 손을 들어주지 않은 하나님을 원망할 여유조차 그에게 주어지지 않았다.

18. 스피노자 효과

진리의 순간이란 무엇인가? 긴장의 순간이다. 투우장에서 투우사와 투우가 맞서는 일촉즉발 생사의 길이 갈라지는 헐떡임의 순간이다. 검과 뿔이 교차되는 진리를 획득하는 전쟁이다. 진리의 순간은 두려움과 떨림의 순간이다. 공포와 전율의 순간이다. 구원의 길이 무엇인지 제시해준다. 진리가 우리에게 죽음이 아닌 자유를 주는 순간이다.(요 8:32)

누가 검을 만들었는가? 어느 누가 검을 주었는가? 어느 누가 검을 갖게 했는가? 검을 손에 쥔 자는 누구인가? 누가 피를 흘릴 것인가? 검은 위험한 무기다. 검의 길은 아무도 예측할 수 없다. "생명의 나무"에 이르는 길목을 지키고 있는 창세기의 "화염검"(창 3:24)을 보라. "성령의 검"(엡 6:17), "좌우 날선 검"(계 1:16), "입에서 나오는 검"(계 19:21)에 이르기까지 인간의 생명과 영혼을 해치는 검들이 등장한다. 예수의 검은 "평화가 아닌 검"(마 10:34)이다. 불화와 갈등의 검이 아니다. 자아를 스스로 도려내며 잘라내는 검이다. 자신의 마음과 신경활동을 위한 자신의 영적 전쟁을 위한 검이다.

말고(Malchus)의 귀를 내리쳐 피를 흘리게 한 자 누구인가?(요 18:10) 수년 동안 검으로 찌르며 피하는 전략으로 급소를 강타하는 투우사가 아마도 승리의 확률이 높을 것이다. 수많은 관객들의 응원도 한몫을 한다. 그러나 투우는 고독하다. 외롭다. 군중 속에서 고독을 느낀다. 힘으로는 열세다. 앞발로 번갈아 가며 맨땅을 후벼 판다. 다리 사이로 흩날리는 모래가 저만치 날아간다. 긴장을 이완시켜보겠다는 제스처다. 씩씩거린다. 고개를 좌우로 흔들어본다. 입에서 하얀 거품을 연신 뿜어낸다. 왜 내 앞에 검이 번뜩이고 있느냐고 투우는 항변한다.

17세기 철학자 스피노자(Baruch Spinoza)는 "인간의 생활 속에서 발생하는 모든 일에는 반드시 원인이 있다"고 말한다. 단풍잎이 떨어지면 저 머나먼 하늘에서 별이 반짝인다. 참새 한 마리가 땅에 떨어지면, 제일 먼저 전깃줄이 흔들린다. 그리고 우주의 공기밀도가 파장을 일으킨다. 마지막으로 대지가 흔들린다. 즉, 마음과 두뇌의 영역에서는 항상 불확실성의 수렁에 머물 수밖에 없다. 지그바르트 울리히(Sigwart Ulrich)는 『사이언스』(Science)에 실린 기고문에서 마음과 두뇌의 상호작용에 대한 것을 강조한다. 즉, 수술을 받고 회복기에 들어선 환자들이 어느 병실에 입원하고 있느냐에 따라서 그 회복이 빠르다는 것을 보여준다. 창밖으로 주차장이 보이는 병실의 환자와 아름다운 정원이 보이는 병실에 입원한 환자들의 회복과정에서 그 차이는 현저하게 다르게 나타난다. 후자의 환경이 훨씬 더 일찍 퇴원했으며 상처의 회복이 전자보다 더 빠르다는 것을 보여주었다. 이것은 마치 맹모삼천지교(孟母三遷之敎)와 같은 환경의 중요성을 말해준다. 있어야 할 자리에서 벗어나지 않는 것이 선이다. "완성될 수 없는 성질의 과제라고 해서 피해서는 안 된다"고 유대의 랍비인 타르폰(Tarfon)은 탈무드에서 말한다.

19. "출교" 시킵시다

"저년은 목사파야!"
"저년은 장로파야!"

홍해가 갈라지듯 교회도 양분되기 시작했다. 하나님은 파를 원치 않는다. 그러니 어느덧 '목사'와 '장로'가 '그놈'으로 변질되고 말았다. 호칭의 도의적 공정성이 무너져 내린다. 그들의 마음속에서 존경의 매너가 사라진 지 오래다. '목사'와 '장로'의 타이틀이 언제 사라졌는지 모른다. 목사와 장로가 선교정책과 교회 운영에 관한 문제로 크게 충돌한 적은 없었다. 초대교회의 바울파, 아볼로파와 같은 기름과 물의 흔적도 찾아볼 수 없었다. 특별히 틈이 보일 낌새가 있으면 장로가 먼저 양보하며 물러섰다. 장로는 최선을 다하여 목사의 목회정책에 협조하고 있었다.

몇 번씩 모의하는 동안 목사 편에서는 재선거의 기회를 노리고 있었다. 자기들 편에서 여전도회의 주도권을 잡아야 한다. 그러나 그 반대편에서는 목사를 이참에 추방해버리자는 획책을 꾸미고 있었다. 맑고 순수해야 할 아름다운 영혼들의 기 싸움이 시작되었다. 이 세상의 논리를 적용하기 시작한다. 다름 아닌 별들의 전쟁이었다. 상대적 일방성이냐 일방적 일방성이냐. 교회 안과 밖에서 힘겨루기 벌어진다. 권력투쟁이다. 그 투쟁의 역사는 삼위일체 하나님도 말릴 수 없었다.

목사를 추방하는 일이 어디 쉬운 일인가. 그렇게 뱃심 좋은 목사를 감히 어느 누가 배척에 앞장을 서겠는가? 상상도 못할 일이다. 그러나 그 일은 진행되고 있었다.

"출교시킵시다."

"내쫓아요."

"독선은 안 됩니다."

반대편의 목소리가 목사의 귀에 들어왔다. 사실인지 아닌지 잘 모르면서 발 없는 말이 천리를 가듯이 소문은 퍼져 나갔다. 그 소문을 듣는 순간, E목사의 마음속에 분노의 가시가 우후죽순(雨後竹筍)처럼 솟아오른다. 그의 분노는 광야의 "불기둥"처럼 칠흑같이 캄캄한 어둠을 밝힐 정도였다. 당장 달려가 요절을 내주고 싶었다. 생각하면 할수록 화가 치밀어 올랐다. 분노의 화살은 어느덧 대립각을 세우고 있는 G장로를 향하고 있었다. 목사는 파당을 형성하는 죄목으로 G장로의 제명을 고려하고 있었다. 참으로 묘한 감정의 대결이었다.

모든 사람의 감정에는 두 개의 문이 있다. 앞문과 옆문이다. 앞문은 거리로 통한다. 언제나 열려 있으며 걸쇠가 걸려 있기도 하다. 자물쇠가 채워져 있기도 하며 빗장을 대놓기도 한다. 문제는 들어갈 수 없다는 것이다. 감정의 문지방을 넘지 못하도록 못질을 단단히 해놓는다. 앞문은 대기실로 가는 통로가 있다. 이 통로는 안쪽 방으로 통한다.

옆문은 신성한 방으로 즉시 열리는 방이다. 그러나 옆문에 키를 가지고 넣는 사람이 누구이든 그를 경계하며 주의해야 한다. 옆문에서 싹이 트는 분노는 영혼을 파괴시키는 문지방과 같다.

한편으로 E목사는 교회의 앞날이 걱정되었다. 양측에서 교회를 떠나겠다는 협박으로 한없이 빠져드는 늪으로 들어가는 기분이었다. 밤이면 밤마다 불면증에 시달리고 있었다.

"하나님의 화살이 내 안에 있어. 날 뭘로 보고 이러는 거야. 내 영혼을 삼키는 독을 가만히 둘 수야 없지."

그는 혼자서 중얼거렸다. 그는 교단에서 "출교"(요 16:2)를 당한 몸이다. 천신만고 끝에 미국으로 도피해온 도망자 신세였다. 여기서도 퇴출된다면 더 이상 갈 곳이 없었다. E목사의 "아포리아"(aporia)는 그렇게 벼랑 끝을 향해 달려가고 있었다.

20. "파"는 눈물을 흘리게 한다

태초에 "파"가 있었다. 그 파는 둘로 갈라지기 시작했다. '틀린 것도 맞다. 맞은 것도 틀리다' 는 '님파' 가 있다. 자기파가 아니면 무조건 원수이며 적이다. 누명을 씌운다. 뒷북을 친다. '남파' 가 있다. 그들은 소 닭 보듯 거들떠보지도 않는다. 마치 예루살렘(Jerusalem)에서 여리고(Jericho)로 내려갈 때 다른 길로 피해가는 파들이다.

이 세상은 파들의 세상이다. 가지각색이다. 시아버지파, 시어머니파, 아버지파, 어머니파, 시누이파, 동서파, 사위파, 처남파, 처형파, 장인파, 장모파, 비둘기파, 매파, 강경파, 온건파, 보수좌파, 보수우파, 진보좌파, 진보우파, 중도좌파, 중도우파, 정통파, 이단파, 바리새파, 사두개파, 엣세네파, 세례요

한파, 예수파, 장로교파, 감리교파, 성결교파, 침례교파, 친일파, 친미파, 친소파, 친중파…….

파가 없으면 살아남기 힘든 세상이다. 파벌그룹, 코드집단에 소속되지 않으면 입지가 곤란하다. 바닥에서 꼭대기까지 파의 연줄이다. 파에 접속하라. 당당한 멤버십을 확보하라. 거리의 환경미화원도 파가 있다. 인터넷 블로그에 파들이 득실거린다. 너는 우파 블로그, 나는 좌파 블로그, 파판을 벌인다.

벼랑 끝에 몰리는 위기의 원인은 바로 우리의 자아들이나. 머터(Scott Mutter)는 이렇게 고백한다.

> 나는 벼랑 끝에 서 있는 순례자
> 인식의 벼랑 끝에.
>
> 우리는 벼랑 끝에 서 있는 나그네들.
> 우리는 언제나
> 인식의 벼랑 끝에 서 있네.

파를 다듬어본 적이 있는가? 껍질을 벗긴다. 벗기는 순간, 아마도 그 고통을 이기지 못하여 그 속살도 하얗게 변할지 모른다. 소리 없이 드러내는 고통의 흰색 속살이다. 파에서 나는 소리가 들린다. 얼마나 질려 있기에 소리까지 들리지 않는다. 바로 흰색 공명이다.

눈물샘을 노크한다. 쥐어짜고 또 짠다. 원치 않는 눈물을 흘리게 만든다. 무엇인가? 고통을 주면서 눈물을 흘리게 하는 것이다.

파의 컬러는 푸르고 푸르른 하늘색이다. 고고한 희망의 상징이다. 파는 속이 비어 있다. 텅 빈 내면의 미를 간직한다. 초연함의 사색이며 실천이다. 안을 비워라. 인식의 속을 비워라.

파에는 눈으로는 볼 수 없지만 느낄 수 있는 그 무엇이 들어 있다. 혹독한 겨울에도 싱싱하다. 뒤덮인 폭설에서 숨을 쉰다. 그 속에 공기가 들어 있기 때문이다. 공기는 에어다. 에어는 성령의 바람이다. 그 바람이 그 경직된 영혼의 속살을 두드린다. 팽팽하게 당겨준다. 바람이 들어 있는 파는 절대로 넘어지지 않는다. 올곧게 당당히 서 있다. 비바람이 불어와도 넘어지지 않는다. 위험이 닥쳐와도 경직되지 않는다. 굳어 있지도 딱딱하지도 않다. 그저 부드럽기만 하다. 말랑말랑하다.

파의 내공은 바람이다. 안에서 일고 있는 바람은 "서풍"이며 순수하다. 서풍이 파를 살린다. 영혼의 바람이다. 성령의 바람이다. 내면의 미를 성령의 바람으로 채우라. 그 인생은 아름다울 것이다.

파가 있는 곳에 대파를 놓아라. 없다면 쪽파라도 좋겠다. 파의 십자가를 세우라. 그리고 그곳에서 파를 맛보라.

21. 하늘의 스파이

교회 분위기가 술렁이고 있었다. 한솥밥을 먹고 살아가는 성도들의 만남이 서로 모르쇠로 일관하게 되었다. 시시콜콜한 이야기와 미소, 작은 조크 하나로 웃음바다를 이루며 이민의 향수를 달래주었던 그들이었다. 고국을 떠난 그리움과 고독을, 이민의 고통과 슬픔을 안고 서로를 위로하며 땀내 나는 끈적끈적한 설킴으로 뒤엉켜 있던 분위기하고는 전혀 판판이었다. 음침하고 살벌한 느낌까지 들게 하는 냉전 분위기로 급선회되었다. 예고 없이 동시다발적인 모임이 여기저기서 눈에 띄었다. 이유도 명분도 없는 초대에도 빈번하게 불려 다녔다. 자고 나면 '오늘은 무슨 소문이 떠돌까?' 하는 조바심마저 들었다. 파당을 지어 자기들만의 "여리고 성"(수 6:1)을 쌓고 있었다. 여리고 성은 코드가 맞지 않는 사람은 들어갈 수도 빠져 나올 수도 없는 성이었다. 그들의 미팅은 어느 굿판 못지않은 사육제의 성을 구축하는 데 치열하다.

어느 집단이든 핵심적인 열성분자들은 소수에 지나지 않는다. 그들을 제외하면, 따라가며 추종하는 성도들끼리는 그렇게 적대시할 이유는 없었다. 비록 두 진영은 칼로 자른 두부모사이처럼 벌어지고 있었지만 서로 원수처럼 지낼 이유는 없었다. 저마다 가고 싶은 선택의 길을 가는 것이다.

비록 철새들의 성향을 가지고 있어서 자주 이동하는 특성을 지니고 있었지만 교인들의 일거수일투족은 거의 다 포착되고 있었다. 서로 이야기하지 못할 경직된 분위기는 아니었다. 심지어 자기편의 일급비밀까지도 상대방 친구에게 무심결에 아니면 의도적으로 노출시키는 상황이었다. 이러한 분위기에서 새어나오는 소문이 중요한 정보가 되어 반대편 수장에 전달되었다. 정보를 제공한 사람은 자기도 모르는 사이에 어느덧 스파이가 되어 '첩자'라는 타이틀이 붙게 되었다. 이들 중에는 이중첩자 역할을 하는 교인들도 있었다.

이와 같은 루트를 타고 양측은 서로 모르는 소식이 없을 정도였다. 언제 어디서 모이는지 밀회의 시간과 장소까지 상대방에게 고스란히 전달되고 있었다. 목사의 사택에 오후 5시쯤 한 통의 전화벨이 울렸다. 어느 여 집사의 전화였다.

"목사님! 저녁 6시에 K장로 집에서 모임이 있답니다."

"뭐야?"

어느 첩자로부터 G장로의 식품가게 다락방에서 목사를 규탄하는 모임이 있다는 소식이 목사에게 전달되었다. 전화를 받은 E목사는 가슴이 부들부들 떨렸다. 안절부절못하면서 방안을 서성거렸다. 그들을 그냥 가만히 두고 볼 수 없다는 듯이 비장한 각오가 그의 얼굴에 흐르고 있었다. 어금니를 굳게 물었다. 벌려진 입술이 철문 닫히듯 닫혔다.

G장로의 식품가게에 들어서면 계산대가 우측 편에 위치해 있어서 왕래하는 모든 이들을 자연스럽게 감시할 수 있었다. 그날, E목사가 그 가게에 들어섰을 때 장로 부인은 계산대에 앉아 있었다. 사전에 예고 없이 들이닥친 목사 때문에 그녀는 소스라치게 놀랐다. 그녀는 어찌할 바를 모르며 당황해했다. 이 비밀장소를 어떻게 알고 온 것일까? 누가 이 비밀을 폭로한 것일까? 온몸이 떨리며 정신이 아찔했다. 베드로처럼 스승을 세 번씩이나 배반한 것도 아니건만 가슴이 부들부들 떨렸다.

그는 인사할 틈도 주지 않았다. 쥐새끼처럼 순식간에 가게 안으로 사라졌다. 그의 얼굴은 비장한 표정이 역력했다. 부리나케 들어가는 목사를 가로막고 서서 이야기할 시간적 여유도 없었다. 다락방에서 밀회를 갖는 사람들에게 어느 누가 귀띔이라도 해주었더라면······.

비밀 아지트가 발각되었다. 어느 누가 고자질했을까?

사람들은 남의 이야기를 하면서 살아간다. 고급정보가 아니더라도 사소한 이야기 때문에 첩자로 둔갑한다. 상대방의 요청과는 무관하게 자동적으로 스파이가 되는 것이다. 그래서 "침묵은 금이다"라는 속담이 생겼을 것이다. 은 30냥을 받는 전문적인 스파이는 아니더라도 인간들은 서로서로 스파이노릇하면서 살아간다. 자신은 첩자가 아니라고 말하는 순간 핵심첩자로 둔갑한다. "제가 긴가요?"(마 26:20~25)라고 말하는 자도 바로 배반의 길을 걷고 있다.

교회 안에도 전쟁을 부추기는 첩자들이 많다. 그들은 위험하며 무책임하다. 이들은 해바라기만을 바라보는 특성이 있다. 햇살이 들어오지 않는 가시밭의 백합화는 그저 눈요깃감으로 여긴다. 그래서 바울은 이 잡초와 같은 스파이들을 서로 살피고 경계하라고 충고한다. "형제자매 여러분, 내가 여러분에게 충고합니다. 여러분이 배운 교훈을 거슬러서 분열을 일으키며 올무를 놓는 사람들을 경계하고 멀리하십시오. 이런 사람들은 우리 주 그리스도를 섬기는 것이 아니라 자기의 배를 섬기는 것이며 그럴듯한 말과 아첨하는 말

로 순진한 사람들의 마음을 속이는 것입니다."(롬 16:17~18)

　스파이 중에는 여자 스파이가 더 지능적이며 교묘하다. 섬세한 멋과 미, 감각적인 화술을 가지고 접근한다. 교회 안에서 여자는 잠잠하라고 하지 않았나! 아마도 그것은 입을 조심하라는 충고일 것이다. 네거티브한 독설을 자제하며 조심하라는 것이다.

　목사는 하늘의 스파이다. 하나님의 정탐꾼이며 말씀의 첩자요 복음의 스파이다. 젖과 꿀이 흐르는 가나안 복지를 향한 여정에서 양떼들의 안전을 책임지는 지도자이며 영혼의 지팡이다. 성도들은 선교의 스파이들이다. 세상을 향해, 세상 속으로, 사탄과 싸워 이길 수 있는 "구원의 투구와 성령의 검"(엡 6:17)으로 완벽하게 무장한 전문적인 미션의 스파이들이다. 빛과 소금의 첩자들이다.

　그날, E목사에게 일급정보를 전해준 스파이는 X여성이었다. **만약** 그녀가 입을 열어 고자질을 하지 않았더라면 목사는 그곳에 나타나지 않았을 것이다.

　폭풍우에 밀려 표류하고 있는 한 척의 배가 등대의 불빛을 보고 부둣가에 접근하고 있었다. 거친 파도에 밀려 헤매고 있는 그 순간, 등대는 낙뢰에 맞아 빛을 잃고 말았다. 안전한 상륙지점을 찾기 위하여 섬 주위를 빙빙 돌 수만 있었다면 얼마나 좋았을까! 무엇이 그를 분노의 포도나무로 자라게 한 것일까?

22. 이프 신학

　영국의 과학자 헉슬리(Thomas Henry Huxley)의 음성이 들려온다. "아름다운 가설이 추한 현실에 의하여 뒤집히는 것은 비극이다." 원인을 알 수 없고 예측할 수 없는 영역과 가정(IF)은 신의 영역이다. 그 영역은 하나님의 "알파"이며 "오메가"다.(계 22:13) 하나님의 주권이 집행되는 현장이다. 토기장이의 가마터요 불가마가 살아 숨 쉬는 곳이다. 인간의 이성과 지성, 감성과 영성까지도 불가해한 영역이다. 불가지론자들의 공격을 받고 있는 인지의 영역이다. 불가지론자들은 상상력이 부족하다. 그래서 더 좋은 이야기를 놓치고 있는 것이다.

　인생은 가정법이다. "**만약 ……한다면**"이라는 코드에 따라서 생사가 달라진다. 이러한 명제에 하나님도 동의하실 것이다. 이 책을 읽는 독자들도 한 표 던질 것이다. 라이프(life) 속에 "이프"(if)가 숨어 있는 것처럼, 인간을 향한 하나님의 가정법과 하나님을 향한 인간의 가정법이 에덴동산에서 밧모섬까지 차고 넘친다. 즐비하게 널려 있다.

　나이프(knife) 속에 "이프"가 숨어 있다. 그것을 어떻게 사용하느냐에 따라서, 그것을 어떤 방향으로 선택하느냐에 따라서 생사의 길이 달라진다. 특히 남성들에게 배필인 와이프(wife), "하와"의 선택도 중요하다. "이프"가 여성 속에 잠복해 있기 때문이다.

　영어에는 "if"를 대신하는 "서포즈"(suppose)라는 단어가 있다. 1970년 영국의 옥스퍼드와 캠브리지 대학에서 공동으로 출판해 낸 성경, 『The New English Bible with The Apocrypha(NEB)』는 하나님의 "이프"와 인간의 "이프"를 구별하여 표기한다. 하나님의 조건은 "if"로, 인간의 조건은 "서포즈"로 사용한다. 왜 구별하여 사용하고 있을까?

1부 하나님의 지진 감지 시스템　67

'suppose'는 "가정하다, 상상하다. 추측하다, 헤아리다, 생각하다, 상정하다, 전제로 하다, 필요조건으로 하다"라는 동사의 의미와 가정법의 의미로, **만약** ……하다면," 명령형의 의미로, "……하면 어떤가? ……하세 그려. ……하십시다"의 뜻으로 활용하고 있다.

소돔과 고모라를 멸망시키겠다는 하나님의 섭리에 아브라함은 흥정을 한다. "**만약** 의인 50명…… 45명…… 40명…… 30명…… 20명…… 10명이 있다면"이라는 가정을 할 때, "서포즈"를 사용한다.(창 18:24) 인간을 향한 인간의 조건은 "서포즈"다. 그러나 인간을 향한 하나님의 조건, 하나님을 향한 인간의 조건은 "이프"를 사용하고 있다.

인간에게 부여되는 하나님의 조건은 오직 하나, 단순하고 간결하다. 쉽고 명료하다. 사족이 붙지 않는다. 말씀과 명령에 순종하기만 하면 모든 문제는 해결된다. 그러나 하나님을 향한 인간의 조건은 다양하며 헤아릴 수 없다. 60억 이상의 조건을 처리해야 하는 막중한 인간요청업무가 있다. 인간들의 "서포즈"는 복잡하며 이기적이다. 난해하고 서툴다.

하나님의 "이프"는 오직 접속사로만 사용되지만, 인간의 "서포즈"는 다양성이 있다. 조건, 사고, 행동이라는 코드가 내포되어 있다.

사람들은 하나님의 영역을 "이프"의 영역으로 설정하고 언어게임을 한다. '이프 신학'(If-Theology)을 단순한 조건으로 생각하면서 자신의 무지를 드러내는 것이다.

"이프"는 하나님께서 인간을 통제하시는 교육방편이다. 하나님은 "이프"라는 방편을 가지고 인간들의 이성과 감성과 영성을 통제하시며 선택을 강요하신다. 인간은 하나님의 가정법 속에서 살아갈 수밖에 없는 운명이다. 선과 악의 선택도 인간 앞에 주어진 "이프"의 과제이다. "이것이냐 저것이냐"의 선택과 포기는 전적으로 인간의 자유의지와 '이프 신학'에 달려 있다.

물리학과 생물학은 인간에게 자유의지를 허용해준다. 아이러니한 것은 신학이다. 궁극적으로 신학은 인간의 자유의지 때문에 장애물이 되고 있다. 하나님은 미래를 알고 있으며 모든 것은 하나님에 의하여 예견된 것이다. 그럼에도 불구하고 하나님은 인간의 자유의지를 허용하신다. **만약** 전지전능한 하나님께서 미래를 알고 계신다면, 인간은 어떻게 자유의지를 갖고 있을 수 있는가? 주께서 아브라함(Abraham)에게 말씀하셨다. "너는 똑똑히 알고 있어라. 너의 자손이 다른 나라에서 나그네살이를 하다가 마침내 종이 되어서 사백 년 동안 괴로움을 받을 것이다.(창 15:13) 주께서 모세(Moses)에게 말씀하셨다. "너는 네 조상과 함께 잠들 것이다. 그러나 이 백성은 들어가서 살게 될 그 땅의 이방 신들과 더불어 음란한 짓을 할 것이다. 그들이 나를 버리고 나와 세운 그 언약을 깨뜨릴 것이다.(신 31:16)

창세기(Genesis)에서 신명기(Deuteronomy)까지 예견된 미래에 대한 함축된 의미가 반복된다. 예언한 사건들은 사람들의 행동에 따라서 일치되었을 때 한하여 발생한다. 하나님은 인간의 자유의지와 충돌함으로써 마음이 불편하시다. 그래서 인간들에게 한 가지 조건을 제안한다. 다름 아닌 '이프 신학' 이었다. 성경에서는 '때' 가 조건으로 해석되는 경우가 많이 등장한다. 예를 들면, "선악과를 따먹을 **때**, 너희는 정녕 죽으리라"(창 2:17)와 같은 구절들이다.

"이제 **만약** 너희가 정말로 나의 말을 듣고 내가 세워준 언약을 지키면, 너희는 나의 보물이 될 것이다."(출 19:5) "너희가 **만약** 오늘 내가 너희에게 명하는 그 명령들을 착실히 듣고 주 너희의 하나님을 사랑하며 온 마음과 정성을 다하여 주를 섬기면……"(신 11:13) 등 에덴동산에서부터 사건의 과정은 항상 "이프"라는 조건 속에서 진행된다.

심각한 기근 때문에 이스라엘 백성들은 어쩔 수 없이 목장을 찾아 나선다. 마치 나오미(Naomi)가 예루살렘의 기근이 멈추었다는 소식을 듣고 다시 고향으로 돌아가듯이, 이스라엘 백성들은 기근이 멈추었을 때마다 항상 가나안 땅으로 돌아오곤 했다. 기근이 극심해지자 이스라엘 사람들은 가나안을 떠나 이집트의 고센(Goshen) 땅에 정착한다. 그곳에서 번창한다. 하나님은 아브라함을 메소포타미아(Mesopotamia)에서 가나안(Canaan)에 정착하도록 하신다. 그러나 그 가나안 땅도 그들에게는 낯선 땅이었다. 그러나 중요한 것은 구속을 받지 않고 평화를 누리며 살아간다는 점이다.

야곱의 자손들은 그 여정을 바꾸었다. 가나안을 포기하고 이집트에 정착했다. 노예생활의 시작이었다. **만약** 아브라함과 이삭이 기근 동안에 여행했던 그 땅에 머물렀더라면, 400년 이상 동안 더 많은 구속과 속박을 받으며 살았을 것이다.

인간의 운명은 하나님의 가정법 앞에서 미래를 선택할 수밖에 없는 존재이다. 미래를 결정하는 선택의 멋진 기본서는 에스더서이다.

"왕후께서는 궁궐에 계시다고 하여, 모든 유다 사람이 겪는 재난을 피할 수 있다고 생각하십니까? 이런 때에 **만약** 왕후께서 입을 다물고 계시면, 유다 사람은 다른 곳에서라도 도움을 얻어서 마침내 구원을 받고 살아날 것이지만, 왕후와 왕후 집안은 멸망할 것입니다. 왕후께서 이처럼 왕후 자리에 오르신 것이 바로 이런 일 때문인지 누가 압니까?(에 4:13, 14)

에스더가 **만약** 침묵을 지키겠다는 쪽으로 선택했더라면 어떻게 되었을까? 알 수 없는 노릇이다. 에스더서는 사라져 잊혔을 것이다. 성경이 분명하게 전해주는 것은 에스더의 "**만약** 내가 죽으면, 죽으리라"(If I perish, I perish)(에 3:16)는 선택이 에스더의 미래를 결정했다는 것이다. 우리의 선택이 우리의 미래를 결정한다는 것이다. 선택은 사건의 흐름을 구성한다. 그렇다면 하나님은 인간이 선택하기 전이라 할지라도 인간 미래의 사건을 잘 알고 있는 것이다. 어떻게 인지하고 있는 것일까?

예수도 마귀의 시험을 받는다. "**만약** 하나님의 아들이라면…… **만약** 뛰어내린다면"(마 4:1~10)이라는 시험의 방법은 역시 '이프 테스트'다. 성령의 인도를 받아 광야로 들어가 마귀의 테스트를 받게 한다. 사탄의 '이프 테스트'를 거치지 않고서는 예수님도 그 사역을 감당할 수 없었다. 인간 예수의 시련과 고통은 성령의 지도와 안내를 받는다. 테스트의 주역은 사탄이라는 데 있다. 인간은 하나님의 테스트뿐만 아니라 사탄의 테스트도 통과해야 하는 힘겨운 과제를 안고 살아간다.

"**만약** 선생님이시라면, 저로 하여금 물 위를 걸어서 당신께 가도록 해주십시오."(마 14:28) 예수의 수제자였던 베드로의 조건적 '이프 신앙'은 실패와 성공을 경험하게 한다. '이프 신앙'을 통하여 성장과 성숙을 경험한다. 신앙의 척도는 "이프"에 달려 있다.

마가복음(Mark) 9장에는 귀신들린 아이의 병을 고쳐주는 장면이 등장한다. 오늘날의 간질병에 해당한다. 이 아이의 아버지의 간청을 들어보라. "**만약** 할 수 있으면(If it is at all possible for you), 우리를 불쌍히 여기시고 도와주십시오." 아버지의 '이프 신앙'에 대한 주님의 반응은 무엇인가? "**만약** 할 수 있으면'(If it is possible)이 무슨 말이냐? 믿는 사람은 모든 것을 할 수 있다."(막 9:22~23) 예수의 "이프"는 가능성의 "이프"요 치료와 회복의 "이프"였다. "이프"를 제시하라. "이프"를 활용하라. "이프"가 없다면 기도의 응답은 불가능하다.

바울과 누가의 선교신학은 전적으로 "이프 신학"에 그 기초를 두고 있다. "**만약** 그것이 하나님의 뜻이라면"(행 18:21)(If it is God's will), "**만약** 하나님이 불의하다면"(롬 3:6), "**만약** 우리가 그리스도와 함께 죽으면"(롬 6:8), "**만약** 하나님의 영이 너희 안에 거하시면"(롬 8:9), "**만약** 하나님이 우리 편이면"(롬 8:31), "**만약** 우리가 산다면……**만약** 우리가 죽는다면"(롬 14:8) 등 바울신학의 핵심에는 항상 조건부가 따라온다. 그는 자신의 '이프신학'을 통하여 하나님의 응답까지도 예측하고 있다.

바울은 사랑의 메신저다. 그가 사랑에 관한 해박한 경험을 들려줄 때, 우리의 마음도 뜨거워진다. 바울처럼 사랑에 관한 심층적인 정의를 내린 사람은 없을 것이다. "**만약** 내게 사랑이 없다면, 울리는 징이나 요란한 꽹과리가 될 뿐입니다. ……**만약** 사랑이 없다면, 나는 아무것도 아닙니다."(고전 13:1~2) 가장 핵심적인 부분에 마치 "모퉁이의 돌"처럼 요소요소에 박혀 있다.

사도 요한은 어떠한가? 마지막 종말에 이르기까지 예언의 사도로서 그는 "회개하라. **만약** 회개치 않으면"(계 2:16) 심판을 하겠다는 메시지를 전해준다.

주네(C. Journet)의 '이프 신학'에 의하면, "**만약** 하나님이 존재하지 않는다면 선은 어디서 오는 것일까? **만약** 하나님이 존재하신다면 악은 어디서 오는 것일까? **만약** 하나님이 선의 근원이시라면 하나님 역시 악의 근원이 될 수 있는가?"라고 묻는다. 독자들의 생각은 어떠한가?

흄(David Hume)은 『자연종교에 관한 대화』(Dialogues Concerning Natural Religion)에서 다음과 같이 질문한다. "하나님은 기꺼이 악을 예방하려고 하는가? 그러나 예방할 수 없다. 그땐, 하나님은 무능하다. 하나님은 악을 예방할 수 있다. 그러나 기꺼이 하지 않는다. 그땐, 하나님은 사악하다. 하나님은 악을 예방할 수 있으며 기꺼이 할 수 있다. 그땐, 악은 어디서 오는가?" 흄은 하나님의 존재를 부정하지 않는다. 그러나 하나님은 무능할 수 있다. 하나님은 사악할 수 있다. 전지전능하신 하나님이시라면 악의 근원은 무엇인가를 묻고 있는 것이다.

생각하고 싶지 않은 문제라고 본다. 피해가고 싶다. 하나님의 은혜와 사랑과 축복과 구원만을 이야기하자. 하나님의 선을 논하기에도 지면이 부족할 텐데……. 그렇지 않은가! 그렇다. 그렇다면 우리의 생각을 여기서 접는 것이 좋을 것이다. 그러나 하나님을 향한 도전장을 내미는 무신론자들에게, 회의적인 입장을 가지고 있는 불가지론자들에게 솔직하고 정직하게 대답해주어야 하지 않겠는가? 안티그리스도인들에게 시원하게 답해주어라. 하나님을 믿다가 실망한 성도들에게 만족스러운 대답(?)을 해주어라. **만약** 대답을 얼버무리면 의심할 여지없이 하나님의 사랑을 믿는 믿음이 최대의 장애물이 될 것이다. 필자는 선하신 하나님이 저들의 조롱의 대상이 되는 것을 원치 않는다. 바알(Baal)과 아세라(Asherah)를 상대로 싸웠던 갈멜 산(Mount Carmel)의 전쟁에서 승리한 엘리야(Elijah)의 하나님처럼(왕상 18:39), 확실하게 보여주어야 한다. 선이 악이 되어 부메랑처럼 돌아오는 것을 결코 바라지 않는다.

그럼에도 불구하고 신의 섭리에 대한 도전은 경건치 못한 '교만'이다. 인간의 초월적인 영역은 인간을 염려하지 않게 만든다. 겸손하라! 교만의 화신이 되기 전에. 필자는 여기서 그만 글쓰기를 중단해야 할 것 같다. 독자들의 생각은 어떠한가?

'이프 신학'의 핵심은 의심과 회의를 통한 흔들리지 않는 믿음의 초석을 다지는 것이다. 가장 작고 기초적이면서—**만약** 겨자씨만한 믿음이 있다면"—가장 크고 심오하다. "이 산더러 '여기에서 저기로 옮겨가라'".(마 17:20) '이프 신학'은 하나님의 "이프"에 대한 인간의 응답이다. 인간의 "이프"에 대한 하나님의 응답이다. 하나님과 인간의 "이프"가 서로 조화를 이루는 믿음과 신뢰의 현장이다. '이프 신앙'이 성취될 때, 그 인생은 복스럽고 즐겁고 행복하다.

그러나 한 가지, '나'를 향한 하나님의 조건이 무엇인지 궁금하다. "**만약** 내가 E목사의 처지라면, 내 손에 든 권총이 불을 뿜었을까?"

23. 황야의 무법자

1990년 2월 9일, 겨울의 한복판에서 하루 종일 진눈깨비가 내리고 있었다. 하늘은 눈을 먹은 구름으로 검게 드리워져 있었다. 반은 눈이요 반은 비가 내리는 우중충하고 을씨년스러운 날씨였다. 뉴포트뉴스 시내 거리에는 질펀하게 녹아내린 눈으로 길이 미끄러웠다. 신고 있는 구두조차 어정쩡한 포즈를 취한 채, 보도 위를 조심스럽게 걷고 있었다. 진눈깨비를 맞지 않으려고 검은 우산을 펴든 시민들이 총총걸음으로 퇴근을 하고 있었다.

남편이 사복 정장을 벗어 제치고 검은 점퍼로 갈아입는 순간, 사모는 어디에 있었을까? 검은 장갑을 양손에 끼고 오른쪽 주머니에 권총을 집어넣는 순간, 아내는 어디에 있었을까? 차에 석유를 통째로 실고서 차의 문을 닫고 시동을 걸려고 할 때, 그녀는 어디에 있었을까?

"여보, 오늘 아이 생일이잖아요. 전도사님이 저녁에 케이크를 사온다고 했어요."

"아, 그런가? 불쌍한 것 같으니라고!"

"아니, 그게 무슨 말이에요. 아이 생일인데……."

"……."

눈에 넣어도 아프지 않을 천사 같은 세 살짜리 딸에게 볼을 비벼대면서 남긴 한마디였다. 아내의 멘트가 귓가에 맴돌았다. "보다 나은 반쪽"의 목소리는 그에게 약발이 듣지 않았다. 그는 그렇게 무장한 채 집을 나섰다. 탕자처럼, 믿고 의지할 수 있는 언덕이 있는 그리고 돌아갈 집을 생각하는 사람은 그래도 행복한 사람이다.

마지막 가는 2월의 찬바람은 스산했다. 쌩쌩 달리는 차창과 백미러에 부딪치며 나는 찬바람이 증오의 바람으로 변하여 E목사의 육신을 통과하고 있었다. 사모와 전도사가 불러주는 아이의 생일 축하송이 자연스럽게 불어오는 바람을 쥐어짜면서 억지로 "동풍"을 초대하고 있었다. "서풍"이 불어오기를 그토록 간절히 원했던 그가 스스로 젖과 꿀이 흐르는 "약속의 땅"을 풍전등화의 위기로 몰아넣고 있었다. 털털거리며 굴러가는 중고차의 네 바퀴가 재의 계곡을 넘고 있었다. 어느덧 차의 엔진 소리조차 투덜거리며 세상과 하늘을 원망하고 있었다.

다락방 문을 박차고 E목사가 들이닥쳤다. 비밀회의를 하던 중 갑자기 들이닥친 목사 때문에 그들은 어안이 벙벙했다. 걷어차인 방문도 놀랐다. 초대하지 않은 예기치 못한 이방인이 노크도 없이 들어왔을 때, 모두 서로의 얼굴만 바라보았다. 비밀모임을 들켜버린 그들은 E목사 앞에서 마치 고양이 앞의 쥐처럼 미동도 하지 않은 채 웅크리고 앉아 있었다. 감히 자리를 뜰 생각은 엄두조차 내지 못했다. 어느 누가 먼저 운을 뗄 수 있는 용기도 없었다. 죄인들처럼 고개를 숙인 채 그의 설교를 기다리고 있었다.

그의 눈초리는 일일이 모인 사람들의 면면에 꽂혔다. 방의 분위기를 샅샅이 살피기나 한 듯이 주위를 한번 휘익 둘러보면서 G장로를 노려보았다. 물끄러미 바라보는 G장로의 눈과 마주친 목사의 눈초리에서 "소돔과 고모라"의 전류가 흘렀다. '내가 경고했을 텐데, G장로! 이들과 부화뇌동하지 말라고. 내가 장로로 임명해준 은혜도 모르고 날 몰아내겠다고? 이 배신자 같으니라고.'

"분노의 포도"가 당장이라도 터질 것 같았다. 하나님은 매일 분노하신다.(시 7:11) 죄 위에 내리는 하나님의 분노와 칼(욥 19:29)보다 그의 분노는 더 끊어오르며 번뜩이고 있었다. 그는 방안을 휙 한번 훑어보았다. 한마디 말도 하지 않은 채, 소리 없이 사라졌다. 문 닫는 소리조차 들리지 않았다. 한 바탕 성질대로 쏴붙이면서 소란을 피우고 갔더라면 속이라도 시원했을 텐데……. 그는 침묵으로 일관했다.

한결같이 E목사의 그런 모습에 찜찜한 생각이 들었다. 하지만 시간이 흐르자 앞으로 어떻게 대응할 것인가에 대한 구상 쪽으로 의견이 모아졌다. 어차피 가야 할 길을 가야 한다. 그러나 목사의 침묵시위가 무엇을 의미하는지 아무도 알 수 없었다. 다음 주일 설교 시간에 무슨 날벼락이 떨어지겠지. 한동안 아무 말도 없이 서로의 얼굴만 바라보았다. 착잡하고 허탈한 심정이었다. '어떤 일이 있어도 E목사는 더 이상 안 되겠다' 는 생각이 그들의 이심전심이었다. 어떤 식으로든 행동으로 옮겨야 한다. 그를 몰아낼 방안을 강구해야 한다. 그러나 고양이 목에 누가 방울을 달 것인가? E목사에게 도전장을 내밀 용기 있는 투우사는 G장로가 아니었다. 아무도 없었다. 아무도 없다. 아무도 없을 것이다.

만약 하나님이 '고양이'라면, 생쥐 같은 인간들이 어느 누가 어떤 방법으로 방울을 달 수 있을까? 아담과 이브, 가인과 아벨, 노아, 아브라함, 이삭, 야곱, 모세, 여호수아, 삼손, 다윗, 솔로몬, 욥, 아모스, 베드로, 바울, 교황, 루터, 캘빈……. 대책이 없다면 차라리 자신들이 교회를 떠나야겠다는 결심을 하고 있었다.

"오늘은 여기서 그만 일어납시다. 시간도 꽤 지났으니…….”

장로의 제안이 있었다.

"그럽시다."

모두들 그의 제안에 동의하면서 "주기도문"(마 6:9~13)으로 모임을 끝냈다. 그들이 막 일어나려는 순간이었다. 구둣발로 방문을 걷어차며 목사가 뛰어들었다. 정확히 13분이 지난 9시 49분이었다. 그는 조금 전과는 전혀 판이한 모습을 하고 있었다. 그렇게 빠른 시간에 목사가 다시 돌아올 줄은 그들은 전혀 예상하지 못했다.

조금 전에 입고 있었던 정장은 벗어던지고 검은 점퍼차림이었다. 양손은 바지주머니에 지른 채, 방 한가운데 골리앗처럼 우뚝 서 있었다. 평소에 그의 얼굴은 다소 검은 편이었다. 형광등 불빛에 비친 그의 얼굴은 전보다도 더욱 검게 보였다. 눈은 노기로 활활 불타고 있었다. 주민들을 괴롭히는 악당 총잡이들에게 복수하기 위하여 선술집을 홀로 찾아 나선 세인처럼 황야의 무법자가 아니라 정의의 심판자로서 그는 그렇게 나타났던 것이다.

양손을 호주머니에 넣은 채 서 있었기 때문에 그것이 별난 포즈라고는 아무도 상상할 수 없었다. 평소 목사의 제스처에서 볼 수 있는 그런 모습이었다. 둘러앉아 있던 교인들은 무슨 날벼락이 떨어질 것이라고 생각하면서 바짝 긴장하고 있었다.

그의 깊고 깊은 한숨소리가 긴장의 적막을 깨고 말았다. 분노의 포도가 뒤틀리며 벗겨질 때 들려오는 비탄의 소리였다. 조금 전에 그랬던 것처럼 그는 아무 말도 하지 않은 채, 침묵시위를 벌이고 있었다. 방안을 한 바퀴 위아래로 훑어보면서 그는 한 성도 앞에 멈추어 섰다. 다름 아닌 G장로였다. 그는 장로의 얼굴을 정면으로 노려보았다. 바지 주머니에서 꿈틀거리던 차갑고 묵직한 피스톨을 뽑아 장로의 면전에 갖다 댔다. 천천히 그러나 아주 각도 있고 정확하게 그의 이마를 겨냥했다.

이러한 광경을 목격하고 있던 교인들은 순식간에 문을 박차고 뛰쳐나갔다. 삽시간에 벌어진 생사의 갈림길에서 삼십육계 줄행랑은 생명을 보존하는 지름길이었다. 튀는 소리와 함께 한명도 남지 않고 모두 도망치고 말았다. 오직 G장로만 피할 수 없었다. 진로를 가로막고 서 있는 목사의 모습을 지켜보면서 설마 하는 생각이 들었다. 진짜가 아닌 가짜 권총으로 자신을 위협하는 것이라고 생각했다. 목사가 권총을 소지하고 있다는 것은 상상할 수도 없는 노릇이었다. 그럴만한 자격도 이유도 없다고 생각했다. 그러나 그 피스톨은 장난감이 아니었다. 장난질을 하기에는 너무 늦었다. 시간이 없었다. 시간이 죽었다.

"뱅~!"

그의 피스톨이 불을 내뿜었다. 둔탁한 소리와 함께 그렇게 G장로는 그 자리에서 쓰러졌다. 눈을 감지도 못한 채, 이마에서 흐르는 피가 바닥을 적셨다. **만약** 그가 '죽음에 이르는 병'에 걸려 있다는 사실을 간파했더라면, **만약** 그가 인간이기를, 목사이기를 포기하고 절망의 늪에 빠져 허우적거리며 괴로워했다는 사실을 조금이라도 인지할 수 있었더라면, **만약** 목사의 이상 행동을 조금이라도 감지했더라면 G장로는 이 비극의 순간을 피할 수 있었을 것이다.

밖에서 카운터를 지키던 장로 부인은 다락방에서 벌어지고 있는 소름끼치는 장면을 전혀 눈치 채지 못하고 있었다. 방에서 탈출한 사람들은 신발을 신지 못한 채 모두 뒷문으로 달아났기 때문이다. 방안에서 들린 둔탁한 총소리는 물건이 떨어지는 소리로만 착각했을 뿐이다. 지금까지 살아오면서 그녀는 권총소리를 들어본 적이 없었다.

"뱅~!"

몇 분 간격을 두고 또 다른 총성이 울렸다. 목사는 장로를 쏘고도 화가 풀리지 않았다. 자기 앞으로 쓰러진 장로를 구둣발로 뒤적이며 다시 장로의 심장을 향해 쏘았다. 검붉은 피가 그의 가슴에서 흘러나왔다. 핏줄기의 선혈이 그의 점퍼와 바지에 피고들었다. 그의 광기를 억제할 제어장치는 찾아볼 수 없었다. 꽁꽁 얼어붙은 얼음 밑으로 흐르는 이성의 칼날과 차가움으로 확인사살의 치밀함까지 보여주었다.

24. 참새 정가입찰제

욥(Job)의 행복이 커지면 커질수록 과거의 고통은 되살아난다. 한차례 소나기가 지나간 후 나타나는 무지개처럼 무덤에 들어가는 순간까지 고난의 흔적들이 선명하게 떠오를 것이다. "시간은 약이다."라고 위로해보지만 효과가 없다. 세월은 약이 될 수 없는 것이다. 고통은 서서히 신경을 마비시키는 마취제와 같은 것이다. 언제 깨어날지 기약도 없다. 수술대 위에서 원치 않는 고통의 숨만을 절개한다. 매 순간마다 스멀스멀 살아서 꿈틀거린다.

그러니 어쩌란 말이냐? 세상에 어느 누가 욥을 위로해줄 수 있겠는가? 어느 누가 살아남은 자들을 위로해줄 수 있을까?

주검은 의미가 없다. 흙으로 돌아가기 때문이다. 죽음만이 뜻이 있다. "죽음은 오직 살아 있는 사람들에게 의미 있는 죽음이다."라고 포이어바흐(Ludwig Feuerbach)는 말한다. 죽음의 대가는 죽지 못해 살아가는 참을 수 없는 고통을 안겨주었다. 특히 갑작스런 죽음은 준비할 수 있는 시간적 여유까지도 빼앗아버린다.

그리스도는 "죽은 사람들의 장례는 죽은 사람들이 치르도록 내버려두라"(마 8:22)고 가르친다. 살아 있으나 죽은 자와 같은 사람이 있으며 죽었으나 산 자와 같은 사람이 있다. "그리스도의 고통은 영혼의 고통이다."라고 키르케고르(Soren Aabye Kierkegaard)는 말한다. 살아 있는 고통에 의미가 있을 뿐, 죽은 고통은 죽은 고통이다.

"까닭 없는 저주는 영향을 미치지 않는다. 그것은 마치 참새가 떠도는 것과 같으며 제비가 날아가는 것과 같다"고 잠언기자는 호소한다. 참새의 방황은 까닭 있는 저주가 아니겠는가? 마태는 "참새 한 마리가 한 냥에 팔리지 않느냐? 그러나 그 가운데 하나라도 너희 아버지께서 허락하지 않으시면 땅에 떨어지지 않을 것이다"(마 10:29)라고 하나님의 사전 결재를 강조한다. "참새 다섯 마리가 두 냥에 팔리지 않느냐? 그러나 그 가운데 하나라도 하나님께서는 잊지 않는다."(눅 12:6) 마태와 누가는 참새 정가입찰제에 추임새를 넣은 주역들이다. 참새 한 마리가 전깃줄에서 떨어질 때, 그의 곁에는 아무도 없었다. 참새 한 마리가 땅으로 떨어질 때, 우주의 파장이 흔들린다.

멀리 낯설고 외로운 이국땅으로 날아와 희망의 둥지를 틀었다. 텃세의 설움을 뼈저리게 느끼며 살아온 세월이 야속하다. "약속의 땅"이라고 생각하며 태평양을 건넜던 긴장의 시간들이 서럽다. "지붕 위에 외로운 참새"들(시 102:7)이 **사전에** 하나님의 소환을 받고 있는 것이다. 하나님의 결재를 **미리 앞당겨** 받고 있는 그들은 과연 누구인가?

25. 자기 갑옷의 노예

안에서 들려온 둔탁한 소리에 J권사는 불길한 생각이 들었다. 다락방에는 넘어지거나 깨질만한 물건이 아무것도 없는 곳이었다. 그때까지 자기 남편이 죽을 것이라는 생각은 추호도 하지 못했다. 그녀는 정확히 안에서 무슨 일이 벌어졌는지 알 수 없는 무지한 상태였다. 남편 걱정이 되었다.

그 순간, E목사의 모습이 시야에 들어왔다. 점퍼와 바지를 피로 물들인 채, 권총을 손에 들고 있었다. 아직 화약 냄새가 풍기고 있었다. 계산대 쪽으로 걸어오고 있는 그의 눈에서 분노의 불길이 이글거리고 있었다. 그가 그녀 쪽으로 다가왔다. 옷에서 흐르는 핏방울과 손에든 권총을 본 순간, 큰일이 벌어졌구나 하는 불길한 생각이 스쳤다. 그녀는 순간 피하고 싶었지만 몸이 움직여지지 않았다. 강력본드를 칠해놓은 바닥처럼, 떨어지지 않았다. 그러다가 몸을 계산대 밑으로 움츠리면서 주저앉고 말았다.

그의 발걸음이 계산대 앞에서 잠시 멈추었다. 엇박자의 발걸음이 그의 몸을 기우뚱하게 만들었다. 증오의 대상이었던 장로의 와이프, J권사가 바로 그의 눈앞에 있었다. 목사는 힐끗 그녀를 쳐다보며 쫓기듯이 가게를 빠져나갔다.

그는 자신의 승용차 안에서 빨간색 플라스틱 통을 들고 나왔다. 그 통에는 휘발유가 가득 들어 있었다. 다시 가게로 들어온 그는 이리저리 휘발유를 뿌리기 시작했다. 온갖 야채와 과일들, 생활용품들이 기름을 뒤집어썼다. 기름 냄새가 가게에 진동했다.

장로 부인은 목사의 행동을 말릴 겨를도, 힘도 없었다. 가까스로 가게를 빠져나와 전신주 뒤에 몸을 숨기고 지켜보았다.

목사는 호주머니에서 라이터를 꺼내 불을 댕겼다. 삽시간에 불이 하늘로 치솟으며 활활 타올랐다. 아메리칸 드림이 잿더미로 변하는 순간이었다. 장로 부인은 목사의 광기어린 행동을 그저 먼발치에서 지켜보고만 있었다. 한국에서 건너와 이민의 아픔을 견디면서 어떻게 일구어놓은 가게인가! 피와 땀으로 이룩한 가나안 복지의 터전이 아닌가. 그것이 지금 철기문명으로 무장한 한 "가나안 족속"에 의해 화염에 휩싸여 있었다.

존경했다. 사랑했다. 순종했다. 믿고 따랐다. 그러던 목사가 지금 화마로 변하고 있었다. 목사의 행동을 그저 멍하니 바보처럼 숨죽이며 지켜볼 뿐이었다. 지금 이 순간 목사의 심판은 소돔과 고모라를 향한 하나님의 심판과 같았다. 화마의 불길이 한 가정의 모든 삶을 송두리째 집어삼키고 있었다.

화마로 변해버린 E목사는 가게가 송두리째 불에 휩싸인 것을 보자 자신의 승용차 안으로 들어갔다. 운전석에 앉은 그는 잠시 무슨 생각을 하는지 꼼짝을 하지 않았다.

"제가 살면서 진 빚을 하나님께 죽음으로 갚겠습니다."

타오르는 불빛에 비친 그의 모습이 어렴풋이 들어왔다. 오른손에 쥔 권총의 총구를 어느새 자신의 관자놀이에 갖다 대고 있었다. 조금 전 방안에서 들렸던 두 방의 둔탁한 총소리보다 더 크게 들렸다.

"빵~!"

찬 공기를 가르며 총소리는 겨울 밤하늘을 가로질렀다. 아직 잠에서 깨어나지 않은 별들도 깜짝 놀라 화들짝 깨어났다. 그때까지 G장로의 그림자는 보이지 않았다. 브라우닝(Robert Browning)은 "헤라클레스"(Herakles)에서 "무장한 사람은 자기 갑옷의 노예가 된다."고 말한다. 권총으로 무장한 E목사는 권총의 노예가 되어 영원한 감옥에 갇히고 말았다.

순간, 차 안에 있던 목사의 모습이 보이지 않았다. 911 소방차가 요란한 사이렌을 울리며 달려왔다. 소방차 호스에서 하얀 물줄기들이 뿜어 나왔다. 추운 겨울밤의 공기를 때리면서 떨어질 때, 불은 스멀스멀 잡혀가고 있었다. 불길이 잡히자 소방대원들이 가게 안을 살펴보았다. 단순한 방화사건으로 인식한 소방대원들이 다락방 문을 열고 들어갔을 때, 형체를 알아볼 수 없을 정도로 검게 그을리고 타버린 시신 한 구를 발견했다.

작은 도시 전체가 발칵 뒤집혔다. 비상이 걸렸다. 경찰들이 들이닥쳤다. 폴리스 라인을 설치하고 사건의 원인을 조사하기 시작했다. 뒤이어 앰뷸런스가 사이렌을 울리며 도착했다.

자살! 목사는 그렇게 세상을 떠나고 말았다. 인생은 그렇게 가는 것인가? E목사는 참을 수 없는 삶의 조건에 대항하여 공개적이며 노골적인 방법으로 몸부림친 것이다.

E목사! 저항의 철학을 고난의 신학으로 극복할 수 없었던 것인가?

26. 복수의 속옷

여호와는 보복의 하나님이시다.(렘 51:56) 여호와는 복수하시며 진노하시는 하나님이시다.(나 1:2) 하나님은 철저하게 '이프 신학'에 근거하여 자기에게 반항하는 자들에게 보복하신다.

여호와께 복수를 의뢰하라. 청탁하라. 복수의 기회를 달라고 요청하라.(시 41:10) 하나님은 복수하되 사람을 아끼지 않으신다. 복수의 속옷을 입고 계신다.(사 59:17) 복수의 하나님이시여, 철저하게 복수하게 도와주소서.(시 94:1)

에스더서(*Esther*)의 보복살인은 상상을 초월한다. "죽으면 죽으리라"는 각오와 결단의 결과는 무엇인가? 믿음의 승리였다! 초상집이 잔칫집으로 바뀌는 축제의 한마당이었다. 오늘같이 기쁜 날, 언제 또다시 올 것인가? 위기에서 탈출이다. 전화위복이다. 승리를 쟁취했다.

"하만(Haman)의 아들들을 장대에 매달아주시오." 에스더의 간청이었다. 아들들의 죄가 무엇인가? 아비의 죄 때문인가? 에스더는 아름다운 여성이 아니다. 하나님을 사랑한다면 그렇게 할 수 없다. 잔인하다. 하나님을 믿는 신앙으로는 이해할 수 없다.

수사(Susa) 성의 축제가 끝난 12월 13일, 에스더와 모르드개는 "그들의 원수를 다 칼로 쳐 죽여 없앴으며 자기들이 미워하는 자들에게 하고 싶은 대로 다 하였다." 수산성에서 500명, 14일 300명, 지방에서 75,000명이 살해당했다. 특히 14일은 잔치하는 날로 정한다. 이스라엘의 "부림절"(Purim)(에 9:25)은 초상집이 잔칫집으로 바뀐 것을 기념하는 날이다. 피를 흘리는 살인을 하면서 가무를 즐겼다. 춤을 춘다. 포도주를 마신다. 피리를 분다. 노랫소리가 들린다. 돌아온 탕자를 위하여 잔치를 베푼 아버지의 축제(눅 15:22)와는 전혀 거리가 멀다. 피의 사육제가 '부림절'을 탄생시킨다. 축제를 벌이는 이틀 동안 전국에 걸쳐서 75,810명이 희생되었다. 민족의 위기를 멋지게 전환시킨 모르드개와 에스더는 하나님의 사자들인가 아니면 사탄의 사자들인가? "살인하지 말라"는 모세의 십계명도 그들 앞에서 숨을 죽이고 있었다. "너희는 원수의 소나 나귀가 길을 잃고 헤매는 것을 보거든 반드시 그것을 임자에게 돌려주어야 한다. 너희가 너희를 미워하는 사람의 나귀가 짐에 눌려서 쓰러진 것을 보거든 그것을 그대로 내버려두지 말고 반드시 임자가 나귀를 일으켜 세우는 것을 도와주어야 한다."(출 23:4~5) 하나님의 정의와 복지의 법은 원수를 초월하여 원수가 기르는 동물에 이르기까지 확대 적용되고 있다. 그러나 에스더와 모르드개에게는 전혀 통하지 않았다.

4,000년의 구시대는 지났다. 새로운 시대가 열렸다. 종교적 이데올로기가 180도로 바뀌었다. "원수를 사랑하라. 핍박하는 그들을 위해 기도하라."(마 5:44) 너희가 친히 원수를 갚지 말라. 원수 갚는 일은 하나님의 일이다. "원수 갚는 것이 내게 있으니 원수가 주리거든 먹이고 목말라하거든 마실 것을

주라."(롬 12:19~20) 하나님은 복수하시며 사랑하신다. 병도 주시고 약도 주신다. 과거에도, 현재에도, 앞으로 전개될 사건의 미래까지도 그렇게 하실 것이다.

홉스(Hobbes)는 『거대한 해수』(*Leviathan, Pt. I*)에서 복수를 "자기에게 행한 사실을 정죄하려고 타인을 가해하려는 욕망"이라고 정의한다. 복수는 그 수단 때문에 목적을 볼 수 없다. 그 복수의 목적은 반드시 전적으로 나쁜 것만은 아니다. 복수하는 편이 단순히 상대방의 고통을 원하는 것이 아니라, 그 고통을 자기 손으로 가함으로써 고통의 이유를 상대방이 알기를 원한다는 사실에서 증명된다. 즉, 가해자에게 복수하는 순간, 그가 행한 죄를 욕보이게 하려는 행동인 것이다. '그가 그런 일을 당하면 과연 어떤지 똑똑히 맛을 보여주고 가르쳐주어야지' 라고 생각하는 것이다. 말로 이웃을 비판하는 것은 그 이웃에 대하여 우리가 어떻게 생각하는지를 그에게 알려주고 싶다고 느끼는 것도 같은 맥락이다.

하나님께서 인간에게 가하시는 '복수' 의 의미는 인간에게 악한 감정을 가지셨다는 것이 아니다. 하나님의 보응사상은 선한 요소가 들어 있다. 악인은 고통의 형식으로 그 자신의 존재 속에 있는 분명한 악을 발견할 때까지 자아망상 속에 갇혀 있게 된다. 그 고통이 일단 자기를 일깨워주면, 그는 자신의 삶이 우주의 진리에 역행하고 있다는 것을 생각한다. 반항하든지 아니면 우주의 법칙과 조화를 이루어보려고 노력한다.

루이스(C. S. Lewis)는 『고통의 문제』(*The Problem of Pain*)에서 "고통은 하나님을 거역하고 있는 영혼의 요새 안에 진리의 깃발을 꽂는 것이다."라고 주장한다. 복수심으로 불타오르는 내면의 고통은 악인에게 개선의 기회를 제공해줄 수 있다.

세상에서 제일 맛좋은 것이 복수의 맛이다. 복수를 시도해본 적이 있는가? 복수의 맛이 어떠한가? 사랑이 낭비라면, 증오는 저축이다. 증오심에 불타는 복수의 맛은 한 장의 천과 같다. 손으로도 잘 찢어진다. 그 천으로 한 벌의 옷을 만들어 입으라.

　보복의 스릴이여, 잘 가거라!

27. 전당포 주인

　당사자의 자살로 인하여 아무런 진술을 들을 수 없었다. 구구한 억측만 난무했다. 각 방송과 신문에서 사건에 대한 보도들도 저마다 제각각이었다. 속 시원하게 파헤친 기사는 한 줄도 찾아볼 수 없었다. 심지어 가해자인 목사의 신상까지도 오보로 나오는 것이 대부분이었다. 사건의 진실은 그렇게 묻혔다.

　목사의 사모는 가족과 친척이라고는 아무도 없었다. 사건 직후, 그녀는 아이를 데리고 그곳을 떠났다. 기자들은 작은 단서라도 찾아 기사거리를 만들어보려고 동분서주했다. 백방으로 수소문하여 그녀를 추적해보았지만, 헛수고였다. 그녀의 행방을 추적할 수 없었다. 그녀는 지금 어디에 있는 것일까?

　가장 가까운 피해자의 사모조차 남편의 행동을 알 수 없었다. 다른 동기나 계기는 접어두기로 하자. 그러나 한 가지 관계공식이 있다. 인간은 한이 맺힌 응어리를 푸는 수단으로 무기를 든다. 한풀이의 해결책으로 '검'을 잡은 E목사도 예외는 아니었다. 정당방위의 차원이라면 설득력이 있겠는가? 아니다. 분풀이, 화풀이의 차원이었다. 예수는 정당방위를 인정하고 있는가? 그 대응으로 '검'을 인정하고 있는 것인가?

　목사는 어떻게 권총을 입수했을까? 이것이 사건을 풀어가는 단서가 될 것 같다. 어디서 권총을 구했을까? 그 의도는 무엇이었을까? 범행동기와 물증이 사건의 실마리를 어느 정도 해결해줄 수 있다. 평소에 신변에 대한 위험을 느끼며 살아온 것일까? 혹시 어떤 협박이나 공갈을 당해온 것은 아닐까? 총포사에서 총을 구입했다면, 사건은 단순하게 풀릴 수 있다. 그러나 아무리 생각해보아도 그럴 확률은 거의 없었다. 왜냐하면 그는 미국 시민권자가 아니었다. 권총을 살 권리도, 총기소지 면허도, 자격도 되지 않았다.

그렇다면 사전에 미리 권총을 준비해두었다는 것으로 볼 수밖에 없다. 무슨 목적으로 권총을 소지하고 있었을까? 그것은 분명히 불법이었다. 그가 그러한 불법을 모를 리 없다. 무기불법소지죄로 체포되면 당장 감옥행이라는 것을 잘 알고 있었다. 왜 그런 위험을 무릅쓰면서 총을 소지하고 있었을까? 그가 권총을 소지한 시점은 언제였을까? 누구로부터 입수했을까? 그 권총의 출처가 사건만큼이나 궁금한 화제가 되었다.

만약 누구를 살해할 목적으로 소지했다면, 그는 죽어서도 심판을 면치 못할 것이다. 누군가의 생명을 해칠 목적으로 권총을 구입하여 소지하고 있었다면, 그는 더 이상 성직자이기를 포기한 것이다.

그 권총은 본의 아니게 **우연히** 목사의 손에 들어왔다. 이웃에는 모두 영세한 군인들로서 그들의 집은 거의 컨테이너 박스로 이루어졌다. 그래서 마을의 본래 이름이 있는데도 불구하고 "컨테이너 빌리지"(Container Village)라는 별칭을 갖고 있었다. 그 동네에는 홀로 사는 군인들이 상당수에 달했다.

목사의 집과 나란히 위치하고 있는 컨테이너에는 토미(Tomy)라는 미 육군 하사가 살고 있었다. 나이가 제법 들어 보이는 흑인이었다. 토미는 목사와 가장 가깝게 지내고 있었다. 음식도 서로 나누어 먹을 정도로 친분이 두터웠다. 가끔씩 잔돈 몇 푼을 빌려갈 때마다 토미는 자기의 잡동사니 소지품들을 맡겼다. 돈을 갚을 때, 다시 그 물건을 찾아가곤 했었다. 토미에게 목사는 어느덧 전당포 주인이 되어 있었다. 그의 든든한 후원자가 되었다.

사건이 일어나기 40일 전, 토미는 30달러를 목사에게서 빌려갔다. 갑작스런 부탁이었다. 그 당시 목사는 호주머니에 그만한 돈이 없었다. 꼭 필요한 돈이라며 애걸하는 그의 요청을 거절할 수 없었다. 교인 중에 D집사를 찾아가 돈을 빌려주었다. 토미는 당장 없는 돈을 차용해주는 목사의 따뜻한 배려와 인정, 그 사랑과 관심에 언제나 감사하는 마음을 갖고 있었다.

30달러를 빌려가던 그날, 토미는 그 담보로 특별한 물건을 목사 앞에 내놓았다. 자신이 소지하고 있었던 Smith & Wesson 9밀리 반자동 권총이었다. 권총을 맡기려고 내놓았을 때, 목사는 이렇게까지 할 필요가 있겠느냐며 거절했다. 그러나 토미는 자신의 신용에 대한 보증으로 권총을 담보로 제공하는 것이 자신을 확실하게 믿어주고 보장해주는 것이라고 생각했다. 그는 권총뿐만 아니라 권총집과 벨트, 실탄까지도 세트로 내놓았다. 그리고 조만간에 다시 찾아가겠다며 목사와 헤어졌다. E목사는 졸지에 전당포 주인행세를 하게 되었다. 난생 처음 보는 권총에 호기심이 발동했으며 권총을 손에 쥐는 순간, 스치고 지나가는 생각이 있었다.

"날아가는 새라도 한번 쏘아보세요."

토미의 농담이 귓가에 맴돌았다. 그는 권총 벨트를 허리에 두르고 거울 앞에서 한껏 폼을 잡아보았다. 장난삼아 멋진 액션과 포즈를 취해보았다. '내 눈에 거슬리는 사탄들은 본때를 보여주겠다. 한국이라면, 그놈들을 그냥, 빵 빵 빵!' 그의 손은 총과 총집을 오가며 사격술 훈련을 하고 있었다.

28. 빈총이라도 동료에게 겨누어서는 안 된다

Smith & Wesson 9밀리 반자동 권총은 전당포의 담보물치고는 위험한 물건이었다. 괭이도 삽도 아니다. 호미도 쟁기도 아니다. 보습도 아니다. 전혀 다른 별종이었다. 군대생활에서 총기 안전 수칙 중에는 "빈총이라도 동료에게 겨누어서는 안 된다."는 것이 있다. 이것은 이사야(Isaiah)의 '사격술 안전수칙' 제2장 4조에 동일한 내용이 등장한다. 전쟁연습이나 군사훈련을 중단하라는 것이다. '논과 밭으로 돌아가라'는 것이며, 생명을 소멸시키는 '악의 근원을 제거하라'고 명령한다.

칼을 쳐서 보습을 만들어라.
창을 쳐서 낫을 만들어라.

쟁기의 보습과 낫은 농업용 도구들이다. 보습은 땅을 경작하는 데 사용된다. 고랑을 파고 큰 흙덩어리들을 부수어 비와 산소가 잘 스며들도록 한다. 이것들은 재배를 위한 경작지를 준비하는 것들이다. 낫은 파종과 성장 후에 사용된다. 선한 열매를 위하여 지나친 성장을 잘라내는 것이다. 그 전지의 목적은 다소의 아픔은 있지만, 풍요로운 수확을 위한 것이다.

서부영화에서 등장하는 건맨들을 보라. TK목장의 총잡이들을 보라. 황야의 무법자들을 보라. 정의를 짓밟은 악당들을 물리치며 생명과 재산을 지키는 정의의 사자, 저 "셰인"(Sain)을 보라. 벌써 그는 말에 올라탄 채, 거친 바람이 부는 황야를 달리고 있다. 요엘(Joel)의 [사격술 안전수칙] 제3장 9조를 살펴보라. "전쟁을 준비하라"는 것이다. "이에는 이, 눈에는 눈"으로 대응하라는 것이다. "악은 악으로 갚으라."는 명령이다.

보습을 쳐서 칼을 만들어라.
낫을 쳐서 창을 만들어라.

인간의 농기계들이다. 신뢰, 우정, 사랑, 이해, 포용, 용서의 정원과 밭을 기경하면서 적대적 감정과 원한, 불평과 불만, 갈등과 분열을 갈아엎는 치유를 위한 도구들이다. 에덴동산에서 자라나는 꽃과 열매들을 돌보기 위하여 하늘을 바라보는 것들이다.

그러나 인간은 전쟁의 도구들도 갖고 있다. 오해, 분노, 증오, 미움, 의심, 차별, 고소고발, 이혼, 가십, 선입견, 흑백논리, 인종차별, 낙태 등 생명을 위협하면서 부정과 부패, 절망과 실패, 파괴와 죽음을 부추긴다. 땅을 지향하는 것들이다.

이사야는 비둘기파요, 요엘은 매파이다. 이들은 둘 다 하나님의 선지자요, 예언자들이다. 이들의 전쟁에서 승자와 패자는 누구인가?

"하나님, 당신은 어느 편에 서 계십니까? 누구의 손을 들어주시겠습니까?"

인간의 상황은 이사야와 요엘 사이의 이분법적 딜레마에 빠져 있다. 선과 악 사이에서 중용의 도와 중도의 노선을 걸어가다가도 어느 순간, 선택할 수밖에 없는 존재가 될 수 있다.

목사의 목회철학은 주는 데 있다. 권총 대신 낫과 보습을 주어라. 사랑과 생명을 주어라. 용서와 인내를 주어라. 덕과 선을 주어라.

목사는 배려의 화신이 되어야 한다. 배려에는 확고부동한 원칙이 하나 있다. "기브 앤 기브 업"(Give and Give Up)의 원칙이다. 주면 포기하라. 주면 잊으라. 양들을 위하여 생명을 아낌없이 내어주었다고 생각하면, 치매환자들처럼 깡그리 잊는 것이 현명하다.

만약 목사와 양의 관계성을 '불가근불가원'(不可近不可遠)의 세속적인 논리를 적용한다면, 그는 '양의 가죽을 쓴 이리'에 불과하다. 아흔아홉 가지 '들보'들이 눈에 거슬리거든 들판에 남겨두라. 그리고 험한 인생의 계곡에서 길을 잃고 헤매는 한 가지 달란트를 찾아나서 어깨에 둘러매고 끈적끈적한 목자의 땀 냄새를 맡게 하라. 이것이 목자의 심정일 것이다.

만약 주었다면, 포기하고 잊으라. **만약** 기도요청이 있었다면, 그리스도처럼 땀방울이 피로 변할 때까지 기도해주어라. **만약** "기브 앤 테이크"(Give and Take)의 세상논리를 가르치는 목사가 있다면, 그는 삯꾼 목사일 것이다. 그는 받지 못해 서운한 감정으로 양들에게 괘씸죄를 적용한다. 괘씸죄는 애꿎은 양떼들의 가슴에 피멍을 들게 한다. **만약** 되돌려 받지 못했다면, 하나님의 결재를 기다리라.

냉혹한 영적 세계에서 이 "자기절제"(self-temperance)와 "자기복종"(self-surrender)을 어떻게 하면 회복할 수 있겠는가? 이것이 문제이다. 우리는 단지 계명이 필요하고 계속 성장해 가야 하는 불완전한 토기들이 아니라, 뉴먼(Newman)이 언급한 대로, "인간은 손에 든 무기를 던지고 항복해야 하는 반역자들이다."

달러와 권총을 주고받았다. 누가 보아도 '기브 앤 테이크'의 논리다. 이것은 거래해서는 안 될 제11계명이다. **만약** 권총이 변하여 모종삽이 되었더라면 얼마나 좋았을까! 목적과 수단이 동일할 때, 악이 잉태된다. 악의 의도와 그 수단이 결탁할 때, 비극이 탄생한다. 세상을 목적으로, 믿음을 수단으로 여길 때, 그 틈새에서 악은 소리 없이 자라난다. "악은 모든 모양이라도 버리라."(살전 5:22)

29. 꼼수전략

E목사는 다른 목사들에 비하면 조금은 거친 편이었다. 그러나 비굴하지는 않았다. 의리가 있었다. 그를 가리켜 비겁한 사람이라고는 비난하지 않았다. 야생마처럼 자신의 혈기를 앞세우는 일이 많았다. 참을성이 부족한 불같은 성격 때문에 친구들도 그를 조심하는 편이었다. 그러나 인정 많은 사람이었다. 파렴치한 짓은 하지 않았으며 정의를 지킬 줄 아는 사나이였다.

결국 사탄이 노리는 것은 역기능적인 성격이다. 철저하게 무장한 순기능적인 성격이라 하더라도 한순간 경계하지 않으면 넘어질 수밖에 없는 것이 인간의 나약성이다. 사탄이 가장 쉽게 노리는 것은 바로 인간의 약점이다. E목사의 약점은 바로 그의 혈기였다. 사탄의 전략은 분명하다. 관계성을 파괴하라. 가까운 사람들끼리 불화를 조장하라. 하나님 나라의 건설을 방해하라.

원수들의 보금자리는 가정이다. 가정공동체는 어느 곳보다도 피멍으로 얼룩진 상처들의 보관소다. 그리스도 예수 안에 있는 교회, 역시 가정과 같다. 마치 똬리를 틀고 앉아 있는 뱀처럼, 사탄은 우리 곁에 있다고 예수는 경고한다.

사탄은 인간의 마음을 길들이는 조련사다. 목사와 가장 가까운 장로들을 타깃으로 삼아 자기들의 하수인으로 만든다. '그대의 적은 장로야.' '그대의 적은 목사야.' 관계가 깊어질수록 약점이 드러난다. 사소한 약점까지도 철저하게 입력해놓도록 지시한다. 사탄과 맞서 싸워야할 영적 에너지가 엉뚱한 곳으로 새어나간다.

"사탄아 물러가라!"(마 16:23) 가장 지독한 말이다. 평가절하의 절정이다. 하늘의 일을 저버리고 땅의 일에 찌들어 멍들어 가는 베드로(Peter)에게 예수가 한 명령이다. 수제자가 사탄이 되었다. 서열 1위에서 12위로 하강한다. 베드로는 하루아침에 밑바닥까지 추락한다. 한번 실패한 사탄은 결코 물러서지 않는다. 끈질기게 물고 늘어진다. 베드로로 하여금 세 번씩이나 배반하게 만든다. 사탄의 속임수는 인간의 꼼수보다 영특하다. 유혹의 대상을 찾아 나선다. 가룟 유다(Judas Iscariot)를 설득한다. 대성공이다.

사탄의 목표는 교회를 해체시키는 것이다. 이간질을 핵심 전략으로 삼고 있다. 그 초석은 불평하는 일이다. 불평은 갈등을 일으킨다. 교회 안의 취약한 지체들을 공격한다. 획책하는 음모를 꾸민다.

F목사도 예외는 아니었다. 원치 않는 사람을 장로로 세웠다. 사탄의 술책으로 장로도 놀아났다. 목사의 손에 권총을 쥐게 한 것은 사탄의 속임수였다. 그러나 자살은 결코 쉬운 일이 아니다. 자신의 생명을 버리겠다고 결심하는 순간, 주저하는 것이 인간의 생리이며 본심이다. 주저하는 것이 사실이다. 그러나 목사는 자살했다. 그는 과연 하나님의 실패작이었을까?

E목사의 어머니는 기도원 원장이었다. 가족이 없었던 정신병자를 데려와 숙식을 같이하며 자식처럼 돌보고 있었다. 어느 여름날 억수같이 비가 쏟아지고 있었다. 쏟아지는 소나기 사이로 비를 맞으며 도끼를 손에 들고 들어온 그에게 희생되고 말았다. 현장에서 즉사하고 말았다. 미쳐보지 않고서는 미친 사람의 심정을 이해할 수 없다. 사탄에게 걸려든 이도 자신이 어떠한 위치에 있는지 모른다. 사탄의 하수인이면서 그것을 인정하지 않는다. 하나님은 당신의 여종이 비명으로 가는 것을 원치 않으셨을 것이다. 사탄은 우는 사자처럼, 호시탐탐 인간의 생명을 노리고 있다. **만약** 한눈을 팔게 되면, 사탄의 꼼수는 찰나적 순간에 다가온다.

어머니는 자식을 누구보다도 잘 안다. E목사의 어머니도 아들의 인감 됨을 충분히 알고 있었다. 그의 과격한 성격, 난폭한 기질, 편모슬하에서 자란 무례한 악동은 어머니의 걱정거리였다. 아들을 사랑했으나 매질 한번 제대로 해보질 못했다. 아들을 목사로 만드는 것이 그녀의 서원이었다. 힘들고 어려울 때마다 장차 목사가 될 아들을 생각하면 큰 위로가 되었다.

"하나님, 이 자식을 바치오니 목사로 써주시옵소서."

30. 가지 못한 길

어린이는 어른의 아비로 키워야 한다. 워즈워드(William Wordsworth)는 "무지개"(Rainbow)라는 시에서 "어린이는 어른의 아버지다"라고 고백한다. 아비의 어른이 어린아이가 될 때, 만사태평할 것이다. 아비의 어른을 어린아이로 키우지 못한 책임은 부모에게 있다.

어머니의 서원기도는 과연 하나님의 응답을 받은 것인가? 그 기도는 "거룩한 노동"(Divine Toil)이라고 표현할 수 있을까? 아름다운 "영적 자서전"을 쓸 만큼 성공한 기도였을까? 틸리히(Paul Tillich)가 정의하는 기도, 그 "크고 깊은 한숨"(Great Deep Sigh)의 결실이라고 할 수 있을까? 차라리 다른 길을 선택했더라면, 그래도 그 인생이 즐겁지 않았을까!

프로스트(Robert Frost)는 "가지 못한 길"(The Road Not Taken)에서 "아름답지만 그 길이 더 나을 법"하기에 "사람들이 적게 다닌 길을 선택했노라"고 고백한다. 자신이 선택한 길 때문에 모든 것이 달라졌다면, 아름다운 세상을 만들어갈 수 있지 않았겠는가!

세상의 어머니들이여!, 아버지들이여!, 아들과 딸들의 앞길을 대리만족의 볼모로 잡지 마라. 함부로 서원하지 마라. 자식의 달란트를 존중하라. 결코 서원이나 맹세로 목사가 되는 것은 아니다. 사무엘(Samuel)의 어머니를 핑계 대지 마라. 삼손(Samson)의 부모를 닮지 마라. 궁색한 변명에 지나지 않는다. 하나님께 서원하는 것이 무슨 기득권이나 특권을 소유한 것처럼 생각하는데 자긍심이 지나쳐 맹세하는 것은 어리석은 일이다.

아들이 목사가 되도록 하나님께 호소하는 것은 아름다운 모성일 것이다. 그러나 어머니의 서원과 자식의 달란트가 반드시 일치하지는 않는다. 어머니의 욕심이 잉태하면, 그 자식의 죄를 낳게 한다. 환경에 자극과 변화를 주는 것이 어머니의 역할이다.

자녀들에게 영적인 "마시멜로 테스트"(marshmallow test)를 하지 않는 부모는 부모이기를 포기한 사람들이다. 어머니의 기도와 서원으로 그리고 모태신앙으로 목사가 되었다며 떠벌이는 목사들이 많다. '거룩한 목소리' (holy voice)가 목까지 차올라 걸걸거린다. "그들의 목구멍은 열린 무덤"과 같다. 그리고 그들의 입에서 튀는 침은 "살모사의 독"과 같다는 바울의 경고 메시지를 들어보라.(롬 3:13~14)

어머니의 서원 속에 목사가 된 아들은 속으로 병들어 갔다. 믿음 속에 파고든 한국교회의 샤머니즘이 영적 '굿판'을 만들어 낸다. 한국적 신앙 양태들이 서글프고 안타깝다.

모든 달란트는 흐르는 시냇물과 같은 것이다. 항상 자신의 진로를 찾아 멈추는 일이 없이 흐른다. 그러다가 장애물을 만나면 그 힘을 몇 배로 키운다. 물은 네모진 곳에서는 네모진 모양대로 세모진 곳에서는 세모진 모양이 된다. 달란트의 성질은 유연성이다. 어느 상황에서나 본질을 변치 않으면서 순응하는 적응력이 있어야 한다. 스스로 움직여 다른 것을 움직인다.

목사의 달란트는 강물이 되어 채워지지 않는 바다를 채우면서 구름이 되고 비가 되어 대지를 적셔주는 생명의 에너지가 되어야 한다. 북풍한설의 혹독한 찬바람 속에서 꽁꽁 얼어붙은 빙결의 영롱한 얼음이 되어야 한다. 그럼에도 불구하고 그 성질과 인격은 잃는 법이 없어야 한다. 스스로 정화하며 다른 것의 더러움을 씻어내 주는 인간미가 우선이다. 나머지는 동풍과 서풍으로 짜인 회오리바람 속에서도 자신에게 주어진 신탁을 수용할 수 있는 포용력이다.

하우즈(Elizabeth Boyden Howes)와 문(Sheila Moon)은 『인간 선택을 만드는 자』(Man The Choicemaker)에서 "인간은 선택을 위하여 창조되었다."라고 말한다. 인간은 언제나 선택 앞에 서 있다. 그러나 그 선택의 의지와 자유에는 반드시 책임이 따른다.

그러나 선택하고 싶지 않다. 제3의 길을 가고 싶다. 교회가 두 쪽으로 갈라지기 전에 먼저 교회를 떠나고 싶다. 선택을 강요하지 마라. 선택하지 않는 선택도 하나님의 뜻이다. 선택하는 자유마저 강요하는 것은 하나님의 뜻이 아니다. 새해에는 조용히 살고 싶다. 여전도회에서 일하지 않아도 자원봉사를 할 수 있는 곳은 얼마든지 있다. 왜 제2의 선택을 강요하는가? '신 앞에 홀로 선 단독자'로서 인간은 둘 중의 하나를 선택해야 한다. 키르케고르(Soren Aabye Kierkegaard)의 "이것이냐, 저것이냐"의 선택적 상황을 억지로 만들지 마라.

"보기 좋은 떡이 먹기에 좋다"라는 속담으로 엄청난 희생의 대가를 치른 롯(Lot)을 기억하라. 눈에 보기 좋은 선택은 소돔과 고모라처럼 사라진다. 욕심을 채우려는 은밀한 야곱(Jacob)의 선택도 예외는 아니다. 자신의 선택 여하에 따라서 그 운명이 달라진다. 그러나 선택 속에는 패러독스가 존재한다. "제 목숨을 얻으려는 사람은 잃을 것이요, 나를 위하여 제 목숨을 잃는 사람은 목숨을 얻을 것이다"(마 10:39)라고 그리스도는 말씀하신다.

피조물이 선택하는 길이 어느 길이든 창조주에게는 호기심의 대상이 된다. 하나님의 호기심 때문에 요나는 고기 배 속에서도 살아남아 끝까지 생명을 부지한다. 하나님의 호기심을 자극하라. 이끌어 내라. 하나님의 무관심은 인간의 비극이다.

샤르댕(Pierre Teilhard Chardin)은 "인간은 '거대한 옵션'(Grand Option)을 가지고 있다."고 주장한다. 이 옵션 때문에 저마다 인생의 가야 할 길이 달라진다. 자유는 가능한 선택을 요구하지만, 창조주와 함께 선택을 협상하는 것이 인간의 길이다.

31. 우레와 번개

　　E목사가 초등학교 4학년 때의 일이다. 하교시간에 갑자기 소나기가 억수같이 쏟아지고 있었다. 천둥 번개가 아이들의 발걸음을 꽁꽁 묶어놓았다. 마치 '시내산'에 우레와 번개가 칠 때처럼, 아이들은 두려워 벌벌 떨고 있었다. 감히 빗속을 뚫고 가려는 아이들은 상상할 수 없었다. 선생님들조차 겁을 먹을 정도로 하늘빛은 무서웠다. 같은 또래의 아이들은 비가 그치기를 기다렸다. 그러나 그는 쏟아지는 장대비 사이를 번개가 내리치면서 땅을 갈라놓는 아찔한 순간인데도 비를 맞으며 집으로 달려왔다.

"천둥쯤이야."
"번개쯤이야."
"소낙비쯤이야."

　　무슨 생각을 하면서 달려왔을까? 비가 좋아서 맞은 것일까? 선생님의 꾸지람에 대한 화풀이였을까? 자신의 용기를 과시하려고 객기를 부린 것일까?

　　씩씩거리며 집으로 달려온 그는 마당에 들어서기가 무섭게 안방으로 뛰어들었다. 어머니의 장롱을 열어 제치고 옷가지들을 마당에 내팽개쳤다. 하늘에서 퍼붓는 소나기와 마당의 흙탕물 속에서 어머니의 옷가지들이 하염없이 젖고 있었.

　　정성들여 다리미질해놓은 삼베옷이, 색동저고리와 치마들이 흙탕물로 뒤범벅이 되었다. 어머니는 아들의 행동을 말리지도 못한 채, 그저 바라볼 뿐이었다. 그는 그렇게 화풀이를 해댔다.

　　갑자기 쏟아지는 소나기 때문에 어머니는 아들이 걱정되었다. 살이 부서진 비닐우산을 챙겨들고 아들을 맞으러 마루에서 막 내려왔을 때, 아들이 사립문을 박차고 들어온 것이다.

세상의 아들, 딸들아! 어머니를 위로하라. 어머니의 손에 든 장맛비 우산을 기다리라. 어머니의 우산 속에서 피어나는 사랑을 맛보아라.

어머니는 마당에 버려져 흙탕물로 뒤범벅이 된 옷들을 주섬주섬 주워들며 중얼거렸다.

"이놈아! 어디 두고 봐라. 네놈이 목사가 되어서도 이러고 살기야 하겠느냐?"

어머니는 아무 일도 아닌 것처럼, 아들의 화풀이를 속으로 삭히면서 야훼 하나님에게 응원을 청하고 있었다.

"하나님, 이 자식을 당신의 종으로 바치나이다. 갈고 다듬어 써주시옵소서."

E목사가 고등학교 1학년 때, 친구 집에 놀러갔다가 개한테 물린 적이 있었다. 다행히도 광견병에 걸리지는 않았다. 다리를 물고 늘어지는 개를 간신히 발로 걷어차 위기를 모면했다. 그날부터 그는 개만 보면 공포를 느끼면서도 복수의 칼을 갈고 있었다.

어느 날, 그는 읍내에 나가 푸줏간에 들렀다. 용돈을 모아 돼지고기 한 덩어리를 사서 연탄불에 올려놓고 맛있게 구워냈다. 낡은 괘종시계를 뜯어서 용수철을 꺼냈다. 그리고 그 용수철을 바늘처럼 아주 짧게 잘라냈다. 사십여 개의 철사 조각 하나하나를 면도날처럼 날카롭게 갈았다. 그런 다음 그 조각들을 구운 고깃덩어리 속에 깊숙이 집어넣었다. 그놈은 전혀 모를 것이다. 완벽하게 숨겨놓았으니.

목줄을 매놓은 그놈 곁으로 다가갔다. 적당한 거리에 서서 슬슬 화를 돋우었다. 전에 한번 결투를 벌인 적이 있어서 그놈도 그를 알아보고 다시 으르렁거렸다. '네놈이 나를 또 물려고 그러는 거야. 진정 좀 해라. 이봐, 견공! 서로 적이 되지 말고 우리 친하게 지내자. 난 화를 다 풀었으니 앞으로 사이좋게 형님 동생하면서 지내보자.' 그는 살살 꼬드겼다. 그놈이 좀 누그러지는 것 같았다. 그래서 고기를 던져주었다. 처음에는 고기 주위를 빙빙 돌기만 했다. 그러다가 구수한 냄새가 그의 후각을 자극하기 시작하자 한입에 덥

석 물고서 한두 번 깨물더니 꿀꺽꿀꺽 삼키고 말았다.

그는 10분 쯤 옆에서 망을 보았다. 글쎄 그놈의 아가리에서 피가 흐르기 시작했다. 그놈의 몸에 이상이 오기 시작했다. 이상한 신음소리와 함께 땅바닥에 나뒹굴었다. 엎치락뒤치락 몸부림을 치기 시작했다. 예리한 칼날들이 배 속에서 쿡쿡 찌르고 있었다. 누가 몸 밖에서 자기를 찌른다고 생각했을 것이다. 마침내 그놈은 자기 내장을 물어뜯는 것처럼 미쳐 날뛰었.

그는 몸부림치며 신음하는 개를 보고 미소를 지으면서 이렇게 말해주었다.
"이 새끼야, 이제야 올바른 생각을 하는구나. 네 속에 있는 고약한 내장을 다 찢어서 밖으로 내던져라. 내장 속에서 칼부림하는 놈은 바로 나야, 나!"

'복수' 야말로 복수심에 불타는 자의 미덕이며 생존원리다. '자, 한판 붙어 보자!' 도전의 깃발이 바람에 휘날린다.

32. 바람 곳간

바람은 두 개의 얼굴이 있다. 하나는 생명의 파괴자요 다른 하나는 생명의 보존자다. 생명의 파괴자는 오직 새로운 생명의 소생과 부활을 위한 역할이다. 단순히 파괴를 위한 파괴가 아니라 변화와 생성을 위한 생산적인 파괴다. 파괴와 건설은 결코 유리될 수 없는 통일성을 갖고 있다. 바람의 내면적 표상은 그 양면성 위에서 통일적 의미를 상징적으로 나타내준다. 바람은 자연의 조직과 질서를 분산시킨다. 때가 되면, 바람은 날개 달린 씨를 보존하여 자연의 질서와 그 영원성을 유지한다.

셸리(Percy Bysshe Shelley)는 "서풍부"(Ode To The West Wind)에서 "겨울이 오면, 어찌 봄이 멀 수 있으랴"라고 고백한다. 겨울은 죽음이다. 봄은 소생이다. 이들의 순환은 자연 질서의 영속성을 말한다. 그렇다면, 바람은 자연 질서를 영원히 보존하기 위한 영속적인 상징이며 영원한 미래의 약속이다. **만약** 바람이 없었더라면, 지구는 벌써 사막으로 변했을 것이다.

바람은 미래에 대한 약속과 언약의 메신저다. 우주를 풍미하는 바람은 하나님의 메시지를 전달한다. 인간의 희로애락도 바람을 탄다. 인간은 바람에 흔들리는 갈대와 같다.(마 11:7) 세상 인습에 멍들고 세파에 시달리며 가장 가까운 자식들과 친척들로부터 고통을 겪는다. 인간은 바람에 의하여 성숙해지며 영글어간다. 바람은 "물 없는 구름"(유 1:12)이나 메마른 낙엽에 촉촉한 수분을 공급해주는 '연둣빛 청량제'다.

바람이 불면, 숲은 언제나 거문고가 되어 바람의 숨결을 느끼게 한다. 바람은 소원한다. 낙엽 한 잎일지라도 티 없이 맑고 고운 새 생명의 밑거름이 되라다. 자학과 패배의 몸부림이 아니다. 강하고 줄기찬 소생과 부활을 위한 낙엽의 영혼을 위하여 오늘도 바람은 옷깃 속으로 스며든다. 시공을 초월하여 부는 바람이 그리워진다.

하늘에는 물과 바람과 눈의 "곳간"이 있다.(욥 38:22, 시 33:7, 135:7) 하나님은 이것들을 저장해두셨다가 시시때때로 인간에게 공급해주신다. 이른바 '바람 곳간'에는 두 개의 창문이 있다. 동창과 서창이다. 동창에서 부는 "동풍"은 우주에 매달린 지구와 인간을 혼란케 만든다. 카오스의 이론은 동창에서 불어오는 바람이 원인이다. 서창에서 부는 "서풍"은 "동풍"으로 흔들리는 지구와 인간들을 안전한 곳으로 피하게 한다.(욥 26:7) 지구와 인간은 허공에 매달린 공처럼, '바람 곳간'에서 불어오는 바람결에 돌고 도는 것이다.

33. 악연도 필연

그가 정상적으로 목회를 하던 때였다. 한번은 노회 안에 약간의 분쟁이 일어났다. 그는 자기가 지지하는 편의 행동대원을 자처하고 있었다. 검은 장갑을 양손에 탱탱하게 낀 채, 걸리기만 하면 한 방 날리려는 기세로 회의장 문을 지키고 서 있었다. 문지기도 문지기 나름이었다. 마치 돈키호테처럼 양다리를 벌리면서 한껏 폼을 잡고 서 있었다. 이때, J목사가 회의장을 막 들어가면서 일갈을 날렸다.

"이 사람아, 여기가 어디라고 그런 꼴로 서 있나?"
"아이고, 목사님! 오랜만이네여."
"장갑은 왜 끼고 야단인가? 여기가 권투장이야?"
"무슨 그런 섭한 말씀을 하십니꺼."
"누굴 치려고 그러는가? 검은 장갑이 나를 노리고 있구먼, 안 그런가?"
"어서 들어가이소. 이따 보입시다."
"이거, 꼭 도살장에 들어가는 기분이야."
"농담 마이소. 어서어서……."

그러나 그의 반응은 호의적이었다. 빙그레 웃으면서 목을 좌우로 한 번 돌린다. 기름칠을 하지 못한 톱니바퀴처럼 삐걱거리는 소리가 들리는 듯했다. 다른 목사들이 귀를 의심하지 못하게 못들은 척, 어깨를 으쓱 한번 올리더니 회의장 안으로 그를 살며시 밀어 넣었다.

E목사는 소속된 노회에서 목사직을 박탈당했다. '목사'라는 타이틀을 회복할 수 없도록 노회에서 면직조치가 내려졌다. 그는 더 이상 목사가 아니었다. 그는 모든 수단을 동원하여 면직을 막아보려고 노력했지만 헛수고였다.

더 이상 그를 목사라고 불러주지 않았다. 그러나 그는 하나님은 아직도 자기를 목사로 인정해줄 것이라고 생각하고 있었다.

"인간이 만들어놓은 제도가 나의 소명에 태클을 걸 수 없지. 좌지우지할 수 없다고."

언제부터인가 그는 다시 목사가 되어 있었다. 노회에서나 그 어떤 선교단체에서도 그에게 목사 타이틀을 돌려준 적이 없었다. 스스로 자의적인 목사직을 수행하고 있었다.

그는 결혼한 부인과 사별했다. 자식들을 부양할 수 없을 정도로 궁핍했다. 아내의 오랜 투병생활 때문에 가진 것을 모두 날려버렸다. 그의 마지막 선택은 미국으로 도피하는 일이었다. 그곳에는 친인척을 비롯하여 누구하나 반겨주는 이도 없었다. 미국에 입국할 아무런 근거나 자격도 없었다. 비자 또한 나올 리 만무했다.

어떻게 알았을까? 정보의 출처는 어디였을까? 누가 그에게 다리를 놓아준 것일까? 그는 부산에서 밀항선을 타고 일본에 상륙했다. 도둑고양이처럼 멕시코로 향하는 포경선에 올라 하와이를 거쳐 태평양을 횡단했다. 그는 홍해를 횡단한 후, 요단강을 건넜다. 밀항의 고비 고비마다 하나님의 "구름기둥"과 "불기둥"(출 13:22)이 그의 앞길을 인도해주셨다. 죽지 않을 정도로 하나님은 그에게 "만나"(manna)(출 16:31)와 "메추라기"(quail)(민 11:31)를 보내주셨다.

E목사는 도망자의 신분이었다. 그의 365일 하루하루는 지옥과 같은 생활이었다. 목사직을 박탈당했을 때, 그는 얼굴을 들고 다닐 수 없었다. 어디인들 가지 못하겠는가! 도피하는 길만이 살길이었다. 불안한 심정으로 쫓기며 살아가고 있었을 때, 평소에 마음속에 그리며 생각해두고 있었던 곳이 있었다. 다름 아닌 "도피성"(민 35:6)이었다. '살인자의 도피성'은 365일 24시간 항상 문이 열려 있었다.(수 21:13) 그는 모국을 떠나는 길만이 살길이라고 생각했다.

1부 하나님의 지진 감지 시스템 101

니느웨(Nineveh) 성에 도착한 요나(Jonah)처럼, 그는 멕시코 국경을 넘어 미국 버지니아 주로 살며시 스며들었다. 그러나 요나처럼 40일이 지나면 성이 무너진다는 예언의 나팔을 불어댈 수는 없었다. 호박 문진 속에 갇혀버린 벌레와 같은 신세였기 때문이다. 젖과 꿀이 흐르는 "약속의 땅", 목사의 가나안 복지는 미국 국경수비대의 감시와 추적을 받고 있는 모래 위의 성이었다.

천신만고 끝에 그는 신학교 동창인 A목사를 만났다. 인정이 많았던 A목사는 그의 처지를 이해해주었다. 단지 그는 A목사의 사택에서 식객노릇하며 하루 이틀 지루하게 세월을 보내고 있었다. 그때, 마침 H목사를 **우연히** 만나게 되었다. 미국 동부지방에서 수년간 목회한 그는 서부지방에서 자신의 새로운 개척지를 찾고 있었다. 처지가 비슷한 탓인지 E목사는 자연스럽게 H목사를 사귀게 되었다. 그는 자신이 목사직에서 박탈되었다는 이야기를 차마 할 수 없었다. 자신의 지난 과거를 숨길 수밖에 없었다. 꼭 누굴 속일 목적은 없었다. 지금 숙식을 제공하고 있는 A목사의 체면을 봐서라도 그렇게 둘러대는 것이 좋을 것 같다고 생각했다. H목사 자신도 지금은 놀고먹는 형편이라 이심전심 통하는 구석이 있었다.

며칠이 지났다. H목사는 그에게 멋진 제안을 하나 내놓았다.

"내가 목회하던 교회가 아직 비어 있는데 한번 가보지 않겠습니까?"

E목사로서는 빅뉴스였다. 살아 있는 복음이었다. 얼마나 반가운 제안이었겠는가! H목사는 자기가 소개하여 추천장을 써주면 교인들도 흔쾌히 받아줄 것이라고 장담했다. 하나님의 역사는 인간을 통한 역사요, 인간의 역사는 전적으로 하나님의 은혜였다. 그는 마다할 입장도 아니었으며 주저할 이유도 없었다. 그는 하나님께 감사의 기도를 드렸다.

그에게 H목사는 하나님으로 보였다. 그의 목소리는 천상에서 들려오는 하나님의 음성이었다. 가슴이 설렌다.

"이젠 살았구나! 어떻게 이곳까지 들어왔던가! 그래도 하나님께서 나를 잊지 않으신 것이다. 다시 재도전의 기회를 주신 것이다. 나는 요나처럼 살아난 거야."

H목사는 E목사의 기뻐하는 얼굴과 미소를 바라보면서 한 가지 더 제안한다.

"목사님, 저희 교회에 혼자 사는 여 집사님이 계십니다. 홀로 독처하시는 거 좋지 않으니 그 집사님과 한번 이야기해보시는 것이 어떻습니까? 목회는 목사님 혼자서 하실 수 없습니다. 결혼까지도 고려해보시지요."

아니, 이게 웬 횡재란 말인가! 호박이 덩굴째 굴러들어온다. 복싱 선수가 주먹 한 번 휘둘러보지 않고 타이틀을 거머쥐는 순간이었다. 게다가 여인을 만나 결혼까지 할 수 있다면, 금상첨화(錦上添花)가 아니겠는가!

그는 꿈만 같았다. 그곳은 앞으로 자기가 새롭게 개척하며 뻗어나갈 "약속의 땅"이 될 것이다. 젖과 꿀이 흐르게 될 "가나안 복지"(출 3:8)가 벌써 눈에 보이는 듯했다. 이 모두가 하나님께서 그를 특별히 사랑하시고 배려하시는 흔적들이었다.

34. 동풍의 씨앗

만약 주의 동풍이 불어오면, 모든 샘과 우물이 모두 말라버린다. 소중한 보물 상자들도 모두 빼앗길 것이다.(호 13:15)

동풍은 인간의 무지를 노출시키며 지성과 지혜의 한계를 고발한다. 인간은 그 광명의 처소나 흑암의 본거지를 알 수 없다. 눈 곳간이나 우박 창고를 보았느냐? 광명의 빛이 다니는 길을 알고 있느냐? 동풍이 다니는 길을 알고 있느냐? 어디에서 그들이 흩어지느냐?(욥 38:24) 하나님도 상당히 화가 나신 모양이다. 아니면 인간의 우둔함에 답답해서일까? '작고 세미한 음성'이 아니시다. '폭풍' 가운데 말씀하신다. 하나님의 마음을 달래드려야 할 것 같다.

동풍은 존재의 불안이다. 마땅히 있어야 할 곳에서 벗어나 있을 때, 불안이 스며든다. 주변 사람들이 고통을 당한다. 요나(Jonah)의 동풍(시 48:7)은 아무런 잘못도 없는 선주의 배와 함께 승선한 사람들에게 엄청난 피해를 야기한다.(욘 1:4)

동풍은 고갈의 화신이다. 생기와 생명을 고갈시킨다. 동풍은 전에 본 적이 없고 앞으로 볼 수 없을 만큼의 메뚜기 떼들을 몰고 왔다. 푸른 푸성귀 잎이라곤 하나도 남김없이 다 먹어치웠다.(출 10:13)

동풍은 열풍이다. 풀무에서 나오는 뜨거운 바람이다. 토실토실하고 잘 여문 일곱 개의 이삭도 야위고 말라 비틀어져서 쓸모없이 버려진다.(창 41:6) 높은 나무는 낮추게 하며 낮은 나무는 높이신다. 푸른 나무는 시들게 하며 마른 나무는 무성케 한다.(겔 18:10) 물가에 심은 포도나무에 열매가 많다. 그 가지가 무성하며 가장 센 가지가 지도자의 홀이 되었다. 그러나 무엇 때문일까? 포도나무가 뽑혀 땅바닥에 던져진다. 그 열매가 동풍에 마른다. 튼튼한 가지들은 꺾이고 말라서 불에 타버렸다. 무엇 때문일까?(겔 19:12)

동풍은 폭풍우를 몰고 온다. 척박한 토양을 개간하고 씨를 뿌리고 풍성한 추수를 했다. 동풍이 불어오면, 그 모든 공든 탑이 하루아침에 무너진다. 회오리바람처럼 모든 것을 한꺼번에 휩쓸어간다. 동풍에 의한 공포와 전율이 홍수처럼 밀려온다. 깊이 잠든 한밤중에 불어온 허리케인은 모든 것을 쓸어갈 것이다.

동풍은 추방의 도구다. 사는 집에서 쫓겨나 홈리스 신세가 된다. 이스라엘 백성들을 쫓아내실 때, 동풍으로 추방시키셨다.(사 27:8)

동풍은 징계의 도구다. 하나님을 주인으로 인정치 않고 섬기지 않는다. 사람이 살지 않는 성읍처럼, 황폐한 성읍으로 만든다. 깊은 바닷물로 덮어 휩쓸어버린다. 인생은 항해하는 배와 같다. 크레타 항을 출발한 배가 "유라굴로"(North-easter)의 태풍을 맞이했다.(행 27:14) 생존을 위한 선택은 무엇인가? 모든 짐들을 바다에 내버리는 일이다. 엄청난 손해를 입었다.

동풍은 거짓과 폭력의 제재 수단이다. 속임수와 거짓과 폭력으로 부정한 재산을 증식했던 사람들은 자신들이 정당하다고 주장한다. 에브라임(Ephraim)은 자신들의 경제적인 범죄를 고백하며 회개하기는커녕 오히려 거들먹거린다. 살아남기 위하여 아부하며 비굴하게 행동하는 사람들이다. 그들은 증식한 재산으로 바알(Baal) 신을 섬기며 송아지 신상을 숭배한다. 그들의 생명은 아침 안개나 아침 이슬처럼 사라질 것이며 타작마당에서 바람에 날려가는 쭉정이가 될 것이다. 재력을 가지고 누렸던 권력도 굴뚝에서 나오는 연기처럼 사라지게 될 것이다. 부정부패를 일삼는 사람들은 동풍에 의지하여 동풍을 먹고 사는 어리석은 사람들이다.(호 12:1)

동풍소리가 들려온다. 죽음의 전주곡이다. 바로를 향한 열 번째 재앙으로 하나님은 "바람 곳간"(렘 10:13)의 문을 여시고 죽음의 바람을 보내신다. 여호와께서 진노하신다. 야훼는 질투하신다. 이집트에서 태어난 모든 장자들과 짐승들을 치신다.

동풍은 영혼의 미로를 통해 들어온다. 최선의 방어는 낮게 엎드리는 것이다. 절제와 겸손이다. 회개와 용서다. 자아를 지우는 일이다.

이스라엘은 언제나 하나님께 반역하는 병을 앓고 있었다. 거역하는 질병으로 오랫동안 신음하고 있었다. "주 너의 하나님께로 돌아오라"라는 호세아는 죄를 자백하게 하는 회개의 동풍이다. 하나님의 자비가 이슬처럼 내리게 하는 소생의 동풍이다.

이스라엘이 나리꽃처럼 피어난다. 레바논의 "백향목"(cedar)처럼(시 92:12) 뿌리를 내린다. 그 향기가 대지를 감싸 안는다. 그 나무에서 새순이 돋는다. 가지들의 포용력이 한없이 뻗어난다. 올리브나무처럼 아름답다. 하나님의 그늘 아래 살아간다. 농사를 짓고 곡식을 거두며 포도나무처럼 꽃이 피고 레바논의 포도주처럼 유명해질 것이다.

동풍은 구약의 바람이다. 죄와 불순종이 있는 곳에 어김없이 불어온다. 율법의 동풍이요 정의의 동풍이다. 동풍은 비극의 씨앗이다. 하나님은 직구를 날린다. 커브를 던진다. 땅볼도 들어온다. 사사구도 날린다. 데드볼도 던진다. 150km 속도로 동풍에 실려 올 때, 인간은 속수무책이다. 꼼짝없이 삼진아웃을 당하게 된다. 마운드에서 사라진다.

동풍이 불어 올 때, 겸손하라. 그리고 기도하라. 하나님께서 동풍의 진로는 막으신다. "유라굴로"(North-easter)를 막아주는 "가우다"(Cauda)(행 27:16)를 예비해준다.

35. 아킬레스건

E목사를 받아들인 S교회는 적지 않은 부담을 안게 되었다. 왜냐하면 그를 정식 목사로 청빙하지 않았기 때문이다. 전임 목사의 추천으로 들어온 그는 하루하루 설교를 돕고 있던 중 자연스럽게 담임목사가 되었다. 그러나 항상 마음이 찜찜했다. 목사는 교회로부터 청빙을 받아야 한다. 정식으로 부임하는 것이 떳떳하다. 그는 누구보다도 이런 사실을 잘 알고 있었다. 그러나 아무런 절차가 없었다.

"하나님, 저에게 청빙의 기회를 주시옵소서."

정식 청빙목사가 되어야 한다. 새로운 임지를 찾아야 한다. 이것이 그의 기도 제목이었다. 그래서 그는 항상 S교회를 떠나고 싶었다. 그러나 3년이라는 세월이 지났다. 그동안 홀로 사는 여 집사와 결혼도 했다. 그들 사이에 딸아이가 태어났다. 세 식구다. 무턱대고 떠날 수도 없었다. 생계가 막막해진다.

죽마고우(竹馬故友) 친구가 있다면, 얼마나 좋을까. 예수를 사이에 끼워둔 우정의 길이란 무엇인가? 계산된 우정과는 비교할 수 없을 것이다. 또 그렇게 비교하는 것 자체가 우스운 일이다.

E목사의 친구 중에는 J목사가 있었다. 그들 사이에는 죽마고우란 어울리지 않았다. 그저 그런 사이였다. 그러나 어머니들 사이의 친분에 비하면 자식들은 그렇지 못했다.

E목사의 어머니는 항상 기도하는 그룹의 리더였으며 기도원을 설립할 정도로 하나님의 신실한 여종이었다. 기도원은 항상 신도들이 북적거리고 있었다. 한마디로 기도의 영발이 넘치는 곳이었다.

그녀가 기도원 원장으로서 하나님의 사역을 잘 감당하고 있었을 때였다. 어느 날 도끼를 손에 든 정신병자가 원장실로 뛰어들었다. 잠결에 부스스 일어난 그녀의 머리를 내리쳐 현장에서 즉사하고 말았다. 나무를 자르는 도끼는 나무의 그루터기에 적합하다.

어머니의 뒤를 이어 아들인 E목사가 원장이 되었지만, 그는 원장으로서 역할이 맞지 않아서 다른 사람에게 기도원을 넘겨주고 말았다.

고교시절 J목사가 1학년 때, 한 반에서 공부한 친구는 다름 아닌 E목사였다. 그는 자신의 어머니를 통하여 E목사의 어린 시절과 성격을 알 수 있었다. 그는 E목사와 성격이 전혀 달랐다. 비록 친구였지만, 목사가 된 이후로도 E목사를 가까이하지 않았다. E목사를 먼저 찾거나 전화한 적은 전혀 없었다. 오히려 E목사가 그를 찾아온 적은 있었다.

미국에서 **우연히** 알고 난 뒤부터 E목사는 훨씬 더 그에게 가깝게 접근하기 시작했다. 그가 유일하게 기댈 수 있는 언덕이었다. 아니 '산성'이었다. 어쩌면 마지막 보루였는지도 모른다.

E목사는 현재 시무하는 교회를 떠나고 싶다는 이야기를 자주 하곤 했다. 그리고 단순한 부탁이 아니라 애원하다시피 교회를 소개해달라면서 매달렸

다. 그럴 때마다 J목사는 세상에서 가장 쉬운 말로 대답해주었다.

"기도해보자."

중보기도의 요청이나 부탁이 있을 때, 가장 흔하게 대답할 수 있는 목사들의 접대용 앵무새멘트다. '기도해보자'는 것처럼 그렇게 쉽고 간단하며 실천하기 어려운 대답과 마침표는 없을 것이다. J목사는 '기도해보자'는 대응논리를 선호하는 편은 아니었다. 그리고 대쪽 같은 그의 목회철학은 얼렁뚱땅 얼버무리는 스타일도 아니었다. 그는 E목사의 요청을 한마디로 거절했다. 교회나 친구를 소개시켜주는 일을 원치 않았다.

"J목사, 우리 교회에 와서 부흥회 한번 해주지. 자타가 공인하는 목사님의 설교는 이곳, 미국에서 소문이 나 있지 않은가! 아메리칸 드림 목회를 해 왔으니 우리에게 큰 힘이 될 걸세."

"누구 부탁인데 가지 않겠나. 나로선 영광이지."

E목사는 J목사를 두 번씩이나 자기 교회에 부흥회 강사로 초청할 정도로 우정을 나누었다. 물론 계산된 우정이 없는 것은 아니었지만, 그럼에도 불구하고 그동안 자기에게 불똥이 튈 수 있다고 판단한 J목사는 그를 선뜻 추천해줄 수 없었다. 불같은 성격과 세 번씩이나 이혼한 경력에다 노회에서 목사의 면직 등, E목사의 '들보'가 자기에게 미치는 영향이 무엇인지 그는 저울질하고 있었다.

남편을 다섯이나 두었던 저 우물가의 여인, 아내를 셋이나 두었던 목사, **만약** 그 형평성을 논할 수 있다면 어떻게 되겠는가? 교단에서 설정해놓은 '율법'으로, '율법'을 완성시킨 예수의 '복음'도 옭아맬 수 있는 것인가? 교단의 '다림줄'이 항공모함의 닻처럼, 그의 발목을 붙잡고 있었다. 설령 마녀사냥과 같은 종교재판은 아니었다 하더라도 E목사를 인정할 수 없었다. 그만의 독특한 '들보'는 무엇인가? "그대의 눈 속에 있는 들보는 보지 못하면서, 왜 형제의 들보를 들먹이는가?"(눅 6:42)

그가 소속된 교단에서 파면이나 "출교"의 징계를 받는 것은 개인적으로 가장 치명적인 일이었다. 다행인지 불행인지 모르지만, 시무하고 있는 교회에서는 E목사의 그러한 들보들은 알 수 없었다. "발 없는 말이 천리 간다"는 속담은 S교회에는 통하지 않았다. 그곳에서 그는 투명인간이 되어 있었다. 오직 J목사만이 그의 아킬레스건을 알고 있었다.

36. 서풍의 씨앗

깊은 산 속 옹달샘에 파문을 일으킨다. 토끼가 물을 먹고 간 자리가 아니다. 바람은 모든 물을 움직이게 한다.(시 147:18) 땅속 깊은 수맥까지도 바람은 에너지를 공급한다. 나약한 실뿌리를 통하여 저 높은 나무 끝자락에 이르도록 수분을 공급한다. 물은 높은 곳에서 낮은 곳으로 흐른다. 자연의 법칙이다. 낮은 곳에서 높은 곳을 향하여 흐른다. 하나님의 법칙이다. 영적인 법칙이다. 인간의 호흡도 바람에 의하여 살아간다. 바람의 위력이다. 성령의 힘이다.

성령도 바람과 함께하신다. 바람의 주인은 하나님이시다. 바람을 자신의 창고에서 끌어내신다.(시 135:7) 모든 바람을 저장해놓는 곳간을 소유하신다. 바람 창고에 쌓아둔 바람은 특별한 바람이다. 인간의 생과 사를 결정한다. 곳간 열쇠는 구원의 열쇠다. 바람 곳간의 문은 두 개의 문으로 이루어져 있다. 하나는 하나님의 기쁨과 웃음소리가 들릴 때 열리는 문이다. 다른 하나는 하나님의 진노와 분노가 차고 넘칠 때 열리는 문이다. 전자는 서풍의 문이요 축복의 미풍이다. 후자는 동풍의 문이요 저주의 광풍이다. 전자는 바람의 바람이요 훈풍이다. 후자는 싫음의 바람이요 냉풍이다.

하나님의 인내가 한계에 달했을 때, 바람 곳간은 열린다. 참을 수 없는 기쁨의 인내가 무너졌을 때, 참을 수 없는 분노의 한계가 무너졌을 때, 자동적으로 열린다. 문이 열리는 순간, 하나님의 선택과 집중은 최고조에 달한다. 전적으로 하나님만의 기회다. 인간의 죄악과 고집이 하나님께 부여된 호재이며 기회의 순간이다.(롬 11:32)

"여호와께서 돌이켜 강렬한 서풍을 불게 하시어 메뚜기를 홍해에 몰아넣으시니 애굽 온 지경에 메뚜기가 하나도 남지 아니 하니라."(출 10:19) 이집트의 모든 채소밭이 쑥대밭이 되었다. "동풍"에 밀려온 우박과 메뚜기 떼들이다. 바로가 회개한다. "서풍아, 불어다오." 자기중심적인 사고를 버린다. 하나님께서 모든 메뚜기를 '홍해'(Red Sea)로 몰아넣는다.

서풍의 이미지는 구원의 사자다. 죽음의 무덤을 생명의 보금자리로 직결시켜주는 교량 역할이다. 서풍은 진통제다. 고통의 현실을 완화시킨다. 서풍은 위로제다. 내적 고뇌와 번뇌를 달래준다. 서풍은 청량제다. 노동과 수고의 땀을 씻어준다. 서풍은 진정제다. 솟아오르는 분노를 잠재운다. 서풍은 치유제다. 치유의 광선이다. 영적 치료제다. 서풍은 한약으로서 "항기쉬기범감탕"이다.(살전 5:16~18) 기쁨과 기도와 감사의 탕제다. 서풍은 사약이 아니다. 서풍은 마치 구름기둥과 불기둥처럼, 인간들이 이 땅에 사는 동안에 "젖과 꿀이 흐르는 땅"(출 3:8), 가나안 복지를 향해 달려가도록 등 뒤에서 밀어주는 이정표다.

서풍은 '믿음의 날개'를 달아준다. 부러진 날개에 영적 에너지를 공급한다. 틸리히(Paul Tillich)가 말하는 "크고 깊은 한숨"(Great Deep Sigh)에 함께하시는 성령이다. 서풍의 씨앗은 미풍이다. 비극이 아닌 희극이다. 절망이 아닌 희망이다. 실패가 아닌 성공이다. 성도들은 서풍의 딸들이요 아들들이다. 서풍의 씨를 뿌리고 물을 준다.

바람은 모든 저항들을 품어 안는다. 의지가 있다. 지혜가 있다. 자유가 있다. 위기가 불어 닥칠 때, 서풍이 필요하다. '급하고 강한 바람' 이다. 성령의 바람이다. 서풍은 신약의 바람이다. 십자가는 서풍이다. 신약에서 동풍은 잔잔하다. 동풍을 막아준다. 영적 센서를 가지고 바람의 종류를 파악하라. 동남풍이 불어온다. 서북풍이 불어온다. 남서풍이 불어온다. 북동풍이 불어온다. 바람의 영적 감별사가 되라.

기독교의 바람은 용서의 서풍이다. 사랑의 서풍이다. 축복의 서풍이다. 어느 곳에 있든지 아무 때든지 심리적 산소를 제공해준다. 하나님의 백성들은 서풍의 아들과 딸들이다. 동풍을 막아줄 주의 천사가 나타날 것이다. 서풍은 생명의 SOS다. 그럼에도 불구하고 하나님은 **동서풍**을 불게 하실 때(?)가 있다.

37. 누구를 위하여 종을 울리나?

부흥회가 끝나고 돌아갈 때, E목사는 두 가지 기념품을 J목사에게 선물로 주었다. 하나는 교회가 그려진 벽걸이 접시였다. 그 벽걸이 접시 속에는 아름답게 새겨진 교회가 푸른 초장과 함께 시냇물이 흐르는 강가에 서 있었다. 다른 하나는 유리로 만들어진 작은 탁상용 종이었다. 그것들을 볼 때마다 자기를 생각해달라는 뜻이 담겨 있었다.

십자가를 볼 때마다, 혹시 자기의 딜레마를 기억해달라는 예수의 마음이었을까? E목사가 꿈꾸고 있었던 아메리칸 드림이 실현될 날도 멀지 않았다. '황무지가 장미꽃같이 피는 것을 볼 때'를 생각하면, 저절로 흥이 났다. '마른 땅에 샘물이 터지고 사막에 물 흐를 때'를 기다리면서 오늘의 시련은 거뜬히 이길 수 있을 것이라고 다짐해본 적이 몇 번이었던가!

E목사의 기념품들은 그렇게 비싸거나 고급스러운 것은 아니었다. J목사는 친구가 손에 들려준 선물들을 자신의 교회 목양실로 가져왔다. 접시는 집무실 책상의 왼쪽 구석진 자리에 걸어놓았다. 벽걸이 접시 속에 그려진 교회의 빨간 십자가는 바라볼 때마다 반짝반짝 빛을 발하고 있었다. 십자가의 그 불빛이 없었더라면, 아마도 쾨쾨한 곰팡이 냄새나는 창고에 버려졌을 것이다. 그리고 손이 닿을 듯 말 듯한 위치에 탁상용 종을 올려놓았다. 가끔씩 손끝으로 터치할 때마다 아름다운 소리를 들려주었다.

"누구를 위하여 종이 울리는가?"

종은 울리는 것이다. 공간을 타고 울림이 울려 퍼진다. 에코의 울림이 막혔던 고막의 귀를 노크 할 때, 천상의 음악처럼 아름답게 들렸다. 그러나 J목사는 종을 다시 터치해보았다. 그 순간, 광야의 외침 소리가 들려온다.

"J목사, 나 좀 살려다오. 나 좀. 나를 위해 기도해주오. 이곳에서 하루 빨리 벗어나고 싶소."

J목사의 목양실에서 조종의 메아리가 울려 퍼진다. 그러나 그는 전혀 E목사의 외마디를 들을 수 없었다.

"나를 위하여 진정한 다리가 되어다오. 사울은 스데반의 죽음을 옆에서 부추기며 살인을 방조한 눈에 가시 같은 존재였지. 바나바는 공포의 대상이었던 사울을 예루살렘에 있는 주님의 제자들에게 추천장을 써주기까지 하지 않았나? 바나바(Barnabas)는 무엇을 밑천으로 바울(Paul)을 천거했겠는가? 우리는 모두 그리스도의 추천장이요 편지가 아닌가! 내가 비록 부족하지만, 그것을 누구보다도 더 잘 알고 있는 J목사가 관심을 갖고 알아봐주게나. 모르쇠로 일관하지 말고. 부탁허이."

E목사에게서 심심치 않게 전화가 걸려왔었다. 전화를 받을 때마다 그의 목소리는 응석받이 떼쓰는 어린애처럼 보채는 음성으로 들렸다.

"S교회를 떠나고 싶다. 어디 다른 교회 좀 알아봐줘!"

"지금 목회하는 교회에서 충성을 다해. 목사가 교회를 자주 옮겨 다니는 것도 모양새가 안 좋아."

"오죽하면, 이런 부탁을 하겠나."

그렇게 간절하게 부탁했던 E목사의 요청은 예수의 옷자락만이라도 잡아보고 싶은 여인의 심정이었다. 그만의 처절한 절규였다. J목사는 책상 위에 놓인 선물로 받은 작은 종을 종종 터치해보았다.

38. 좋은 울타리

미국의 국민파 시인, 프로스트(Robert Frost)는 "좋은 울타리가 좋은 이웃을 만든다"고 노래한다. 울타리의 목재도 목재 나름이다. 가시나무에는 가시가 있다. 가시나무 울타리는 피를 흘리게 한다. 가시나무 속에는 불이 잠복 중이다. 알프스를 태우고도 남을 만한 불씨다. 최첨단의 방화벽을 갖추고 있는 백향목이라 할지라도 그의 곁에 서 있으면 한순간 재로 변한다.(삿 9:15)

보이는 가시는 두렵지 않다. 보이지 않는 내면의 불을 경계하라. 울타리는 울타리다워야 한다. 울타리는 단순한 담벼락이 아니다. 사람들을 갈라놓는 경계와 분할, 차별과 한계의 선들이 아니다. 예수 그리스도는 자신의 십자가로 사람들의 장벽을 허물었다. 십자가는 울타리를 허무는 가장 좋은 무기다.

E목사의 인생 울타리는 누구였던가? 그와 영적 네트워크를 형성해줄 십자가의 군병은 한 사람도 없었다. 누가 '방화벽'(Firewall)을 쌓으라고 지시한

것인가?

누렇게 시들어 가는 잔디의 잎들을 본 적이 있는가? 그들 속에 울타리를 세워보라. 물 한 바가지로 다리를 증축해보라. 저주의 발품이 7가지 하늘의 복으로 변형시킨 발품이 될 것이다. 저주의 사자였던 발람(Balaam)의 예언이 그것을 증명해주었다.(민 23~24장) "**만약** 친구를 위하여 자기 목숨을 버리면"이라는 가정법에 귀를 기울여보라.(요 15:13) 가시나무 울타리로 동풍의 흐름을 막을 수 없다. 인생의 사막을 통하여 우정의 꽃이 피는 것이다. 우정은 모래 속에 있는 고랑과 같다.

만약 누군가가 그의 곁에서 한번이라도 따스하게 손을 잡아주었더라면, **만약** 누군가가 그의 발에 보조를 맞추어주었더라면, **만약** 누군가가 그의 작고 세미한 고뇌에 귀를 기울여주었더라면, **만약** 그를 위하여 배 밑창에서 코를 골며 주무시는 주님을 흔들어 깨우셨더라면, **만약** 누군가가 그의 곁에 조용히 서 있어 주기만 하였더라도, **만약** 비극이 탄생하던 바로 그날, 그를 불러내 따스한 커피 한잔으로 담소를 나누었더라면, **만약** 하나님께서 그의 "몸값"(욥 33:24)을 거두절미하고 받아주셨더라면······.

"인생에 대한 죄악이 있다면, 그것은 인생에 실망하여 또 다른 삶을 기대하고 현재의 삶이 가지는 존엄성을 회피하는 것이다"라고 카뮈(Albert Camus)는 말한다. 인간이 임의로 선택할 수 없는 유일한 자유가 있다. 그것은 바로 죽음이다. 인생은 오직 하루뿐, 나무 꼭대기에서 위험한 길 위에 떨어지는 연약한 이슬방울이다. 떨어지는 이슬방울조차도 하나님의 결재를 받아야 한다.

"하나님의 형상"(창 1:27)대로 창조된 피조물을 파괴할 수 있는 자유를 하나님은 인간에게 허용하지 않았다. 자살 또한 선택할 수 없는 자유다. 그것은 하나님의 자유를 인간이 떼를 쓰며 갈취하는 것이다.

그러나 총성이 울린 그날, '보이지 않는 손'은 미동조차 하지 않았다. '생명의 보자기'를 손에 든 그의 천사도 보이지 않았다. 오직 하나님의 우편에 앉아계신 그리스도만이 가시 덮인 그들의 울타리를 말없이 지켜보고 계셨다.

39. 저주의 대물림

그래도 E목사는 행운아였다. 그는 한국여성을 아내로 맞이했다. 그녀도 초혼은 아니었다. 이혼한 경력이 있었다. 그녀 또한 과거 미군과의 이혼 상처 때문에 한국인 남성이 더욱 정겹게 다가왔다. 그래서 그녀는 목사와의 결혼을 쉽게 승낙했다. 목사의 사모는 여필종부(女必從夫)의 심정으로 남편의 목회를 말없이 도왔다. 남편의 한마디는 하나님의 음성으로 받아들였다. 지난날 이혼의 아픔을 극복하고 하나님의 종으로 사역하는 멋진 낭군을 만났으니 죽도록 헌신하겠다는 결심이었다. 그녀는 남편에게의 바가지를 긁는 일이 거의 없었다.

그녀는 같은 직장에서 일하면서 만난 미국인과 결혼했었다. 그들 사이에는 아들이 있었는데 남편이 양육을 책임지기로 하고 이혼을 당한 것이다. 미국인과 결혼한 한국여성들은 '이혼을 당했다' 는 소문이 퍼지면, 우물가의 여인처럼 정오에 물 길러 나올 수밖에 없는 고통 속에서 살아간다.

사모는 남편인 목사에 대하여 전혀 아는 바가 없었다. 알 필요도 없었을 것이다. 왜냐하면 자기가 출석하는 교회의 담임목사가 중매를 섰기 때문이다. 어련히 믿을만한 남자가 아니었겠는가.

목사의 이혼 사유는 언급할 필요가 없다. 왜냐하면 첫 번째 부인이 아직 살아 있기 때문이다. 그리고 이 사건과는 무관하다. 선의의 피해자들을 만드는 것은 도리에 어긋나는 일이다. 매너가 아니라고 본다. 그의 두 번째 결혼이 문제가 되었지만, 그 부인은 이미 고인이 되었다. 그러나 그들 사이에서 태어난 딸들이 아직 살아 있다. 알 권리보다 더 중요한 것은 살아 있는 사람들의 명예와 사생활을 보호해주는 일이다. 사건이 있은 뒤, E목사에 대한 소름끼치는 소문이 떠돌았다.

"이것은 저주의 대물림이다. 그 가문에 저주가 흐르고 있다. 어떻게 모자가 똑같이 머리가 깨지는 참사를 당할 수 있을까? 필경 거기에는 까닭이 있을 것이다."

하나님께서 아버지의 죄를 어떻게 자식들에게 갚으라고 하시겠는가? 그 갚지 않은 죄악과 부채 때문에 자식들이 죽어야만 하는 것인가? 결코 그럴 수 없다.

죄가 무엇인지 깨달을 수 있는 유일한 방법은 "왜?"라고 물어보는 것이다. "왜?"라는 질문은 뿌리까지 말라버린 "무화과나무"(fig-tree)에게 가서 물어보아야 할 것이다.(막 11:21)

40. 프로타고니스트와 듀터라고니스트

E목사가 권총을 뽑아 발사하는 순간, 총알이 비켜가게 할 수 있는 주의 천사는 어디에 가 있었을까? E목사가 권총을 뽑는 순간, G장로의 수호천사는 어디에 있었을까? 엘리야의 하나님은 어느 때, "작고 세미한 음성"(왕상 19:12)을 들려주시는가?

"장난감 총이 아니야! 어서 피하라!"

아침 6시 뉴스를 통하여 토미는 살인사건을 알게 되었다. 믿고 의지했던 E목사의 살인과 방화 그리고 자살이 신문의 헤드라인 기사를 장식했다. 토미는 자신이 담보로 맡긴 권총이 살인 무기로 사용되었다는 것을 직감했다.

토미의 마음속에 불안의 그림자가 싹트기 시작했다. **'만약** 권총을 목사에게 담보로 맡기지만 않았더라면……. **만약** 담보로 빌린 돈을 일찍 갚을 수 있었더라면……. **만약** 자신의 총을 하루라도 일찍 찾아갈 수 있었더라면……. **만약** 자신이 군인이라는 신분이 아니었더라면……. 내가 왜 목사님을 저렇게 사지로 몰아가게 만들었을까?' 토미의 양심이 흔들리기 시작했다.

권총 담보용 30달러는 죽음과 거래할 정도로 가치가 있었던 것일까? 가롯 유다의 '은 30냥'과 다를 바가 무엇인가? 30냥의 가치가 구원의 역사에 반드시 필요했던 것인가?

어느 누가 프로타고니스트(protagonist)인가? 주역에 대한 듀터라고니스트(deuteragonist), 악역은 누구인가?

E목사의 사건이 매스컴을 타고 연일 퍼져 나갈 때, 속내를 모르는 사람들은 "오죽했으면 그랬을까."라는 동정어린 이야기들을 하고 있었다.

"필시 그만한 까닭이 있을 것이다."

저마다 한마디씩 내뱉었다. 그 까닭이 무엇인가? 영원한 구원을 위한 방편이 될 수 있을까? 누가 누구를 향한 구원의 발걸음인가?

주 경찰에서 권총의 주인을 찾아 나섰다.

41. 1,600달러

E목사의 장례식이 끝난 후, 그의 아내가 딸아이를 데리고 J목사를 찾아왔다. 한동안 서로 아무 말도 할 수 없었다. 사모를 보는 순간, J목사는 얼굴을 들지 못했다. 그는 무슨 말을 꺼내야 좋을지 몰랐다. 그토록 애원했던 E목사의 소원을 들어주지 못했다는 죄책감이 그의 마음을 후벼 파기 시작했다.

'**만약** 그가 S교회를 떠났더라면……'

친구의 죽음에 대한 연민의 정을 느꼈다. 그러면서도 그의 마음 한 구석에서 번뜩 스치고 지나가는 생각이 있었다.

'그의 성격으로 보아서는 시한폭탄이야. 어디를 가든 어떠한 사고를 낼지 아무도 모른다.'

사모는 앞으로 어떻게 살아갈지에 대한 이야기도 없었다. 그녀는 J목사에게 기도해달라는 부탁도 하지 않았다. 한 가지 의논할 것이 있어서 목사를 찾아온 것이다. 그녀의 손에는 구겨진 노란봉투가 들려 있었다.

"남편이 얼마 동안 C목사에게 신세를 진 적이 있었어요. 그때 C목사님에게 1,600달러를 빌렸습니다. 어떻게 갚으면 좋겠습니까? 저는 C목사님을 잘 모르니 목사님께서 좀 전해주셨으면 해서요. 부탁드려요."

그녀는 돈을 넣은 노란봉투를 J목사에게 내밀었다. 그녀의 붉어진 눈에서 뜨거운 눈물이 흘러내렸다.

"지금 그런 이야기를 할 때가 아닙니다. 사모님! 앞으로 어떻게 살아가야 할지 걱정입니다."

"E목사는 자신의 성격을 다스리는 데 문제가 있었지만, 까닭 없이 남을 괴롭힌 적은 없었습니다. 친구들에게 '밥 사내라. 떡 사내라'는 등의 빌붙는 성격도 아니었습니다. 그에게는 남다른 의협심과 정의감이 있었습니다."

"목사님! 지금에 와서 그런 말씀이 무슨 소용이 있겠어요. 다 제 잘못이지요. 그날, 아이 생일인데 그를 붙잡아두지 못했어요."

"사모님……."

J목사는 더 이상 말을 잇지 못했다.

"……."

42. 플레시보 촛불집회

"플레시보"(placebo)는 위약효과를 말한다. 믿음효과다. 신뢰효과다. 긍정효과다. 이 효과는 하나님께서 주신 가장 멋진 소망이며 기도다. 단순히 설탕으로 만든 알약도 위약효과를 통하여 신체의 가장 중요한 기능을 변화시킬 수 있다. 특정 약에 의한 효과라는 것들은 사실 전부가 위약효과다.

위약을 주는 자와 받는 자의 관계성을 벤슨(Herbert Benson) 박사는 세 가지 요인으로 말한다. 첫째, 환자의 기대와 믿음, 둘째, 의사의 기대와 믿음, 셋째, 의사와 환자의 관계다. 목사와 성도들의 관계성도 마찬가지다. 인간의 영혼을 치유하는 목사는 의사와 같다.

인간관계의 기초적인 원리는 플레시보 관계성이다. 우물가에서 만난 여인에게 예수 그리스도가 준 플레시보는 빵이 아니었다. 생수나 약수도 아니었다. 그녀에게 맞는 이상적인 파트너도 아니었다. 영혼을 위로해주는 구원의 메시지였다. 갈증을 치유하는 영생의 물이었다.

다리란 다리와 다리 사이를 연계시키는 놀라운 비밀이 숨어 있다. 물론 자주 무너지는 다리들도 있지만, 오래된 다리는 새로운 다리로, 새로운 다리는 오래된 다리로 연결된다. 씨를 뿌리도록 물을 좀 주어야 하지 않겠는가!

에머슨(Ralph Waldo Emerson)은 "인간이란 관계성의 다발이요, 뿌리의 매듭이다. 꽃들과 열매들이 바로 이 세상이다."라고 고백한다. 땅속 깊은 곳에 파묻혀 있는 실뿌리들은 얼마나 연약하고 나약한가? 차갑고 어두운 땅속에서 그것들의 매듭을 어느 누가 이어줄 수 있겠는가? 바로 그대, '당신'이 아닌가! 나무 끝, 그 햇살을 맛이하는 바로 그 정상을 향하여 모든 에너지를 쏟아 부어라. 아름다운 꽃과 풍요로운 결실을 맺게 될 것이다.

한 차례의 치열한 인신공방으로 끝이 났더라면 얼마나 좋았을까! 그러나 그것조차도 안타까운 일이요 한심한 일이다. 구원의 방주라고 자처하는 교회가 왜 이웃의 약점을 잡고 늘어지는가? 한 울타리의 양들을 어떻게 "출교"시키며 탄핵할 수 있단 말인가?

탄핵의 주체는 누구인가? 연판장을 손에 든 자, 그대는 누구인가? 이사야(Isaiah)인가 아니면 요엘(Joel)인가?

"플레시보는 목적에 이르는 수단이다."라고 엘룰(Jacques Ellul)은 말한다. 플레시보가 되어라. 플레시보는 결코 위험하지 않다. 몸과 마음과 영혼을 보듬어 아우르는 희망의 보약이다. 목자는 생명을 살리는 플레시보다. 피스메이커가 되어라.

43. 구더기 어머니

G장로의 아내인 J권사가 찾아왔다.

"목사님, 전 이곳을 떠나겠습니다. 버지니아 주를 떠나 멀리 아무도 모르는 곳에 가서 살려고 합니다."

"권사님, 무어라 드릴 말씀이 없네요. 하나님의 뜻이 어디에 있는지 저도 잘 모르겠습니다."

"드릴 말씀이 아니지만, 목사님이 모르시면 어느 누가 알 수 있습니까?"

J권사의 음성이 떨렸다.

"내가 지금까지 살아온 인생길이 주님 보시기에 무슨 해라도 되는 것입니까? 수많은 여자들 중에서 왜 하필이면 접니까? 제가 그렇게 만만하십니까? 어찌하여 저를 주님의 혹으로 생각하십니까? 제가 언제 욥의 아내처럼, 남편에게 "하나님을 욕하고 죽으라(Curse God and Die!)"(욥 2:9)고 말한 적이 있었습니까? 없었습니다. 나의 뿌리가 지금 흔들리고 있습니다. 그 뿌리가 뽑히면, 서 있던 그 자리마저 '나는 너를 본 적이 없노라'며 외면할 것입니다. 이것이 세상 아닙니까! 저보고 복 있는 여자라고, 행복한 여자라고 말해 줄 사람이 어디에 있습니까?

차라리 병 주고 약 주신다면, 그래도 조금은 이해할 수 있습니다. 왜 병을 주고 죽이십니까? 차라리 찌르고 싸매주신다면, 그래도 이해하겠습니다. 왜 찔러서 죽게 만드십니까? 흐르고 마르기를 반복하는 개울이라면, 차라리 그게 더 낫겠습니다. 왜 개울물이 흐르지 못하도록 막아야만 합니까? 나를 시궁창에 쳐 넣으시면, 제 옷인들 즐거워하겠습니까?

목사가 세운 그 계획을 잘되게 허락하셨으니 그것이 주님께 무슨 유익이라도 되었습니까? 이것은 분명히 하나님의 실수입니다. 하나님의 실수 외에는 무엇이라고 할 말이 없습니다. 지금 저는 거꾸로 선 나무처럼 처박혀 숨도 제대로 쉴 수 없습니다.

제 남편도 죄인입니다. 의인이 아닙니다. 그러나 남편이 그렇게 못된 사람은 아니었습니다. 아직도 해야 할 일이 많고 나이도 있는데, 남편의 죽음에서 배워야 할 것이 있다면 기꺼이 배우겠습니다. 한번은 아이들이 제게 물었습니다. 아버지의 죽음에서 얻는 게 무엇이냐고 물었습니다. 목사의 자살이 주는 교훈이 무엇이냐고 물었습니다. 어떻게 대답해주어야 할지 모르겠습니다. 지금도 마찬가지입니다.

제가 섬기던 목사가 어느 날 원수가 되었습니다. 사람을 미워해본 적은 있었지만 저는 오래가지 못합니다. 땅에서 매면, 하늘에서도 매인다는 주님의 말씀을 믿기 때문입니다. 남이 고통 받는 것을 보고 속으로 즐거워한 적은 없었습니다. 원수도 만들지 않았지만, 그가 죽기를 기도한 적도 없습니다.

목사도 더 이상 이 세상 사람이 아닙니다. 그가 지금 어디에 가 있는지 저는 잘 모릅니다. 천국입니까? 지옥입니까? 눈에 보이지 않는다고 해서 원수가 아닙니까? 천만에요. 잊힙니까? 그럴 수 없습니다. 이 고통의 흔적은 제 남편 곁으로 갈 때까지 잊힐 수 없습니다. 차라리 무덤을 내 아버지라 부르겠습니다. 차라리 남편 시체를 파먹는 구더기를 내 어머니라고 부르겠습니다.

하나님의 손이 저희 가정을 치신 것입니다. 저는 원치 않는 과부가 되었습니다. 목사라는 하나님의 사자, 선지자, 예언자가 권총으로 남편을 죽인 것입니다. 그것이 가장 고통스럽습니다.

원수를 사랑하라고요? 용서하라고요! 제 마음속에 화병이 생겼습니다. 잠을 제대로 잘 수 없습니다. 불면증에 걸렸습니다. 우울합니다. 차라리 치매나 기억상실증에 걸렸더라면 좋겠습니다. 지금껏 제가 믿던 하나님에 대한 신앙이 다 헛수고가 되고 말았습니다. 헛발질만 해왔습니다. 내 인생은 헛방입니다. 죽고 싶은 심정입니다. 제 아이들의 믿음도 흔들리고 있습니다. 이것은 하나님의 실수라고 해야 이해가 갑니다.

목사님! 어디 무슨 말씀 좀 해보세요. 목사님께서도 이것이 하나님의 섭리라고 주장하십니까?"

44. 진정한 멘토

얼마 전 J목사에게 S박사가 찾아왔다. 그는 자기 친척이 사역하는 선교단체인 '솔트클래스'(Salt Class)를 방문하자는 제안을 했다. 평소에 그 선교단체에 관한 소식을 듣고 있었던 J목사는 흔쾌히 그 제안을 수락했다. 그리고 약속한 날, 한 시간 정도 차를 몰아 '솔트클래스'에 도착했다. S박사가 미리 마중 나와 있었다. 그의 전공이 신학은 아니었지만, 멋진 사역을 하고 있었다. 성령으로 충만한 그의 얼굴에서 보기 드문 주님의 종이라는 인상을 받았다. 그는 신학자나 목사 이상으로 복음전선에 몸 바쳐 헌신하고 있었다.

점심을 같이하면서 그의 선교사역에 대한 이야기를 들을 수 있었다. 그의 사역이나 교수로서 활동이 상상이 가지 않을 정도로 숭고하고 존경스러웠다. 그는 영국의 브리스턴, 미국의 미시간, 홉킨스, 컬럼비아 대학에서 공부한 학구파로 그리스도의 사랑을 몸소 실천하는 바나바(Barnabas)와 같은 인물이었다. 바나바는 바울의 믿음직스러운 울타리가 아니었던가! 바나바는 베드로와 바울의 틈을 이어주었던 피스메이커의 주역이었다.

"S박사, 언제부터 신앙을 소유하게 되었나?"

"네에, 저는 모태신앙입니다. 제가 한국에서 감수성이 예민한 청소년기를 보낼 때, 나를 붙잡아주고 신앙으로 이끌어주신 분은 E목사님이십니다. 아마도 제 인생에 가장 큰 영적 감동과 깨우침을 주셨습니다."

"E목사님이라고?"

"E목사님을 아십니까?"

"알다마다. 내 친구인걸."

"아하, 그렇군요. 세상 참 좁습니다."

"어떻게 내 친구인 E목사를 알고 있는가?"

"청년시절 저희 교회 담임 목사님이셨습니다."

"아니, 그게 정말이야?"

"네에. E목사님은 나의 영적 스승이었습니다."

"영적 멘토라고?"

"네. 저는 E목사님의 열정적이며 자상하고 따뜻한 마음씨를 잊을 수 없습니다. 정신적으로나 신앙적으로 버팀목이 되었던 저의 큰 울타리였습니다. 저의 진정한 멘토였습니다. 한시도 E목사님을 잊을 수 없었습니다. E목사님이 미국에서 목회를 하고 있다는 소식은 들었습니다. 그러나 아직 만나 뵙지 못하고 있습니다. 목사님께서 혹시 E목사님의 교회를 아신다면 알려주세요. 꼭 찾아가 뵙고 인사를 드려야 합니다."

J목사는 어안이 벙벙했다. 자신이 알고 있었던 E목사의 이미지하고는 전혀 다른 이야기를 듣고 있었다. J목사는 S박사의 반응을 다시금 듣고 싶었다.

"친구로서 내가 아는 E목사는 어릴 때부터 성격이 무척 사납고 거친 사람이었네. 목사 안수를 받고서도 교단에서나 친구들 사이에서 그렇게 좋은 인간관계를 맺고 있지 않은 것으로 알고 있는데."

"교회 청소년부 아이들이 동네에서나 학교에서 불량배들에게 구타를 당했을 때, 그 소식을 들은 E목사님은 제일 먼저 달려왔죠. 한밤중에라도 찾아가 기어이 가해자들을 혼내주곤 했어요. 정의파였다고나 할까요. 세례 요한처럼, 불의를 참지 못했어요."

"오늘의 S박사가 있기까지 E목사가 있었다니……. 그래, E목사의 목회지를 알고 있지만……."

"어느 주에 계십니까?"

S박사가 기억하고 있는 E목사는 자상하며 의로운 선생이었다. S박사는 영적 스승이었던 E목사에 대한 소식을 전혀 듣지 못했다.

"E목사가 죽었어."

"예에? 아니, 어떻게?"

J목사는 E목사의 비극적인 참사를 망설이다가 그만 털어놓고 말았다.

"그럴 수 없습니다. 어떻게 그런 일이……."

S박사는 고개를 좌우로 흔들면서 황혼에 물든 하늘을 말없이 멍하니 쳐다보았다. J목사의 말을 연신 믿지 못하겠다는 표정이었다. 그는 S박사의 얼굴을 물끄러미 바라보면서 속으로 중얼거렸다. '마음이 아름다운 사람은 모든 것이 아름답게 보이는구나.'

석양 노을에 비친 그들의 그림자가 이상하게 교차되고 있었다. 그림자가 하나로 겹쳐지는 순간, 그림자 속에서 작고 세미한 음성이 들려왔다.

"하나님은 하늘에 계시니, 만사태평하도다."

2부
진리는 죽음이다

2부

진리는 죽음이다

"나는 빛도 만들고 어둠도 창조하나니 평안도 주고 재앙도 일으킨다. 나, 주가 이 모든 일을 한다"(사 45:7)

이 세상에는 수많은 진리들이 존재한다. 그 진리가 무엇이든, 역사가 가르쳐주는 교훈은 진리를 아는 사람들을 경계하고 살펴 조심하라는 것이다. 순결의 진리, 열정의 진리, 부의 진리, 풍요의 진리, 가난의 진리, 빈곤의 진리, 근면의 진리, 검소의 진리, 방탕의 진리, 방종의 진리, 생산의 진리, 소비의 진리, 자유의 진리, 독재의 진리, 정의의 진리, 불의의 진리, 믿음의 진리, 불신의 진리, 사랑의 진리, 증오의 진리, 소망의 진리, 절망의 진리, 우정의 진리, 배반의 진리, 성공의 진리, 실패의 진리, 용서의 진리, 죽음의 진리, 복수의 진리, 우연의 진리, 이프의 진리 등등 아주 많이 널려 있다.

가장 확실한 것은 '진리는 죽음'이다 혹은 '죽음은 진리'이다. 보는 각도와 적용방법에 따라서 다르겠지만, 세상의 모든 진리는 아름다운 것들이라고 할 수 있다. 어떤 사람은 오직 한 개의 진리만을, 어떤 이는 대여섯 개의 진리를, 좀 힘깨나 쓰고 권력이 있다 싶으면 스무 개의 진리를 선택하여 자신의 인생철학으로, 신앙의 기준으로 삼고 살아간다. 인간들을 그로테스크하게 만들어주는 것은 진리 아닌 진리들이다. 그것들이 자신들의 생명과 안전을 지켜주는 진리라고 생각한다. 진리들 중에서 어느 하나를 선택하여 적용시키려 할 때, 바로 그 순간 그 사람은 그로테스크한 사람이 되어버린다. 한마디로 좀 이상한 사람으로 변해버린다. 부조리한 사람으로 변해간다.

선택하지 않는 것 자체도 또 하나의 선택이 될 수 있기 때문에 결정적이며 피할 수 없는 선택 앞에서 회피한다고 하여 비난할 수 없다. 인간들은 모두가 하나같이 그로테스크한 피조물들이다. 평범하면서도 나사가 하나씩은 빠져 있다. 완전히 빠져나간 나사가 있는가 하면, 헐거워서 삐걱거리며 소음을 일으키는 나사들도 있다. 너무 꽉 조여져 공기 한 점 들어갈 수 없게 만드는 나사들도 있어서 전혀 소통이 이루어지지 않는다. 그 형태가 어떠하든 그로테스크한 것들은 아름답다. 결코 나쁜 것도 추한 것도 아니다. 그것이 바로 진리의 통로가 될 수 있기 때문이다. 진리의 순간은 그로테스크한 모순이 세상에 드러나는 바로 그 순간이다. 실수와 단점들이 폭로되는 순간이다.

인생은 모두 다 베토벤의 "미완성 교향곡"과 같다. 이렇게 표현하면 속이 좀 편할 것이다. 왜냐하면 빠져버린 나사들은 미의 핵심적 요소들이기 때문이다. 이 파편적 요소들이 채워지는 과정이 인생의 여정이기에 편하다는 말이다.

인간의 추하고 악한 그로테스크한 모습들이 하나님의 섭리라고 생각한다. 그것 때문에 "방주"(Ark)가 만들어지고 "바벨탑"(Babel)이 세워졌다. 오죽하면 인위적이며 의도적으로 "십자가"(Cross)까지 세워지는 것이 아니겠는가? 잃어버린 나사를 찾기 위하여 그리스도가 이 땅에 오셨다. 그 비어 있는 악의 나사를 선의 나사로 끼워주시려고 하는 것이다. 죽음의 미학도 구원을 위한 과정의 미학일 뿐이다.

그로테스크한 진리! 그것이 이 글을 읽는 독자들을 구속하는 것이라면, '기독교를 떠나라'고 충고해주고 싶다. 그러나 이토록 귀한 인간들을 만드신 하나님의 생각을 조금이라도 전하고 싶은 심정이다. 비록 그것이 그로테스크한 진리라 할지라도!

파트 I의 서문에서, '하나님의 지진 감지 시스템'에서 스코트(Scott)가 제기한 가정법의 결론은 '하나님은 선한 분이시지만 더 이상 선하지 않다'는 뜻이다. 그러나 하나님의 본성인 선에 문제가 있어서 훼손된다거나 망가진다는 의미는 결코 아닐 것이다. 살아계신 하나님께서 자신의 존재를 선과 악의 이중성으로 표현할 때, 가장 극단적인 방편으로 혹독하게 보여준다는 의미일 것이다.

서문에서 밝히고 있는 스코트의 "이프"를 두둔하거나 옹호할 생각은 없다. 그러나 이 땅에 오신 예수 그리스도는 노끈으로 만든 "채찍"만으로 만족하셨다.(요 2:15) 역사 속에 오신 예수의 성육신은 선의 이중성을 적나라하게 보여준 사건이다. 십자가에 매달린 하나님은 악의 이중성을 '구원의 희비극'으로 가감 없이 폭로한다.

스코트의 명제는 전적으로 구약의 하나님을 염두에 둔 표현이다. 다분히 정의의 하나님이요, 전쟁의 신으로서 자신의 피조물인 인간들에게 순종하지 않고 따르지 않은 죄를 물어 가차 없이 파괴하시며 해체시킨다. 비록 구약의 하나님은 하나님 자신의 "의도적 오류"가 있다 할지라도, 생명에 대한 외면, 묵인, 회피, 방임, 방조하신 것에 대한 인간의 항의와 데모에 귀를 기울일 필요성이 있다. 또한 하나님은 인간 영혼과 고난의 멘토로서 들어줄 책임이 있다.

태풍이 불어왔다. 거대한 나무가 옆에 있는 집을 덮치고 말았다. 그래서 집안에 있던 사람들이 사망했다. 죽음이라는 비극이 발생했다. 이 고통의 원인은 무엇인가?

나무는 인간의 선택이다. 반면에 바람은 하나님의 의지와 권능이다. **만약** 인간이 이웃을 살인한다면, 폭력행위를 야기하는 하나님의 의지의 표현일지 모른다. 그러나 하나님은 결코 비난을 받거나 책임을 지지 않는다. 살인에 직접 관여한 사람은 인간 대리인이었다. 하나님은 인간의 잔인한 행동을 야기했다. 그러나 하나님은 스스로 그 행위를 하지 않으셨다. 하나님은 대리인을 고용한 것이다.

손상을 입힌 채 지붕 위에 누워 있는 나무를 생각해보라. 나무의 뿌리를 갉아먹었던 흰개미들이 나무의 기초를 흔들어놓았다. 이것은 폭풍우에 쓰러질 가능성을 제공해주었다. 물론 하나님은 바람과 나무와 개미들로 하여금 그들의 역할을 하도록 지시하셨다. 따라서 인간사 모든 것은 하나님의 뜻과 섭리의 산물이다.

살인자에게 돌아가 보자. 그는 자신의 나약한 성격 때문에 살인을 저질렀다. 흰개미에 의하여 나약해진 나무처럼, 살인자는 내적으로 나약했다. '내면의 닻'이 튼튼하지 못했다. 그러나 하나님이 흰개미를 부추겨서 나무를 갉아 먹도록 한 것처럼, 살인자 내면의 성격을 파괴시켜 살인을 부추긴다.

태풍이 불어오는 조건 아래서 나무는 결국 집으로 쓰러지게 되었다. "이프"의 조건 하에서 살인자는 악행을 저지른 것이다.

1. 선과 악은 하나

로크(John Locke)는 『인간 이해에 관한 에세이』(*An Essay Concerning Human Understanding*)에서 다음과 같이 주장한다. "선과 악을 달리 표현하면, 즐거움과 고통이라고 할 수 있다. 선이란 즐거움의 증가 혹은 고통의 감소를 의미하며 악이란 고통의 증가 혹은 즐거움의 감소를 의미한다." 사랑, 증오, 욕망, 기쁨, 슬픔, 희망, 공포, 절망, 분노, 시기, 수치 등의 어휘 가운데서 선과 악의 범주가 무엇인지 우리는 쉽게 구별할 수 있다.

요한 1서(*1 John*)의 글쓴이는 빛과 어둠의 이중성을 제안한다. 하나님은 빛이기 때문에 빛은 선이다. 하나님 안에는 어둠이 없기 때문에 어둠은 악이다. 그러나 이 같은 이중성은 반전되는 현상이 벌어지기도 한다.

어둠이 선일 경우가 있다. 절친한 친구들끼리는 어두운 밤에 함께 보내는 시간은 그들만의 비밀이나 특별한 행사를 갖는다. 상담실은 밝은 빛 가운데서는 좋은 결과를 얻을 수 없다. 어둠이 있는 방에서 촛불을 켜놓고 함께 둘러앉아 대화할 때, 친밀감을 느끼게 해준다. 결혼한 커플들은 자기들만의 빛이 없는 어두운 침대에서 사랑을 나눈다. 새 생명의 탄생은 어둠속에서 잉태된다. 포톡(Chaim Potok)은 『선택』(*The Chosen*)에서 "인간은 어둠 속에서 아주 작은 선의 불꽃으로 이 세상에 태어난다. 그 불꽃은 하나님이다. 그것은 영혼이다. 나머지는 추하고 악한 껍질에 불과하다."고 말한다.

빛이 악이 될 경우가 있다. 우리는 태양을 똑바로 바라볼 수 없다. 시력을 잃을 수 있기 때문이다. 상담하는 동안 밝은 빛은 전혀 도움이 되지 않는다. 친밀함, 사랑을 나누는 일, 임신의 과정은 대부분 밝은 대낮에 이루어지지 않는다.

빛과 어둠은 등가물이며 선이면서 악이다. 악이면서 선이다. 여기에 아이러니가 있다. 빛과 어둠을 맛보는 사람에 따라서 그리고 환경과 인식의 방법에 따라서 달라질 수 있다. 빛은 보다 더 깊은 차원을 공유한다. 여기에 윤리적 딜레마가 존재한다. 이 딜레마의 주역은 누구인가?

빛과 어둠은 하나다. 선과 악은 하나다. 환경과 인식에 따라서 선은 악이 되고 악은 선이 되는 상황윤리의 딜레마 속에서 인간은 살아간다. 그래서 인간은 고달프다. 힘이 든다. 그러나 선과 악, 기쁨과 슬픔은 동일한 옷을 입고 있다. 인간에게 기쁨과 슬픔은 거룩한 영혼을 위하여 잘 짜인 옷과 같다.

그럼에도 불구하고 인간은 "왜?"라는 끝없는 질문 속에서 그 해답을 얻지 못한 채, 고통을 삭이면서 피할 수 없이 살아가야 할 운명이다.

"왜?"라는 질문에 대한 해답은 어디에 있는 것인가? **만약** "왜?"라는 질문이 없다면, 우리는 인간의 고통과 예수를 이해할 수 없으며, 예수의 십자가와 고뇌 그리고 그가 당하고 있는 고통의 의미를 이해할 수 없다. 예수는 가장 중요한 순간에만 아람어를 사용한다. 모국어인 히브리어와 당시의 국제어인 헬라어가 있었음에도 불구하고 예수가 아람어를 사용하는 데는 그만한 이유가 있을 것이다.

아람어인 "엘리, 엘리, 라마사박다니?"(*Eli, Eli, lemasabachthani?*)의 의미는 무엇인가? "나의 하나님, 나의 하나님, **왜** 나를 버리십니*까*?"(My God, my God, why have you forsaken me?) 예수의 처절한 절규인 "왜?"를 무시하지 마라. 그의 "왜?"라는 질문 속에서 이유 없이 그리고 원치 않게 고통당하는 이웃들의 비명소리와 그들의 "왜?"가 함께 녹아 있다. 하나님의 "왜?"가 인간의 "왜?"를 대신하고 있다면, 행복하고 다행스러운 일이 아니겠는가! **만약** "왜?"라는 이웃들의 고통소리를 듣지 못한다면, 그대는 "어떻게?"라는 질문 역시 애써 외면할 것이다. 그리고 그대의 신앙 역시 알맹이 없는 박제신앙으로 한낱 장식품에 불과할 것이다. 박제신앙은 텅 빈 신앙을 말한다.

> 우리는 공허한 인간들
> 우리는 박제 인간들
> 서로 기대고
> 짚으로 채워진 투구
> 우리가 함께 속삭일 때
> 우리의 건조한 목소리는
> 조용하고 무의미하다.
>
> 마른 풀 속의 바람이나
> 우리의 건조한 '예배당'에서

부서진 유리 위를 걷는 쥐처럼

모양 없는 형체, 색깔 없는 그림자,

마비된 힘, 동작 없는 손짓.

엘리엇(T. S. Eloit)이 "텅 빈 인간들"(Hollow Men)에서 고백하는 예언의 소리를 들어보라. 아마도 한국교회의 전형적인 특징 중의 하나인 '박제신앙'을 고발하고 있는 듯하다.

2. 선악의 공존은 미스터리

채프먼(Geoffrey Chapman)은 『악의 의미』(The Meaning of Evil)에서 "악은 존재하고 하나님도 존재하신다. 그들의 공존은 미스터리다."라고 말한다. 이 궁극적인 미스터리에 복종하는 것이 인간의 한계이며 믿음이다.

그러나 악의 문제는 '하나님의 나라'의 건설과 '하나님의 선교'에 장애물이 될 수 있다. 하나님을 따르는 성도들의 신앙에 걸림돌이다. 선이 추구하는 이상이 악을 허용하거나 고통을 주는 것이라면, 하나님의 나라는 '이상한 나라'가 될 것이다. 악에 대한 하나님의 허용은 선의 일관성에 문제가 있으며 틈이 생긴다. 게다가 인간은 타락한 죄의 불완전성으로 그 틈을 이용하여 악을 선택할지 모른다.

선과 악은 배타적인 선택이 아니다. 인간은 하나님의 은총을 받아서 온전해질 때까지 악의 충동으로 하나님을 섬긴다. 부버(Martin Buber)에 의하면, "선이란 응답하고 화해하는 결정이다." 악이란 비응답이다. 죄의 기원은 반응의 실패다. **만약** 악마가 있다면, 하나님께 대항을 결정한 사람이 아니라 영원토록 결정하지 않은 사람이다. 악은 회오리바람처럼 다가온다. 선은 방향이 있다. 악은 방향에서 이탈하려는 화해할 수 없는 충동이다. 감정에서 분리된 행동, 본능에서 분리된 정신, 타자와 분리된 나 그리고 억압 그 자체다. 악은 잔인할 정도로 위험한 기획이다.

베일리(Philip James Bailey)는 『태아』(Fetus)에서 "선과 악은 하나님의 오른손과 왼손이다."라고 주장한다. "악은 평범하다. 그리고 언제나 인간이다. 우리의 침대를 공유하며 우리의 식탁에서 함께 먹는다."라고 오든(W. H. Auden)은 『허먼 멜빌』(Herman Melville)에서 강조한다. "나는 늙었다. 얼빠진 격자무늬에 수놓아진 선악이다."라고 파커(Dorothy Parker)도 『베테랑』(The Veteran)에서 말한다. 선과 악은 함께 바로 옆에서 살아간다.

윌리엄스(H. A. Williams)는 선하신 하나님 앞에서 악의 문제를 제기한다. 그는 릴케의 말을 인용하면서, "**만약** 나의 악마가 나를 떠나간다면, 역시 나의 천사도 나를 떠날지 걱정스럽다." 선과 악의 본질적인 차이를 추구하는 것은 무익하다. 왜냐하면 그들의 구성요소는 동일하기 때문이다. 중요한 차이가 있다면, 그것은 구조적인 차이다. 조각이 결합될 때, 그 방법론과 같다.

악은 붕괴다. 분노하는 대립 쌍의 공존이다. 조각들이 서로를 억압하는 데 에너지를 낭비한다. 선은 같은 조각들의 종합과 화해다. 십자가에 못 박도록 악의 힘을 허용하는 것은 갈등의 의식적인 내재화 속에서 위험한 조치다. 선은 악의 조각들을 온전하게 만드는 능력에 내재해 있다.

화해할 수 없는 모순이 우리를 혼란에 빠뜨릴 때, 의사소통의 상대적인 차원에서 악은 승리한다. **만약** 악의 구조가 서로 모순적인 실재의 공존이라면 성장, 창조성, 통합의 구조는 서로 다른 맥락 속에 안주하는 상보적인 특성으로 이루어진다. 따라서 기독교의 십자가는 창조적인 부활이다. 베이트슨(Bateson)과 샌포드(Niditt Sanford)에 의하면, "영혼을 무시하는 악의 진부

성으로 구성되는 세계를 만들어서는 안 된다."

악은 보다 더 큰 선을 허용하는가? 정말 그러한가? 이러한 주장에 동의하는가? 보다 더 큰 선을 위하여 하나님은 악을 허용하시는 것인가?

브루너(Emil Brunner)는 『우리의 신앙』(Our Faith)에서 "이 세계의 수수께끼에 대한 해답은 구원의 날까지 풀리지 않을 것이다."라고 말한다. 우리가 하나님의 사랑으로부터 고통과 이 모든 악에 대하여 어떻게 설명할 수 있을까? "이 세계에 대한 하나님의 통치를 설명해보라"는 제안을 한 사람은 마치 대기업에 입사한 인턴사원이 기업의 조직과 경영관리를 비판하는 것만큼이나 어리석은 것이다.

밀(J. S. Mill)의 교훈에 귀를 기울여본다. "만족하는 바보가 되기보다는 불만을 토로하는 소크라테스가 더 낫다. 만족하는 돼지보다는 불만을 토로하는 바보가 더 낫다." 운명에 만족한다. 운명에 불만족이다. 후자가 전자보다 더 바람직하다. 왜냐하면 고통의 의미가 무엇인가를 알았으며 좌절과 실망과 불안이 무엇인지 알게 되었기 때문이다. 또한 고난의 대책이 무엇인지 알게 될 것이다.

3. 그림자 없이는 빛도 없다

중세의 연금술사이자 의사인 파라셀수스(Paracelsus)는 "모든 물질은 독성이 있으며 여기에는 그 어떤 예외도 없다. 얼마의 양을 사용하느냐에 따라서 독이 될 수 있으며 약이 될 수도 있다."고 말한다.

셰익스피어(Shakespeare)의 『로미오와 줄리엣』(Romeo and Juliet)에 등장하는 수사 로렌스는 줄리엣이 죽은 것처럼 보이도록 위장하는 약을 찾는다. 그리고 약효를 가진 꽃을 찾아내고는 이렇게 노래한다. 셰익스피어는 문호답게 이것을 시적으로 표현한다.

> 선도 잘못되면 악이 된다네
> 그리고 고귀한 행동이 악을 초래할 수도 있지
> 작은 꽃잎에서 나온 이것이
> 부디 독이 되지 말고 약이 되기를.

결과가 선하다고 하여 잘못된 방법이 정당화될 수 없다. 목표가 선하다는 이유로 사악한 행동이 허용되어서는 안 된다. 수단이 나쁘면 결과가 좋을 수 없다. 인간의 생명 연장 그리고 그 같은 노력은 어느 누구도 반박할 수 없는 선한 목표다. 그러나 아직까지 선한 의도에서 한 일이라면, 불합리한 행동까지 정당화시켜서 선이라고 우겨대는 경우가 있다. 목적과 수단이 분리될 때 선이 무너진다.

세계의 모든 신화들 속에서 영웅과 대립하는 인물들이 등장한다. 그리고 궁극적으로 언제나 화해가 이루어진다. 대립하는 주인공들 역시 구원의 반열에 들어가 있다. 그러나 기독교의 상황은 전적으로 다르다. 최후의 만찬에서 그리스도는 "내가 이 빵 조각을 주는 사람이 나를 배반할 것이다."라고 말한다. 이 말은 제자가 스승을 배신하는 데 대한 억울함과 자괴감, 개탄이나 한탄을 표현하는 말이 아니다. 예수의 이 말은 가장 믿을 만하며 책임감이 강하며 신뢰할 만한 제자를 선택한 것이다. 그리스도를 한 치의 오차 없이 철저히 배신할 수 있는 자격을 갖춘 제자가 선정된 것이다. 열두 제자 중에서 가장 영적으로 성숙한 제자를 물색한 것이다. 발생하고 있는 일의 과정과 의미를 진정으로 이해한 사람이 배신의 역할을 담당하도록 그리스도는 그에게 책임을 부여한 것이다. 그 주인공이 바로 가룟 유다였다.

　가룟 유다는 인류 구원의 산파였으며 그리스도의 앤타고니스트요, 듀터라고니스트였다. 예수의 상대역이었다. 유다는 그리스도를 그분 자신의 죽음에 넘겨주는 인물이며 자신은 그림자 가운데서 죽는다. 그는 그리스도의 그림자이다. 그리스도의 그림자, 즉 세상의 빛에 대립하는 상대역이라는 모티프가 발생한다. 그림자 없이는 빛도 없다. 그림자는 빛나는 존재의 반영이다. 수제자라고 평가하는 베드로보다 구원의 역사에 결정적인 역할을 한 주인공이 바로 유다였다.

　폴 틸리히(Paul Tillich)의 "존재의 용기"보다는 '존재에로의 용기'가 더 중요하다. 유다는 예수의 인류 구원 사역을 위한 '존재에로의 용기'를 보여준 가장 책임 있는 제자였다.

4. 고난의 수수께끼

　우주는 부조리한 모순의 세계이다. 이 세계 속에 선과 악이 존재한다. 선은 해답이 있다. 선 자체가 해답이다. 악은 해답이 있다. 악 자체가 해답이다. 그러나 악의 문제는 해답이 없다. 그것은 우주에 전능하신 신이 존재한다고 믿는 믿음 때문이다. 무신론자들에게 선악의 문제는 중요한 문제가 아니다. 갈등을 일으키지 않는다. 그러나 유신론자들, 특별히 유태교와 기독교의 신앙은 하나님이라는 전지전능하신 신의 존재를 믿고 있기 때문에 고뇌하는 것이다. 하나님을 믿는 신앙 때문에 악의 문제를 제기하는 것이다. 선악의 갈등에서 벗어나려면, 무신론자가 되는 편이 좋다. 고통과 고난의 문제를 제기하고 수용하면서 동참하려면, 하나님을 믿으라. 유신론자가 되어보라.

선악의 문제를 설명해보려는 신학자들과 철학자들의 시도는 무익하다. 그렇다면 여기서 포기해야 하는가? 우리는 무엇을 할 것인가? 악의 문제에 대한 해답이 없다고 물러서야 하는가? 정답이 없는 문제로 시간을 낭비할 필요가 없다고 보는가? 정답 없는 인생의 수수께끼에 대하여 독자들의 반응은 무엇인가? 확실한 반응을 보여줄 수 없는가? 대책 없는 고난의 삶에 대한 태도를 분명하게 보여주자. 어떻게 살아갈 것인가에 대한 결단이다.

마니(Mani)에 의하면, "**만약** 악이 존재한다면 그리고 하나님이 존재하는 모든 것의 원인이라면, 그때 하나님은 악의 원인이다."라고 주장한다. 악은 하나님의 영광을 확대하기 위하여 더 명백하게 드러내기 위하여 있는 것이다. 하나님은 자신의 영광을 드러내기 위하여 악과 죄를 허용하신다. **만약** 하나님께서 죄인을 창조해 내지 않으셨다면, 하나님은 결코 사랑과 정의를 보여주지 않았을 것이다. 하나님의 권위와 위엄은 죄와 악을 통해서 드러낸다. 악은 불가해하다. 악의 실존은 미스터리다. 거룩한 모호성이다. 악의 문제를 다루는 유일한 방법은 그 문제를 제기하지 않는 것이다. 그리스도를 믿으며 해답이 없는 질문에 해답을 추구하지 마라. 지구상에 있는 생명은 사소하다. 악과 고통은 인간성에 대한 테스트와 자극제로서 하나님에 의하여 창조된 것이다. 죄와 고통에 대한 도전의 반응은 인간의 일시적인 운명에 달려있다. 선 혹은 악에 대한 일시적인 선택은 영원한 보상을 결정한다. 악은 선을 생산하기 위한 도구다. 악은 선의 부패에서 비롯된다. 악은 리얼리티가 없다. 왜냐하면 악은 실재가 아니기 때문이다.

에피쿠로스(Epicurus)에 의하면 하나님은 악을 제거할 수 있는 능력이 있다. 그러나 기꺼이 악을 제거하려는 노력을 하지 않는 존재라면, 하나님은 사악하다는 것이다. 하나님이 악을 제거할 수 있을 때 제거하지 않는 존재라면, 하나님은 선하지 않다고 어거스틴(Augustine)은 주장한다.

흄(Hume)에 의하면, 하나님은 악을 예방할 수 있지만 기꺼이 악을 예방하지 않는 존재라면, 하나님은 악의가 있다. 악의 문제는 단지 악을 제거하는 것뿐만이 아니라 예방하는 것까지 주된 관심의 대상이 되어야 하기 때문에 흄의 원칙이 더 설득력이 있다.

라이프니츠(G. W. Leibniz)는 악의 존재에 관한 네 가지 논쟁을 제기한다. 첫째, 악이 없는 세상은 논리적으로 불가능하다. 절대적으로 완전하신 하나님께서 제2의 하나님을 창조할 수 없다. 피조물에 의한 제2의 정의는 부수적이며 우연한 실존을 지니고 있다. 이러한 이유 때문에 제1의 선함과 완전함에 결핍이 생긴 것이다. 따라서 창조는 어느 정도 불완전하며 악을 보여준다. 둘째, 하나님은 더 큰 영광을 원하신다. 하나님은 자신의 은혜와 영광의 확대와 향상을 위하여 마치 꽃잎무늬 장식처럼 죄와 악을 이용하신다. **만약** 하나님께서 죄를 허락하지 않았더라면, 자비로운 은총을 베풀 수 없었을 것이다. 하나님의 은총을 통하여 얻게 되는 인간의 더 큰 선과 마찬가지로 하나님의 영광을 좌절시키면서 더 큰 영광을 기대하신다. 셋째, 악은 고통을 위한 이론이 아니라 치료이론이다. 고통의 경험을 통하여 인간은 성숙해지고 강화된다. 악은 웰빙을 위한 하나님의 사자와 같다. 넷째, 그림은 대조적인 색상이 필요하고 음악은 불협화음이 필요한 것처럼, 인생의 풍요로움과 경험의 다양성은 어두운 계기와 결함들이 필요하다. 하나님은 '필요악'을 인정하신다.

라이프니츠가 제안한 전체성 이론은 "행복한 타락"(*felix culpa*)에 기초한다. 하나님의 은총으로부터 타락은 비극이며 재앙이다. 그러나 사고의 지평을 확대해보면, 타락은 새로운 차원의 축복이다. 타락은 저주가 아니라 하늘의 복이다. **만약** 아담이 죄를 짓지 않았더라면, 상상할 수 없는 의미의 축복을 받지 못했을 것이다. 타락이 없다면, 은혜도 없다. 예수 그리스도의 성육신의 선물도 없었을 것이다. 수난과 부활을 통하여 타락의 재앙은 구원을 받게 된다. 악은 미학적 전체성의 이론에 포함된다. 악이란 제한적이며 한정적인 왜곡된 관점에서 존재한다. 전체성의 관점에서 역사와 우주는 최대의 가능한 하모니, 미, 선을 생성시키기 위하여 궁극적으로 모든 것은 상호 연결시킨다.

선악의 이해는 존재하는 모든 것을 아우르는 하나님의 목적, 우주와 역사를 펼치는 로고스 혹은 이성의 개념이다. 모든 것은 하나님의 섭리에 의하여 지배되며 궁극적으로 질서 있는 통일과 전체적인 선에 기여한다. 세상에 악이 존재한다는 판단은 전체성에 대한 무지에서 비롯된 것이며 야만적인 몰지각성에서 비롯된다. 모든 것은 선하며 아름답다. 모든 것은 궁극적인 질서와 목적을 반영한다. 하나님은 '질서의 하나님'으로 모든 것을 포용하신다.

루터(Luther)는 "모든 악에 대한 궁극적인 책임은 하나님의 소관이다."라고 주장한다. 인간의 본성은 부패했다. 자동적으로 악한 행동을 하게 된다. 인간의 행위가 정당하다고 주장하지만 하나님의 시야에선 악할 수밖에 없다.

인간이 악을 선택하는 것은 원죄의 전염성이다. 악의 전염성은 어디에서 시작된 것인가? 기본적인 대답은 인간의 타락이다. 하나님이 져야 할 책임은 일단 벗어난다.

만약 인간이 실수한다면, 그것은 하나님에 의하여 버림을 받았기 때문이다. 하나님은 인간의 타락을 허용하신 것이다. **만약** 타락이 악의 결과를 낳게 한 것이라면, 이것 또한 하나님께서 허락하신 것이다.

캘빈(Calvin)의 예정설에 의하면, 모든 사건의 원인은 하나님이시다. 하나님의 섭리와 통제 앞에서 피해갈 수 있는 것은 아무것도 없다. 이 세계의 악과 고통은 인간의 자유의지와 선택의 결과라는 것이다. 그러나 문제가 있다. 모든 인간의 행위는 자유로운 선택인가? 인간의 의지는 하나님의 통제에서 벗어나 있는 것인가?

주께서 모세에게 말씀하셨다. "나는 그가 고집을 부리게 하여 내 백성을 놓아 보내지 않게 하겠다."(출 4:21) 바로(Pharaoh)의 고집은 하나님께서 기획하신 것이다. 하나님의 뜻에 불순종하게 만드신다. 고집을 꺾는 여부도 하나님의 뜻이다. 인간의 감정의 흐름과 내면의 깊은 심리까지도 하나님께서 통제하신다. 바로는 하나님의 영광을 드러내기 위한 도구였다.(출 14:4)

고통의 수수께끼를 풀어본 적이 있는가? 프로스트(Frost)는 자신의 시, "이성의 마스크"(Masque of Reason)에서 지성적이며 풍자적인 추론을 시도한다. 하나님은 왜 욥에게 고통을 허락했는지 대답하신다. "욥, 왜 내가 고통을 주었는지 말해주겠다. 그것은 그대의 고통을 가중시키려는 것이 아님을 믿어 달라. 그대가 악에서 저만치 떨어져 있으라는 것을 **단지** 보여주려고 한 것뿐이다." 욥 자신이 하나님께 반응한 것처럼, 어리석은 질문은 어리석은 대답을 얻게 된다. "너 인간아! 나는 내가 이해할 수 있는 것보다 더 많은 것을 기대했다. 그리고 내가 얻은 것은 거의 내가 이해할 수 없는 것들이다."

인간은 분명히 하늘의 걸작품이다. 그러나 인간은 깨진 상태에서 태어나 수선하며 살아간다. 하나님의 은총은 이 깨진 틈을 메워주는 접착제와 같다. 그럼에도 불구하고 욥은 하나님의 '대답' 치고는 엄청난 희생의 대가를 치러야만 했다. 그 접착제를 적용시킬 사랑하는 자녀들을 잃었기 때문에…….

5. 하나님의 아포리아(aporia)

출구 없는 실존적 상황은 비극의 단초가 되기 쉽다. 폴 틸리히(Paul Johannes Tillich)가 말하는 '절망'을 '창조적 용기'로 표출해내야만 하는데 쉽지 않다. 따라서 자기 파괴적인 존재에서 새로운 존재로 전환시킬 에너지가 필요하다. 바스(John Barth)의 표현을 빌리면, 많은 사람들은 '유쾌한 허무주의' 속에서 살아간다. 잘 먹고, 잘 마시고, 하고 싶은 일을 해가면서 즐겁게 인생을 살아간다. 그리고 하나님을 경외하며 살아가는 것이 생의 기본이며 분복이라 생각한다. 대부분의 사람들은 인생을 '유쾌한 허무주의'로 정의한다. 문제는 하늘에 계신 하나님을 믿고 의지하며 살아가는 성도들의 '허무주의'가 더 큰 문제라고 본다. 엘리엇(T. S. Eliot)의 "황무지"(*The Waste Land*)에서 보여주는 사막화된 거덜 난 믿음이며 "비 없는 구름"(유 1:12)으로 가득 찬 환호성뿐이다. 진정한 감동을 주지 못힌다. 구원의 진정성이 사라져버렸다.

개인의 불행은 오해에서 비롯되는 경우도 있다. 오해하는 것은 염세적인 각본이며 시나리오다. 오해는 의사소통을 단절케 하는 반항의 자식이다. 오해의 부조리한 상황을 제거할 만한 에너지가 없는 것 같다. 모든 인간이 죽는다는 사실은 별로 손쓸 수 없는 문제이지만, 모든 인간이 억압되어 있다는 사실은 개선될 여지가 있다.

아포리아(*aporia*)는 헬라어로 진퇴양난의 '막다른 골목'을 의미한다. 가장 비극적인 인물은 인식의 벼랑 끝에 서 있는 사람이다. 우리는 모두 나그네들로서 언제나 인식의 벼랑 끝에 서 있다. 내면에 흐르는 의식의 흐름은 결코 안전지대가 아니며 내부로부터 만들어진 역설, 그 패러독스 안에는 항상 긴장이 도사리고 있다. 부딪히는 사유마다 불똥이 튀긴다. 풀어야할 궁극적인 긴장의 딜레마가 존재하지만, 그 해답이 보이지 않는다. 끝없는 질문의 연속이지만 그 해법이 요원하다.

신정론(神正論)은 인간의 아포리아다. 인간의 이성은 신에 대한 아포리아다. 다행히도 피할 길을 예비해 놓으시는 하나님의 은총은 아포리아의 해방이며 탈출이다. 홍해는 모세의 아포리아였으며 요단강은 여호수아의 아포리아였다. 그 아포리아의 주인공들은 구원의 과정에서 털끝 하나 상하지 않으며 결코 죽음을 경험하지 않는다. 그들의 달란트와 생명의 에너지가 아직 남아 있기 때문이다.

가해자인 E목사와 피해자인 G장로의 아포리아는 어디에 있다고 보는가? 어느 누가 하나님의 교회를 이 비극적인 아포리아 늪지대로 몰아넣었을까? 그들에게 왜 리베팅과 필터링의 기회를 주지 않는 것일까? 건널 수밖에 없는 다리를 스스로 무너지게 기획한 분은 누구인가?

우리 앞에 놓인 생명윤리의 딜레마에 대한 해답은 과연 무엇일까?

6. 때 이른 타작마당

쿠진스(Norman Cousins)는 『치료하는 마음』(The Healing Heart)에서, "삶의 비극은 죽음이 아니다. 우리가 살아가는 동안 우리 내부에서 무엇인가 죽는 것이 비극이다."라고 말한다. 아우슈비츠 수용소에서 가까스로 살아남은 오스트리아의 심리학자 겸 정신과 의사인 프랑켈(Victor Frankel)은 죽음의 전주곡이 울리는 나팔 소리를 들으면서 "그곳에서도 역설적인 행복이 있었다. 그것은 다름 아닌 고통으로부터의 자유였다. 인간세계에서 가장 무서운 것은 삶의 가치를 상실한 절망이다."라고 고백한다.

바로의 살인 음모는 실패로 돌아갔다. 그는 갓 태어난 히브리 남자아이들을 모두 강물에 익사시켜 살해했다. 소름이 끼칠 정도로 잔인하고 사악한 왕이었다. 군인들이 들이닥치기 전, 모세는 바구니에 실려 강물에 떠내려간다. 구사일생으로 이집트 왕의 공주의 손에 살아남는다.

모세가 자기 때문에 희생된 동족의 아이들이 수천 명에 달했다는 이야기를 들었을 때, 그의 나이는 여든이었다. 자신의 출생과정에서 벌어진 끔찍한 살육사건의 비밀을 80년이 지난 '오늘', 그 이야기를 듣고 충격을 금할 수 없었다. 소명을 받고 바로와 대면하기 위하여 이집트로 떠나기 전날 밤이었다.

왜 나 때문에? 아무런 죄도 없는 어린아이들이 죽어가야 했던가? 아이들의 생명과 영혼을 생각하니 잠이 오지 않는다. 아이를 잃은 부모들의 슬픔과 원망을 어떻게 감당할 것인가? 너무나 끔찍하고 살벌한 공포가 엄습했다.

그때부터 홍해를 건너 40년 동안, 혹독한 사막의 광야를 거치면서 약속의 땅을 바라보며 느보(Nebo) 신 정상에 오르기까지 모세는 한순간도 이 아이들의 죽음을 떨쳐버리지 못했다. 이집트에서 희생당한 히브리 아이들의 죽음은 무엇인가? 누구를 위한 희생이었나? 과연 그들은 '나', 이 모세를 위한 순교자였던가?

헤롯(Herod)의 살인 음모는 실패로 돌아갔다. 그러나 두 살짜리부터 그 아래에 있는 모든 사내아이들이 몰살을 당했다. 군인들이 들이닥치기 전에 천사의 도움으로 요셉(Joseph)과 마리아(Mary), 어린 예수는 가까스로 탈출에 성공했다.

예수는 자기 때문에, 자기의 생명을 위하여 수천 명의 순진무구한 유아들이 원인도 모른 채 살해되었다는 이야기를 들었을 때, 그의 나이 서른이었다. 세례 요한이 교수형에 처해지던 바로 그날이었다. 어머니 마리아(Mary)로부터 자신의 출생 비밀을 듣고 아무런 말도 할 수 없었다. 순진무구한 어린아이들의 피 흘림은 과연 누구를 위한 것이었나? 예수 또한 모세의 고뇌처럼, 생명에 대한 윤리적 딜레마에 빠져 있었다. 예루살렘 유아들은 누구를 위한 희생이었는가? 그들은 예수를 위한 순교자였을까? 십자가에 매달려 죽기까지 예수의 고뇌는 사라지지 않았다.

어떻게 죽을 것인가? 아니, 어떻게 죽임을 당할 것인가? 좋은 죽음과 나쁜 죽음, 빠른 죽음과 느린 죽음 등 죽음의 형태도 다양하다.

로스(E. Kubler Ross)는 암 선고를 받은 환자의 심리상태를 5단계—부정, 분노, 타협, 절망, 수용—의 과정으로 분류한다. 인생의 과정에서 중요한 것은 3단계인 '타협 단계'라고 할 수 있다. 그러나 여기에 문제가 있다. 누구와 협상하느냐 하는 것이다. 협상의 주체를 누구로 정할 것인가 하는 문제다. 골고다 십자가 위에서 주님과 타협을 시도했던 '강도'처럼, 죽기 직전에 그리스도와 '타협 단계'를 거치는 사람들은 의미 있는 인생을 살아가는 것이다.(눅 23:39~43) 사의 유희를 주관하는 천사에게 자신의 죽음을 언제까지 연장해 달라는 호소를 할 수 있기 때문이다. 가장 중요한 날까지, 자신이 마무리 지어야 할 일을 마칠 때까지, 자기가 원하는 날을 잡을 수 있도록 협상의 기간을 가질 수 있다면, 참으로 행복한 일이다.

'때 이른 타작마당'이 있다. 때 이른 타작마당에 서지 않으려면 무엇을 해야 하는가? 타협의 전문가가 되어야 한다. 타협과정에서 엘리후(Elihu)는 "하나님께서 그대의 몸값을 이제 받았노라"는 음성을 들어보라고 충고한다.(욥 33:24) 그러면 죽음을 피해가는 "유월절"(출 12:11)(Passover)의 기적과 기쁨을 맛볼 수 있다.

내가 원하는 시간에 원하는 죽음을 맞을 수 있다면 얼마나 좋겠는가! 이것이 바로 가장 아름다운 인생의 예술이며 걸작품이다. 한 알의 밀알은 죽음의 예술이 아닌 삶의 예술이다. 한 알의 썩어져 가야 할 밀알도 때가 있는 것이다. 기독교의 예술은 보이지 않는 생명과 구원의 예술이다.

하나님의 지진 감시 시스템은 왜 작동하지 않은 것인가? 하나님은 왜 침묵하고 계셨던 것일까? 왜 배 밑창에서 주무시고 계신 것인가? G장로의 죽음과 E목사의 자살은 하나님의 뜻과 섭리에 해당하는가? 아니라면 그 해석의 준거는 무엇인가?

이 사건의 중심에 "하나님의 실수" 혹은 "하나님의 방치"가 끼어들 수 있는가? 단순한 사고처리로 무신론적 관점에서 안전 불감증이나 도덕 불감증과 같은 도피용으로 넘어갈 수 있는 성격인가? 그러나 **만약** "하나님의 실수"라고 한다면, 그 사건은 우연적인 것인가 아니면 필연적인 것인가? 우연적 필연성인가? 필연적 우연성인가?

생명은 천하보다도 소중하다. 이들의 죽음은 과연 무엇인가? 안락사인가? 존엄사인가? 아니면, 자연사인가? 이 드라마의 감독은 누구인가? 드라마의 주인공은 끝까지 살아남는 것이 원칙이라면, 드라마의 감독과 '토기장이'는 무대의 뒤편에서 '그렇게' 지시와 명령을 내린 것인가?

인적이 닿지 않는 깊은 산 계곡에 한 차례 동풍이 지나갔다. 한 그루 소나무가 쓰러진다. 고통의 비명 소리가 계곡에 울려 퍼진다. 수명을 다하지 못한 외마디였다. 참나무, 아카시아, 소나무, 고사리, 이름 모를 잡초들, 뻐꾸기, 꾀꼬리, 까투리, 산비둘기, 벌, 나비 그리고 작은 개미들도 그 소리를 듣지 못했다. 슬프고 안타까운 일이다. 들리는 소리보다도 들리지 않는 소리가 더 아름답다. 들리지 않는 소리를 들리는 소리로 인정할 수 없다. 과연 그 소리를 듣는 이 누구인가? 어느 누가 듣고서 소리라고 인정하는가? 그리고 그는 누구인가?

인간의 고난을 위한 하나님의 기획은 무엇인가?

7. 구약의 이프 신학

죄란 무엇인가? 하나님과 단절이다. 하나님을 인정하지 않는다. 인정한다 하더라도 생각하지 않는다. 하나님을 상실한 인간의 독존이다. **만약** 따먹게 된다면, 정녕 죽을 수밖에 없는 생명의 안전장치인 "선악과"(창 2:9)는 인간의 죄의 가능성을 열어둔 "이프"(If)의 방편이다. 하나님과 분리된 현상이 원죄의 개념이라면, 원죄의 결론으로 악은 발생하지 않는다. "차라리 그는 태어나지 말았어야 했다."라는 거대담론까지도 인정한다. 유다의 배반은 윤리적인 악을 발생시킨다. 그것까지 예측케 한다. 이 거대담론의 과정을 무시한 철저한 인과론이다.

구약의 하나님은 복수, 정의, 심판의 신이다. 신약의 하나님은 사랑, 용서, 구원의 신이다. 이분법적으로 하나님의 정체성을 분리해보라. 하나님의 정체성이 무엇인가 살펴보라. 혼돈과 갈등을 일으킨다. 인간은 선과 악 그리고 정의와 사랑 사이에서 울고 웃는 샌드위치맨이다.

구약의 하나님을 섬기라. 유태교에 귀의하란 말인가? 무슨 소리냐? "눈에는 눈, 이에는 이"(출 21:24~25)다. 응징의 칼로 악의 싹을 자르라. 정당방위를 고수하라. 법은 정의의 편이다. 사회적 정의와 질서가 바로 서야 한다.

죄는 악의 개념과는 다르다. 그것은 하나님과 인간의 분리에서 출발한다. 죄가 알파라면 악은 베타다. 그러므로 악은 존재한다. 설득력이 없는 주장이라고 항변할지 모른다. 그러나 하나님도 말릴 수 없고 어찌할 수 없는 영역이 있다. 그것은 바로 인간의 자유의지다.

순진무구한 의인의 고난과 고통, 비극적인 죽음의 의미는 무엇인가? 순진무구한 어린아이들의 고통은 누가 책임지는가? 정직을 벗 삼아 살아가는 사람들의 비극은 누가 감당해야 하는가? 세상의 악과 대처하다가 생명을 잃은 사람들의 희생은 누가 보상해준단 말인가? 어디에 호소해야 하는가? 하나님의 뜻이야. 그러니⋯⋯ 섭리라고. 어쩔 수 없잖아. 토기장이의 마음이다.(사 30:14) 토기가 무슨 할 말이 있느냐. 그럼에도 선악이 여전히 공존한다.

정의의 관점에서 죄와 벌이다. 죄와 벌의 주체는 하나님이시다. 사랑의 관점에서 용서와 포용이다. 용서와 사랑의 주체는 역시 하나님이시다. 구약의 하나님이 언제부터 신약의 하나님으로 전환하게 되었는가? 정의가 어떻게 사랑으로? 선악의 주체는 누구인가? 누가 우주를 창조했던가? 누가 인간에게 선악의 개념을 논하라 했던가! 야게(Jakeh)가 자기 아들 아굴(Agur)에게 들려준 교훈을 기억하는가?(잠 30:1~4)

나는 다른 사람에 비하면, 짐승이라.
내게는 사람의 총명이 있지 아니하니라.
나는 지혜를 배우지 못하였고
또 거룩하신 자를 아는 지식이 없거니와
하늘에 올라갔다가 내려온 자가 누구인지
바람을 그 장중에 모은 자가 누구인지
물을 옷에 싼 자가 누구인지
땅의 모든 끝을 정한 자가 누구인지
그 이름이 무엇인지
너는 아느냐?

이 교훈의 내용은 '불가지론'으로 흐른다. 주인공인 '나'는 인간이 아닌 동물이다. 이성과 지성과 감성과 영성이 전무한 짐승이다. 지혜도 없는 인간이다. 신학에도 무능하다. 신에 대한 존재증명에도 논리가 없다.

그러나 반어법이 등장한다. "너는 아느냐?" 불가지론처럼 느껴지지만, 자신은 속속들이 인지하고 있다는 뜻이다. 영적 체험과 경험으로 하늘의 비밀을, 바람을 움켜쥔 손을, 항아리처럼 옷으로 물을 담을 수 있는 비법을, 지상의 모든 경계선을 정한 자가 누구인지 알고 있다. 지성이 아닌 영성으로 신 존재를 증명하고 있으며 '전지전능'한 하나님은 선악의 모든 주체라는 것이다.

인간은 조건반사적 행동에 따라서 달라진다. 죄와 벌이라는 콘텍스트의 범주 안에서 인간의 고통은 전적으로 하나님의 책임이다. 비가 오지 않는 이유, 가뭄이 오는 이유, 식물이 자라지 않는 이유, 뜨거운 동풍을 불게 하는 이유, 창고에 곡식을 저장할 수 없는 이유, 인간이 의식주의 고통을 겪는 이유 등은 모두 '학개의 신정론'(Haggai's Theodicy)이다. 기초만 닦아놓은 성전을 짓지 않고 적절한 때와 시간을 저울질하는 백성들의 지연전략 때문에 당하는 고난이다.

8. 신약의 이프 신학

　신약의 하나님을 섬기라. "눈에는 눈, 이에는 이"를 포기하라. 출애굽기(*Exodus*) 21장 24~25절과 레위기(*Leviticus*) 24장 20절을 잊고 지우라. 의도적으로 잊으라. 그런 식으로 복수하지 마라. 악순환만 되풀이된다. 포기하라. 체념하라. 희생의 대가까지도 잊고 포기하라. 스스로 십자가를 짊어지라.
　'거룩한' 성경에는 수많은 '악의 꽃' 들이 피어 있다. 비극적이며 슬프고 애통하다. 그러나 인간적이다. 정직하다. 믿을만하다. 솔직하게 '악의 꽃' 들을 고발하고 있지 않느냐!
　마태복음(Matthew) 5장은 "산상수훈"(The Sermon on the Mount)과 더불어 빼놓을 수 없는 신학이 있다. 예수 그리스도의 '이프 신학' 이다. '이프 신학'의 대명사다. 13개의 조건을 부여한다. 그중에서 세 가지 조건은 "남에게 대접을 받고자 하는 대로 너희도 남을 대접하라. 이것이 율법과 예언서의 본뜻이다."(마 7:12)라는 말씀과 함께 '이프 신학'의 황금률이라고 할 수 있다. **만약** 오른뺨을 맞으면, 왼뺨을 돌려대야 한다. 기분 나쁘다. 이유 없다. 더 기분 나쁘도록 스스로를 부추기며 묵묵히 들이대라. **만약** 속옷을 달라 하면, 겉옷까지 주어야 한다. 발가벗긴다. 이유 없다. 경범죄는 문제없다(?). 스스로 발가벗어라. **만약** 오 리를 가자고 하면, 십 리까지 가주어야 한다. 피곤하다. 이유 없다. 어쩌다가 강도 만나 죽어가는 사람과 함께 동행하라. 선한 사마리아인처럼 녹초가 되도록 동행하라. **만약** 부비가 더 든다면, 돌아오는 길에 지불하겠다.(눅 10:35) 이 얼마나 피곤한 일인가! 얼마나 손해 보는 장사인가! 마음에 부담과 상처를 입는다. 거지 나사로(Lazarus)가 되기 쉽다. 에너지가 고갈된다. "**만약** 당신을 사랑하는 사람들만 사랑한다면…… **만약** 당신에게 선을 베푸는 사람들에게만 선을 베푼다면…… **만약** 갚을 능력 있는 사람들에게만 돈을 빌려준다면……"(눅 6:32~34) 이것은 예수의 정신과 사랑이 아니라는 것이다. 믿지 않는 사람들도 모두 할 수 있는 주고받는 형식, 인과관계의 일들은 기독교의 정신이 아니다. 예수는 줄 수 없는 사람에게 주어야 한다는 희생의 윤리를 제시하고 있다.

"죄의 삯은 사망이다"(롬 6:23)라는 대명제도 인정한다. 이 대명제는 악의 문제는 다루지 않는다. 죄와 사망 사이의 과정(process)을 보여주지 않는다. 알파와 오메가 사이에 존재하는 인간의 고난을 무시하는 담론이다. 이것이 이 메타포(Metaphor)의 한계이다. **만약** 출생과 사망, 생의 전 과정이 하나님의 뜻이요 섭리라면 인간의 고통과 악의 과정도 하나님의 섭리이며 뜻이다.

신약의 하나님은 어떠하신가? 스스로 고통과 죽음을 자청하고 있다. 신약의 하나님은 선하시며 사랑의 하나님이시다. 역사 속에 오신 하나님으로 몸소 인간의 고통에 참여하시고 십자가를 짊어지셨다. 십자가는 하나님 자신의 처절한 고통의 선과 고통의 악을 스스로 드러내는 상징이다. 그러나 예수 그리스도의 '이프 신학'은 철저한 이타주의요, 역지사지론(易地思之論)이다. 그의 "이프"는 선과 사랑, 자유와 평화, 구원을 위한 대상관계론이며 악에 대한 승리의 나팔이다.

이분법을 부정할 수 없다. 창세기 1장부터 갈라지는 이분법으로 세계를 하나님께서 창조하셨기 때문이다. 빛과 어둠, 낮과 밤, 땅과 바다, 남자와 여자, 선과 악, 흑과 백, 자유와 구속, 순종과 반항 등등 이분법적 대립 쌍들이 서로 견제하며 균형을 이룬다. 이 균형이 파괴 될 때, 악이 발생한다.

이 견제와 균형이 파괴될 때, 인간들은 그 모든 문제와 해답의 화살들을 하나님에게로 돌린다. 화살의 목표가 있다는 것은 다행이다. 더구나 그 대상이 하나님이시라는 것은 행복하다. 그것은 하늘의 복이다. 그래서 "왜?"라는 탄식이 저절로 나오게 되는 것이다. 그 이유는 믿음과 불신 사이의 틈이 아니라 하나님께 한 발짝 더 가까이 다가서기 위한 신앙의 몸부림이기 때문이다. "왜?"라는 질문은 하나님께서 인간에게 부여한 인식과 은혜의 제3공간이다. 인간에게는 변론의 틈을 제공해주는 성숙한 영적 공간이다. "왜?"가 없다면, 우리는 유아론적 신앙의 틀에서 벗어나지 못하고 '성인 아이'로서 어머니의 젖만 빨고 있을 것이다. 그리고 "동풍"에 쉽게 흔들릴 것이다.

"왜?"는 본회퍼(Bonhoeffer, Dietrich)가 말하는 "하나님 섭리가설이 없는 세상"(the world without the working hypothesis of God)을 만들어가는 책임 있는 신앙의 중요한 통로가 될 수 있다.

9. 사탄의 이프

사탄의 "이프"(If)를 경계하라. 사탄은 하나님을 부추기며 꼬드긴다. 그리고 교묘하게 "이프"를 사용한다. "이제라도 주께서 손을 대서서 (**만약**) 그가 가진 모든 것을 치시면, 그는 주님 앞에서 주님을 저주할 것입니다."(욥 1:11) 자연적인 악과 사회적인 악을 동원하여 사탄은 욥의 열 자녀들의 생명과 재산을 잃게 만든다. 이러한 생명과 재산을 약탈하는 사탄의 "이프"에 대하여 하나님은 어떻게 대응하시는가? "네가 나를 부추겨 그를 해치려고 하지만, 그는 여전히 온전함을 굳게 지키고 있지 않느냐?"(욥 2:3) 사탄이 전능하신 하나님을 부추겨 욥의 생명을 죽이려고 할 때, 하나님은 '예스'나 '노'로 대답하지 않는다. "이프" 조건을 부여하신다. 이미 아들과 딸, 모든 재산을 잃은 욥에게 이제는 생명을 담보로 사탄과 배팅을 하신다. 문제는 사탄으로 하여금 "이프"의 사용을 전적으로 허용하신다는 점이다.

"이제라도 주께서 손을 들어서 (**만약**)그의 뼈와 살을 치시면, 그는 당장 주님 앞에서 주님을 저주하고 말 것입니다"(욥 2:5)

하나님이 사탄의 전략과 대화법을 모를 리 없다. 그럼에도 불구하고 사탄의 손에 인간의 생명을 위임하시고 맡기신다. 하나님은 악으로 하여금 기지개를 펼 수 있도록 허용하신 것이다. 믿음에 대한 시험용 치고는 인간의 이성과 한계를 넘은 것이다. 그 고통은 형용할 길이 없이 슬프고 안타깝다. 하나님도 악의 허용과 침묵이라는 화살을 피할 수 없다. "하나님의 형상"이라는 은총 때문에 "하나님의 형상"을 파괴시키는 "이프"까지도 용인하신 것이다. 그러나 하나님의 복과 저주까지도 인정하면서 수용하고 있는 욥의 '이프 신학'이 부럽기도 하다.(욥 2:10) 인간 고난의 스토리는 욥기 2장 10절에서 끝난다. 이것이 신정론의 결론이다. 나머지 친구들의 변론들은 여가시간을 보내기 위한 담론들이다.

신약에서도 사탄의 이프는 예수에게도 리얼하게 적용된다. "네가 **만약** 하나님의 아들이어든, 명하여 이 돌들이 떡덩이가 되게 하라." "네가 **만약** 하나님의 아들이어든 뛰어내리라." "**만약** 내게 엎드려 경배하면, 이 모든 것을 네게 주리라."(마 4:1~11) 이것이 문제이다. 성령께서 사용하시는 하나님의 이프의 가정법은 사탄에게 허용하고 있다는 점이다. 그러나 욥과는 다르게 자연적이며 사회적인 악이 발생하지 않는다.

기도의 자리에는 언제나 사탄이 맴돈다. 즉각적인 행동으로 나설 위험성이 존재한다. 최선의 방지책은 진지하게 기도하는 것이다. 사랑과 용서를 위해 영혼을 아우르는 기도를 해야 한다. 마땅히 해야 할 기도를 하지 못할 때, 그리고 그 타이밍을 놓칠 때, 사탄은 인간들을 궁지에 빠트린다. 홍수가 날 때, 소화기 들고 설치게 한다. 배가 침몰할 때, 뱃전까지 물이 들어 온 쪽으로 몰려가게 하는 것이 사탄의 전략이다. 기도의 타이밍은 사탄의 적이다. 기도하는 한 시간은 사탄의 고통이요 몸부림이다. 발가벗긴 그리고 발가벗은 영혼으로 기도해야 한다.

10. 실수 불가일까?

　인간은 산소를 만들어 낼 수 없다. 오히려 이산화탄소를 방출시켜 지구의 영혼을 혼탁케 한다. 지구를 온통 가스실로 만드는 주범은 다름 아닌 인간들이다. 인간은 풀과 나무만도 못한 존재들이다. 이사야(Isaiah)의 고백을 들어보자. "모든 육체는 풀이요, 그 모든 아름다움은 들의 꽃과 같을 뿐이다. ……풀은 마르고 시든다. 그렇다. 이 백성은 풀에 지나지 않는다."(사 40:6~7)

　"하나님의 실수"이기 이전에 먼저 '인간의 실수'를 논해야 좋겠다는 생각이다. 인간에게 유익한 것은 산소일 뿐이다. 생존을 위하여 인간은 스스로 산소를 만들어 낼 수 없다. 이것은 치명적인 실수다. 인간의 한계를 어디까지 정해야 좋을지 모르겠다. 분명한 것은 죽음을 극복할 수 없다는 것이다. 죽음을 정복할 수 있다면, 나사로(Lazarus)의 무덤은 성경에 기록되지 않았을 것이다. 인간의 한계를 상징적으로 잘 보여주는 스토리다.

　니체(Friedrich Wilhelm Nietzsche)는 '신의 죽음'을 선언했지만, 결국은 자신의 죽음을 고발하고 있다. 살아계신 하나님을 인간들이 죽인 것이며 그가 거기에 동조한 것뿐이다. 하나님의 죽음은 악을 동조하는 인간들이 만들어 낸 꼼수로서 교만의 극치라고 할 수 있다.

"하나님의 실수"는 변론의 끝이 없는 화제가 될 수 있다. 야곱(Jacob)이 얍복(Jabbok) 강가에서 날이 새도록 천사와 씨름하듯이(창 32:22) "왜?"라는 질문과 씨름하는 것은 그 결과에 따라서 다르게 나타나겠지만, 그것이 하나님의 인과응보용, 연단용, 훈련용, 시험용, 경고용, 교육용 등과 같은 것이라면 얼마나 좋겠는가! 야곱은 지체장애자가 되었다 할지라도 인생의 가장 크고 보람 있는 영적 자부심과 행복을 느낄 수 있었다. 그가 살아남을 수 있었던 것은 그리고 **만약** 그것이 인간의 운명이라면 달게 받아들여야 할 것이다. 그러나 하나님만의 독특한 교육과정에서 조연으로 등장하는 들의 풀들은 어디에 하소연해야 하는 것일까?

하나님은 실수한 적도 없거니와 실수하려고 하지 않는다. 실수할 이유가 없기 때문이다. 실수하지 않으시려는 것이 하나님의 뜻이다. 하나님에 대한 예레미야의 해석은 "인간을 괴롭히거나 근심하게 하는 것은 그분의 본심이 아니다"(애 3:33)라고 강조한다.

그러나 하나님은 자신의 "의도적 오류"(Intentional Fallacy, IF)로써 인간들에게 경고 메시지를 전해준다. 인간들의 부르짖는 고통 앞에서 하나님은 침묵으로 일관하신다. 얼굴을 돌리시며 피하신다. 외면하시면서 때로는 주무시기도 하신다. 이 같이 숨어 계신 하나님의 '거룩한 무관심'은 '죽음의 선물'을 앞에 두고 통곡하며 처절하게 절망하는 인간들의 한풀이로 나타난다. 마치 '죽음의 선물'들을 앞에 두고 피를 토하며 원망하는 욥의 아내처럼, "이래도 당신은 여전히 신실함을 지킬 것이니까? 차라리 하나님을 저주하고 죽는 것이 낫겠습니다"(욥 2:9)라며 남편에게 항의한다. 자기 목숨을 먼저 데려가 달라면서 열 자녀들을 잃고 몸부림치는 어미의 한(恨)맺힌 통곡소리가 귓전에 들려온다.

'하나님은 실수 불가일까요?' 라는 의문은 하나님의 '거룩한 무관심'을 폭로하는 메타포이다. 그것은 하나님의 전지전능하심에 대한 인간들의 "의도적 오류"를 인간만의 고유한 언어로 폭로한다.

"하나님의 실수"라는 말은 인간의 언어와 논리로 하나님을 옭아매는 것이다. 하나님의 '선'이 인간에게는 악으로, 하나님의 '악'이 인간에게는 선으로 다가올 수 있기 때문이다. 하나님의 검정색이 인간에게는 흰색으로 변할 수 있으며, 하나님의 흰색이 인간에게는 검정색으로 교체될 수 있다는 것을 깨달아야 한다. 인간의 언어로 하나님의 정체성을 변론하는 것 차제가 인간의 실수이며 오류다. 그럼에도 불구하고 생명은 하나이며 천하보다 소중하다.

성경의 이프 신학 속에는 전지전능하신 하나님의 "의도적 오류"까지도 내포되어 있다는 사실을 간과해서는 안 될 것이다.

11. 나쁜 일과 좋은 일은 왜 발생하는가?

만약 모든 고통을 인간의 탓으로만 돌린다면, 실수할 수 있는 인간의 자유의지와 선천적인 능력은 무엇인가? 불행하게도 자연의 맹목적인 힘은 인간에게 많은 고통과 슬픔을 안겨준다.

지진은 다리를 흔들어댄다. 지나가던 만원 버스가 다리 아래로 떨어진다. 우주광선이 **우연히** 난소와 충돌하여 염색체를 변형시킨다. 그 결과 아이가 불구로 태어난다. 전형적인 '자연적인 악'의 발로다. 서산의 아름다운 석양의 모습과 다양한 꽃들의 아름다운 색상들을 창조하신 하나님께서 끔찍스러운 공포들을 동시에 만들어 내신다.

버스에 탄 사람들은 섭리에 의하여 그곳에 있는 것이다. 정보를 다루고 있는 슈퍼컴퓨터는 선택된 사람들의 목숨을 정리한다. 그래서 그들이 나쁜 운명의 버스에 타고 있는 것이다. 전능하신 창조주는 그와 동일한 일을 할 수 있다.

그와 같은 거룩한 계획은 가능하다. 하나님은 그 계획을 지속적으로 이행하고 있는지 확신할 수 없다. 아브라함, 이삭, 야곱을 괴롭혔던 기근이 하나님의 의도적인 계획이었을 것이다. 그러나 성경은 자세한 정보를 전해주지 않는다. 자연은 자신의 기준에 따라서 인간에게 도전한다. 인간은 그 목적을 이해할 수 없다 할지라도 선과 악에 대하여 어떻게 반응할 것인가에 대하여 배운다.(신 28:47, 31:20, 호 13:6) 자연적인 우주에서 지진과 우주광선 그리고 아름다운 무지개와 푸른 하늘은 동시에 그 계획의 본질적인 부분이다.

무지는 결코 행복한 것이 아니라 위험한 것이다. 마치 장전된 권총을 가지고 놀고 있는 아이처럼, 자신에게도 위험하고 주위의 모든 생명체에 위협이 될 수 있다. 무지 없이는 죄도 없다. 무지는 실수를 야기하는 근거가 되며 죄의 근원이다. 죄에 대한 히브리어의 어원은 "헤트"(het)다. 실수하는 것 혹은 지표를 잃어버리는 것을 의미한다. 실수는 악을 행하는 것을 의미하지 않으며 본질적으로 악이 아니다. 그러나 "헤트"가 눈이 뜨기 시작했을 때, 악을 발생시킬 수 있다.

창세기의 가인과 아벨의 이야기에서 그 현상을 자세히 알 수 있다. 성경의 세계는 자유의지에 대한 사건들이 나타나며 나쁜 일들이 일어난다. 심지어는 착한 사람들에게 비극적인 사건들이 발생한다. 창세기 4장은 가인이 동생 아벨을 살해한 최초의 '사회적인 악' 이 발생한 사건기록이다.

전지전능하신 창조주 하나님은 가인과 같은 사람들이 악한 행동을 하기 전, 그들을 막을 수 없다. 그러나 그것은 가인의 자유의지와는 상관이 없다. 선택이 인간들에게 있는 한, 의도성은 없지만 악이 발생할 가능성은 언제나 존재한다.

악과 비극으로 연결되는 실수의 이면에는 동기가 있다. 그러나 실수는 인간의 선택에 파트너가 될 필요성은 없다. 가인이 동생을 살해하기 전, "헤트"는 인간 본성의 선천적인 부분이 아니라는 점을 창세기(*Genesis*) 4장 6~7절에서 명백하게 전해준다.

살인이 발생한 바로 다음 절에서, 이 스토리는 인간의 심리를 이해할 수 있는 유일한 통찰력을 제공해준다. "헤트"는 선천적인 결함이나 원치 않는 상속과 같이 인간에게 부여된 것이 아니다. 이 세계는 선을 가지고 있다. 그것은 최초의 인간들에게 에덴동산, 즉 천국에서 살도록 허락하신 메시지에서 알 수 있다. 실수는 정도에서 벗어난 것이다. 아담과 이브가 에덴에서 추방당한 사실을 창세기에서 분명하게 밝히고 있는 것처럼, 불행하게도 그 실수 때문에 인간은 에덴의 기쁨을 누릴 수 없다. 인간 실수의 결과로 하나님께서 얼굴을 숨기신다. 신명기의 글쓴이는 하나님께서 왜 얼굴을 숨기게 되었는지 잘 전해준다.(신 31:16~18) 하나님께서 얼굴을 숨기시기 때문에 이 세계는 악이 발생할 가능성이 높아진다.

동생 아벨을 살해한 가인의 형벌은 하나님의 악이 아니라 하나님께서 얼굴을 돌리신 것이다. 가인은 이 형벌을 다음과 같이 고백한다. "제가 짊어지기에 너무 무겁습니다. 오늘 이 땅에서 저를 쫓아내시니 하나님을 뵙지도 못하고……"(창 4:13, 14)

하나님은 가인을 뭉근한 불로 서서히 삶고 있다. 가인의 끔찍한 살인에 대한 적절한 처벌은 궁극적으로 죽음이다. 성경은 이러한 사건을 다른 관점에서 보여준다. 가인은 죽음보다도 더한 고통을 받으면서 하나님과 어쩔 수 없이 헤어지며 분리되는 불행을 겪게 된다. 하나님과 동행이나 동반이 불가능하며 가인이 마땅히 누리며 살아가야 할 권리가 거부당한다. 생존만을 위한 삶이 그의 전부였으며 하나님의 보다 더 큰 목적과 섭리가 저만치 그를 피해간다.

12. 거룩한 무관심

　자연은 인간의 생명을 사정없이 무시한다. 전지전능한 하나님께서 이 모든 무질서를 제거하실 것이다. 더 이상 불구로 태어나는 아이들이나 유전병이 나타나지 않을 것이다. 그러니 그 희생은 클 것이다. 이 세계에 무질서가 없다면, 인간은 단지 로봇일 뿐이다. 왜냐하면 우주 안의 모든 선택과 사건들은 캘빈(Calvin)의 예정설처럼 미리 예정된 것이기 때문이다. 인간의 모든 사고와 행동이 고정된 것이며 미래는 전반적으로 과거에 의하여 통제된다. 그러나 인간의 자유의지로 볼 때, 주어지는 자극은 다양한 반응을 나타낸다.

　본질적으로 자유의지와 비극의 잠재성은 병행한다. 세계는 사실의 그물을 나타내며 우리는 그것으로부터 배운다. 이 사실의 그물을 통과하여 배우는 것과 정의와 의를 발견하는 것은 하나의 도전이다.(신 6:18) 불행하게도 인간은 세계를 있는 그대로 관찰할 수 없다. 우리가 어떤 사실을 인식하기 전에 외적이며 객관적인 현실의 생물학적이며 정신적인 필터들을 경험해야만 한다. 정보는 더 이상의 정보가 아니다. 그것들은 단지 외적인 사실들의 개인적인 요약들에 불과하다. 아름다움은 보는 자의 눈 속에 있는 것이다. 많은 다른 감각적인 인식과 더불어 색상도 마찬가지이다. 이스라엘 백성들이 가나안 땅에 들어가기 전, 모세가 보낸 스파이들은 가나안 사람들은 거인들인 반면에 자기들은 베짱이와 같다는 보고서를 가지고 돌아온다. 관점의 차이가 존재한다는 것은 당연한 일이다.(민 13:32, 33)

　『나쁜 일이 좋은 사람들에게 일어날 때』(When Bad Things Happen to Good People)에서, 쿠쉬너(Harold Kushner)는 "하나님은 제한적이다."라고 말한다. 한계가 있다는 것이다. 하나님의 권능이 확대될 수 없는 영역이 있다. 그것은 나쁜 일들이 발생하는 근거와 이유가 된다. 이와 같은 생각의 기초가 되는 성경적 자료는 하나도 없다. 하나님이 제한적이기 때문에 기근과 홀로코스트가 발생한다. 하나님은 신적 계획의 일부로서 그것들이 발생하도록 허용하는 것이다. 이른바 "거룩한 무관심"(divine indifference)이다. 이것은 창조주 하나님에게 본질적인 한계가 있다는 것이 아니다. 오히려 인간의 자유의지에 기초한 것이다.

선악과의 형벌 중에도 도피하는 길이 여기에 있다. 이른바 '루프 홀'(Loophole)이다. 생명을 얻는 나무의 열매를 먹느냐 아니면 죽음을 얻는 열매를 먹느냐 사이의 선택적 피안이다. 선택의 존재는 선과 악이 아니라 생과 사 사이에 있다.

성경은 인간의 자유의지가 직면하는 선택을 정의한다. 모세 5경에서 유일하게 선택해야만 하며 선택하도록 지시를 받는 곳이 있다. "나는 오늘 하늘과 땅을 증인으로 세우고 생명과 사망, 복과 저주를 너희 앞에 내놓았다. 너희와 너희 자손이 살려거든 생명을 택하여라."(신 30:19) 신명기(*Deuteronomy*)의 훈계는 아담과 이브가 에덴동산에서 추방당하고 2,400년이 지난 후, 그리고 셰익스피어의 햄릿이 최초로 유명한 독백을 하기 3,000년 전에 발생했다. 그러나 인간성은 수세대를 거쳐 오면서 변화하지 않았다. 인간이 투쟁하는 것은 선한 일을 하는 것과 악한 일을 하는 것이 아니라 생과 사의 선택 여부다.

때때로 우리는 실수한다. 그리고 혼돈 속에서 종말을 맞이한다. 나쁘게 시작된 일들은 스스로 악에 의하여 강해질 수 있다.

13. 우연적 필연성과 필연적 우연성

　무슨 까닭이 있겠지. 사건에 대한 원인을 밝혀내리라. 힘들어진다. 때로는 안타까운 일이 될 수 있다. 비극의 부수적이며 파상적인 의미에서 볼 때, 비극은 고통스럽다. 지적으로나 도덕적으로 상스러운 일이다. **만약** 그 이유만 찾을 수 있다면, 비극을 견디는 데 도움이 될 수 있을까?
　인간의 마음속에는 누구나 '비밀정원'을 갖고 있다. 언제든지 폭발할 때가 있는 휴화산이라는 존재다. 이 같은 논리는 모든 인간에게 죄가 있다는 잘못된 생각을 야기할 수 있다. 실제로는 그렇지 않다. 가해자와 피해자의 차이를 모르는 사람은 문명사회의 가장 기초적인 관계법칙을 파악하지 못하고 있는 것이다. 논리적으로 모든 사람은 악한 행동을 할 수 있는 가능성을 지니고 있다. 하지만 그 가능성을 행동으로 옮기지 않는다. 이것이 질서의 출발점이다.
　질서의 해체는 원자분열 반응이 일어난다. 비순수가 순수에 고통을 가할 때, 특별히 가슴을 도려내는 잔혹한 핵분열이 발생하는 법이다. 로렌츠(Lorenz)의 '나비효과'(butterfly effect)라고나 할까. 자아분열 현상의 대표적인 작가라 할 수 있는 로렌스(d. H. Lawrence)의 "무의식은 파괴하라, 파괴하라, 파괴하라."라는 말을 상기하라. 역충동의 하수인이 되지 마라! 그것은 우리를 재촉하는 양심을 말소시키는 짓이다.
　하나님의 사전에는 '우연'(chance)이라는 말은 없을 것이다. 그러나 성경에는 7회에 걸쳐서 등장한다. 전도서(*Ecclesiastes*)의 글쓴이는 "때와 **우연**"(전 9:11)을 강조한다. 아주 하찮아 보이는 사건들도 때와 우연에 깊이 뿌리박고 있다는 것이다.
　'우연'의 반의어는 '섭리'다. 영어에서 '섭리'는 'design'으로 표기한다.

디자인은 '도안, 밑그림, 소묘, 무늬, 본, 설계도, 계획, 구상, 복안, 착상, 기도, 의도, 목적, 속마음, 음모'의 뜻을 지니고 있다. 여기에 '-er'이라는 행위자를 붙이면 디자이너(designer)가 된다. 아직도 한국에서는 "하나님"과 "하느님"의 표기상의 논쟁이 진행되고 있다.

영어의 '섭리'는 'providence, dispensation'이 있으며, 신학적으로 표현하면 'economy'가 있지만, "하나님"에 대한 표현은 이미 우리말로 전이된 '디자이너'가 더 설득력이 있다. 이 책의 주제와 논증을 위한 아주 이상적인 표현이라고 할 수 있다. 인간의 생사화복을 디자인하시는 디자이너!

하나님은 디자이너이시다. 토기장이(potter)(사 29:16)처럼 디자이너의 의도에 따라서 천이 찢겨 나간다. 조각난 천들이 결합된다. 걸치는 의상의 디자인과 색상이 결정된다. 아담과 이브가 스스로 디자인한 그들의 옷은 "무화과나무 잎"(창 3:7)을 소재로 만들었지만, 하나님께서 손수 디자인한 드레스 코드는 가죽으로 만들어진 멋지고 아름다운 것이었다. 비바람에 견딜 수 있는 내구성도 강했다.(창 3:21)

의도성이 없는 우연히, 무심코, 실수에 의하여 벌어진 살인에 대하여 하나님께서 '도피성'이라는 피할 길을 만들어놓으셨다. "그러나 아무런 원한도 없이 **우연히** 사람을 밀치거나 몰래 숨어 있다가 무엇을 던지거나 한 것이 아니"라면, 그는 살인자가 아니라는 것이다.(민 35:22) 인간 사회의 우연한 사건 발생에 대하여 하나님도 인정하고 계신다. 특히 우연한 사건에 대한 하나님의 은총은 인간의 생명이 얼마나 소중하다는 것을 잘 보여주고 있다. 이러한 과정을 '우연적 필연성'이라고 한다.

"그리하여 룻(Ruth)은 밭으로 나가서 곡식 거두는 일꾼들을 따라다니며 이삭을 주웠다. 그가 간 곳은 **우연히도** 엘리멜렉(Elimelech)과 집안 간인 보아스(Boaz)의 밭이었다."(룻 2:3) 인간의 일거수일투족을 살피시는 하나님께서 이방 여인이었던 룻의 발걸음을 친히 보아스의 밭으로 옮기도록 하신 것이다. 예수의 족보에 오른 보아스와 룻의 이야기는 우연이라기보다는 하나님의 섭리였을 것이다. 이러한 과정을 '필연적 우연성' 이라고 한다.

"두고 보다가, 그 소가 그 궤가 본래 있었던 지역인 벳세메스(Beth-shemesh)로 올라가면, 이렇게 큰 재앙은 그분이 직접 우리에게 내린 것입니다. 그러나 소가 다른 곳으로 가면, 그것은 그분이 우리를 친 것이 아니라, 우리가 **우연히** 그런 재앙을 당한 것임을 알 수 있습니다."(삼상 6:9)

빼앗긴 하나님의 언약궤가 돌아오는 과정에서 블레셋의 제사장들과 점쟁이들이 어떻게 돌려보낼 것인가에 대하여 의논한다. 하나님을 믿지 않는 백성들은 소의 발걸음으로, 소가 가는 방향에 따라서, 우연에 의한 운명이 결정되는 것으로 생각한다. 이러한 과정은 전적으로 '우연적 우연성' 이다.

"다윗에게 소식을 전하는 젊은이가 보고하였다. '제가 **우연히** 길보아 산(Mount Gilboa)에 올라갔다가 사울 임금님이 창으로 몸을 버티고 서 계신 것을 보았습니다. 그때에 적의 병거와 기병대가 그에게 바짝 다가오고 있었습니다.'"(삼하 1:6) 죽어가는 사울의 죽음을 목격하고 사울의 요청대로 그를 죽인 젊은이가 다윗에게 와서 최초로 보고하는 장면이다. 하나님을 믿는 이스라엘의 젊은이로서 자신이 길보아 산에 올라간 것은 우연이라고 말한다. 다윗은 "주께서 기름 부어 세우신 분"을 살해한 죄로 젊은이는 죽음을 면치 못한다. 결국 그 젊은이는 자신의 우연한 발걸음이 필연적인 발걸음으로 변하는 과정에서 죽음을 맞이한다. 이러한 과정은 '우연적 필연성' 이라고 한다.

이스라엘과 시리아 사이에 전쟁이 있었다. "그런데 군인 한 사람이 **우연히** 활을 당긴 것이 이스라엘 왕에게 명중하였다. 화살이 갑옷 가슴막이 이음새 사이를 뚫고 들어간 것이다. 왕은 자기의 병거를 안내하는 부하에게 말하였다. '병거를 돌려서 이 싸움터에서 빠져나가자. 내가 부상을 입었다.'"(왕상 22:34) 이스라엘 왕 아합이 적병의 화살을 맞고 도주하는 장면이다. "오직 이스라엘 왕만 공격하라"는 시리아 왕의 작전명령이 있었다. 이스라엘군 측에서는 '우연히' 라고 표현할지 모르지만, 사실은 필연적인 화살이었다. 화살이 왕의 갑옷을 뚫고 들어가는 장면이 아주 리얼하다. 시리아군 측에서는 철저하게 이스라엘 왕만을 노리라는 시리아 왕의 작전명령으로 이루어진 것이다. 여기에 아이러니가 있다. 열왕기상(1 Kings)의 글쓴이는 왜 '우연'이라고 표현하는 것일까?

"소 잇 고즈!"(So it goes!) 인생은 그렇게 가는 것이다. 그러나 기계론적 운명론을 이야기하지 마라. 설령 솔로몬이 '우연적 필연성'을 강조한다 할지라도 인생은 '필연적 우연성'이 지배한다.

14. 죽음의 선물

"하나님! 왜 저를 살인자로 만드십니까? 왜 저를 존속살해범으로 만드십니까? 하나님, 당신 역시 살인자가 아니십니까? 살인을 교사하면서 생명을 해치라고 지시하면서 어떻게 이웃을 사랑하라고 말씀하십니까? 하나님을 어떻게 믿어야 합니까? 어느 누가 선하신 하나님이라고 고백하며 믿고 따를 수 있겠습니까? 아예, 처음부터 주시지나 마시지……. 왜 대를 이을 외아들을 잡으라 하십니까? 지금까지 양과 염소가 그리도 맛이 없으셨습니까?"

100세에 얻은 아들, 이삭(Issac)은 하나님의 특별한 선물이었다. 좋은 일에는 종종 사탄의 장난이 끼어드는 법이다. 특별한 일에나 선물에는 마(魔)가 끼어든다. 아브라함의 선물이 그랬다. '죽음의 선물'이었다. '용서할 수 없는 죄'의 선물이었다.

아들을 희생양으로 제사 드렸던 아브라함이 국과수에 소환되었다. 아내 사라도 하인도 불려왔다. 거짓말 탐지기로 그들의 마음을 탐색해보았다. "가인"의 피가 흐르고 있다는 판정 결과가 발표되었다. 그의 배낭에 칼이 숨겨져 있었다. 아내도 자식도 하인도 모르는 칼이었다. 자존속살해죄가 부여되었다. 그의 손에 든 칼은 살인자의 칼이었다. '살인자' 였다. '살인자' 이다. '살인자' 가 될 것이다. 모리아(Moriah) 땅, 어느 언덕배기 제단의 비극은 죽음의 신학이었다.

그러나 해피엔딩이다. 더 이상의 죽음이 발생하지 않았다. 욥의 아들과 딸들의 희생과는 전적으로 다르다. 참으로 다행한 일이었다. 그래서 아브라함은 행복했다.

진리에 이르는 길은 굴곡이 있는 법이다. 믿음의 조상이 될만한 영적 체험은 역경이 따른다. 하지만 그날의 기억은 너무나 끔찍하여 잊을 수 없었다. 사흘 길의 공포와 전율은 눈을 감는 순간까지도 잊을 수 없었다. 72시간의 고통이 720년의 긴 세월과 같았다.

가장 행복한 선물은 무엇인가? 생명, 그 자체이다. 하나님의 '생명의 보자기' 가 터지거나 터트리지 않는 것이다. 악이 살아 숨 쉬지 않는 것이다. 죽음이 피해갔다. 유월절의 환희다. 원치 않는 죽음을 맛보지 않는 것, 이것이 진정한 하나님의 선물이다.

15. 여호와의 질문

"누가 아합(Ahab)을 꾀어서 길리앗 라못(Ramoth-gilead)으로 올라가 죽게 하겠느냐?" 전지전능하신 하나님께서 무엇이 아쉬워 '거짓의 영' 에게 부탁하는가? 아합을 죽여라. 그를 죽여야 한다. "제가 거짓말하는 영이 되어 아합의 모든 예언자들의 입에 들어가 그들이 모두 거짓말하도록 하겠습니다." 하나님의 뜻과 섭리에 도전하며 반항하는 아합을 꼬드겨 그를 죽게 한다.(왕상 22:20~23)

하나님이 악한 신을 보내셔서 아비멜렉(Abimelech)과 세겜(Shechem) 성읍 사람들 사이에 미움이 생기게 하고 사람을 미치게 한다. 헛소리를 하게 한다.(삿 9:23) 악신도 하나님의 권세 아래서 조종되는 것이다.(삼상 18:12)

에라스무스(Erasmus)에 의하면, "**만약** 하나님께서 모든 것을 미리 예정해두신 것이라면, 가롯 유다의 배반도 하나님께서 부추기신 것이며 유다는 자신의 결정으로 행동에 옮긴 것이다. 그럼에도 불구하고 하나님은 미리 알고 계셨으며 실행에 옮기도록 허용하신 것이다."라고 주장한다. 세계가 창조되기 전, 모든 인간의 사건들은 하나님의 계획에 내포되어 있다. 예수 그리스도의 죽음과 유다의 배반도 하나님의 뜻이다.

어거스틴(Saint Augustine)은 『자유의지의 선택』(*On Free Choice of the Will*)에서, "원인 없는 악은 있을 수 없다. 그러나 그 원인이 무엇이냐고 묻는다면, 대답할 수 없다."는 것이다. 그러나 원인이 없기 때문에 악을 행하는 사람이 악의 원인이라는 것이다.

하나님이 선하시다는 것을 믿는다면, 하나님은 악을 행하시지 않는다. 하나님이 정의롭다는 것을 인정한다면, 의로운 자에게는 보상을, 사악한 자들에게는 처벌을 내리신다.

하나님은 인간의 자유의지를 악으로 사용하고 계시는가? 아니면 통제하고 계시는가? 어거스틴에 의하면, 존재하는 모든 것은 선이라고 주장한다. 악은 존재하는 것들의 실존적인 결함에서 비롯된다. 인간 속에 들어 있는 악은 인간의 본질 속에 구현된 어떤 악의 원리에 의한 것이 아니라 의지의 자유로운 결정에 의하여 나온 것이다. 비록 선하지만 높은 곳에서 낮은 곳으로, 영원한 것에서 일시적인 것으로 가고자 하는 욕망은 인간 본성의 가치와 품위를 떨어뜨린다. 궁극적인 선, 하나님에게 등을 돌림으로써 자신의 의지를 왜곡시키며 부패시키는 인간의 자유의지에서 악은 발견된다. 모든 선은 하나님으로부터 나온다. 모든 악은 진정한 소명에서 벗어나기 위하여 의지의 자유로운 선택에서 나온다. 하나님의 선물인 자유의지를 남용한 결과이다.

침묵하는 하나님 앞에서 성도들은 억울하다. 원망의 소리가 들린다. 차라리 믿지나 말 것을. 성도들은 절망한다. 믿지 않는 자들은 조롱한다. 다음 세상에서도 희망이 없다. 이 땅에서 행복의 추구는 무의미하다. 왜 하나님은 침묵으로 일관하시는가? "환난 때에 왜 하나님은 숨어 계셔야만 하는가?"(Why stand so far off, Lord, hiding thyself in time of need?)(시 10:1) "스스로 숨어 계시는 하나님"(사 45:15) 앞에서 어떻게 대답하는 것이 좋을까?

세상의 모든 것이 투명하고 분명해진다면, 믿음에 대한 여지는 존재하지 않는다. 이러한 대답에 독자들은 수긍이 가는가? 신앙의 멋은 무엇인가? 믿는 모든 것은 반드시 숨겨져 있어야만 한다. 드러나지 않고 보이지 않는 것을 바라고 믿는 것이 신앙의 멋이다.

20세기의 하나님은 어떠하신가? 전지전능하신 하나님은 과연 존재하는가? 아우슈비츠의 가스실은 누가 오픈한 것인가?

보로위츠(Eugene B. Borowitz)에 의하면, "홀로코스트를 허용하셨던 하나님, 질질 끌려가는 광경을 보면서 얼굴을 숨기셨던 침묵의 하나님, 더 이상 믿을 만한 가치가 없다. 그 하나님을 이해한다는 것은 한계가 있다. 하지만, 아우슈비츠는 비이성적인 이해까지도 중지를 요청한다. 거대한 악의 면전에서, 선하시고 전능하신 하나님은 도저히 납득할 수 없다. 그래서 사람들은 말했다. "하나님은 죽었다."라고 주장한다.

루빈슈타인(Richard R. Rubinstein)에 의하면, "아우슈비츠 이후, 부활의 모든 희망을 초월하여 유태인의 유일신은 죽었다. 유태인들은 더 이상 니체가 필요 없었다."고 말한다. 나치즘은 하나님의 기획 작이 아닌가? 이집트의 바로처럼, 독일의 히틀러는 하나님의 사자가 아닌가?

16. 왜 완전범죄를 묵인하는가?

"나는 빛도 만들고 어둠도 창조하나니 평안도 주고 재앙도 일으킨다. 나 주가 이 모든 일을 한다"(사 45:7) 인간의 생사화복은 모두 하나님의 섭리 아래에 놓여 있다.

자유의지를 지닌 인간들의 다툼은 인간들의 실수다. 선을 위한 전쟁뿐만 아니라 악을 위한 전쟁 또한 인간의 책임이다. 구약에서 벌어진 악의 유희들이 얼마나 많은가를 유심히 살펴보라!

한 가지 예를 들어보자. 다윗은 사울을 피하여 블레셋으로 도피한다. 당시 블레셋은 가드(Gath) 왕 마옥(Maoch)의 아들 아기스(Achish)가 통치하고 있었다. 어쩌면 다윗은 정치적 망명을 했다고 할 수 있다. 다윗이 국경을 넘을 때, 600명의 추종세력들과 가족들이 함께 동반했다. 텐트를 치고 야전에서 거주하던 다윗은 아기스에게 도성에 살게 해달라고 간청한다. 아기스는 시글락(Ziklag) 도성을 다윗에게 내준다. 그곳에서 다윗은 1년 4개월 동안 거주한다.

블레셋 왕 아기스는 측근의 만류에도 불구하고 다윗을 자신의 종신 경호실장으로 임명한다. 아기스의 인사정책에 불만이 있었다. 도망자의 신분에서 그리고 적국의 장수를 경호실장으로 임명하는 것은 국가안보에 위기를 불러올 수 있는 상황이다. 다윗은 적국에서도 그렇게 승진의 명예를 누리는 은혜를 입는다.

그의 과거가 어떠한지 우리는 잘 알고 있다. 자신의 조국 이스라엘이 풍전등화의 위기 속에 있을 때, 골리앗을 쓰러뜨린 믿음의 명장이 아니었던가! 한때는 블레셋의 암살 1호 대상이었던 인물이 이제는 자기 민족에게 총부리를 겨누면서 원수의 생명과 안위를 책임지는 수장이 되었다.

다윗의 정치적 망명생활은 16개월이었다. 그의 행적을 조사해보라. 과거 청산의 의미에서 의미기 있을 것이다. 다윗의 공격 목표는 들라임(Telaim)에서 술(Shur) 광야와 이집트 국경지역 주민들이었다. 대부분 군인이 아닌 민간인들로서 자기 민족 이스라엘 사람들이었다. 다윗은 아기스에게 약탈의 전리품들을 가져다 바치면서 아기스 왕에게 매일같이 전황을 보고했다.

다윗이 그들이 사는 지역을 칠 때, 사무엘상(1 Samuel) 글쓴이는 다음과 같이 고발한다.

> "다윗이 남녀를 가리지 않고 죽이고 가드로 데려가지 않은 것은, 그들이 다윗의 정체를 알아 다윗이 그런 일을 하였다고 폭로할까 두려웠기 때문이다. 다윗이 블레셋 사람의 지역에 거주하는 동안 언제나 이런 식으로 처신하였다"(삼상 27:11)

다윗은 국가와 민족을 배신한 반역자다. '언제나 이런 식으로'는 무엇을 말해주는가? 그가 얼마나 많은 무죄한 피를 뿌렸는가를 가히 상상할 수 있다. 마을과 마을, 산과 산, 골짜기에서 그들의 피가 울부짖는다. 그는 약탈할 때마다 완전범죄를 계획하고 실행에 옮겼다. 얼마나 철저하게 살인을 한 것일까? '남녀를 가리지 않았으며 한 사람도 살려두지 않고' 약탈을 자행했다. 오죽하면 아기스 왕까지 착각을 일으킬 정도였다. 아기스가 다윗을 어떻게 고발하고 있는지 들어보라. "다윗이 자기 백성 이스라엘에게서 그토록 미움받을 짓을 하였으니 그가 영영 자기의 종이 될 것이라고 생각"(27:12)할 정도였다.

다윗의 피 속에는 가인(Cain)의 피가 흐른다. 다윗은 헤롯(Herod)의 조상이다. 다윗은 네로와 같다. 다윗은 히틀러나 무솔리니 못지않다. 다윗은 살인마였다. 다윗은 조폭의 대부였다. 자신의 부끄러운 죄악상이 훗날 폭로될까 두려워 남녀노소 어린아이들까지 모조리 죽이는 야만적인 완전범죄를 자행했다.

다윗은 전쟁에 이력이 붙어 있는 군인이다. 그가 전쟁의 원칙을 모를 리 없다. 포로를 잡으면 그들에게 먹을거리를 주어야 하며 잠자리를 제공해주어야 한다. 전쟁의 도구인 병사들을 제외하고 아이들과 부녀자들은 살해해서는 안 된다. 그는 자신의 범죄를 감추기 위하여 '제5도살장'과 같은 살육전을 벌였다. 도망자, 망명자의 신분으로 어떻게 피의 유희를 즐길 수 있단 말인가? 사무엘상 27장의 스토리로 설교하는 목사를 본 적도 들은 적도 없다. 다윗을 옹호하는 발언이나 두둔하는 설교를 하는 목사들은 과거 다윗의 실수는 차치하고도 다윗의 잔혹한 살인의 역사적 기록을 외면한다. 하나님과 설교의 "도의적 공정성"(Political Correctness, PC)에 저촉되는 것이다.

땅에서 얻는 게 적으면 적을수록 땅에 갚아야 할 빚도 적어지는 법이다. 그러나 뿌린 대로 거두리라. 감사하는 마음으로 자신의 피를 대지에 뿌려 그 진 빚을 갚는 것이 야만적이라고는 생각지 않는다. 그러나 뿌린 씨앗과 떨어지는 씨앗이 어디냐에 따라서 달라진다.

'도피성'에서 언급한 것처럼, 다윗의 둔갑술, 위장술, 특히 탈바꿈의 테크닉은 타의 추종을 불허한다. 그가 왜 이러한 행동을 하는 것일까? 그의 마스크는 우연한 것인가? 과연 그는 하나님도 감지하지 못한 완벽한 살육의 주역이었나? 다윗은 과연 하늘의 어전회의에서 하나님의 허락을 받아 파송된 사탄은 아니었는가?(욥 1:6) 다윗의 '선택과 집중', 그의 자유의지를 하나님은 어떻게 평가하고 계시는가?

"역사는 승자의 선전물이다."라고들 평가한다. 그러나 여기 **사무엘상** 글쓴이의 폭로는 무엇을 의미하는가? 그는 목숨을 내걸었을 것이다. 기록해서는 안 될 다윗의 비화를 야사가 아닌 정사에 기록하여 영원히 고발하고 있지 않는가! **사무엘상** 글쓴이는 '도의적 공정성'의 선한 사마리아인이라고 할 수 있다. 그는 "문의 힘이 무의 힘보다 더 강하다"는 것을 알고 있었을 것이다. 그의 정직한 펜은 역사의 일꾼이요, 역사의 머슴이었다.

블레셋 장군 골리앗(Goliath)을 물리치고 귀환하는 다윗의 모습을 보라. "사울은 천천이요, 다윗은 만만이다"라는 승전의 환호성과 박수 소리가 들린다.(삼상 18:7) 그대의 박수는 누구를 위한 박수인가?

다윗에게 묻고 싶다. "도대체 당신의 인종청소가 하나님의 뜻이었습니까?"

17. 자살도 '소명'인가?

아히도벨(Ahithophel)이 스스로 목을 매달아 죽은 자살사건(삼하 17:23)과 가룟 유다의 자살사건(마 27:5, 행 1:16~19), 빌라도의 자살사건(티베리우스 황제가 빌라도에게 보낸 편지에서) 등의 의미는 무엇인가? 특히 가룟 유다의 자살사건은 이미 예레미야나 시편 글쓴이가 예언한 신탁이 이루진 것이라는 마태의 주장이 밝히는 것은 무엇을 의미하는가?(마 27:9~10, 행 1:20)

라틴어에서 온, "소명"(*vocation*)은 소리(voice)가 바로 근본이다. 소명을 발견하는 일은 쉽지 않다. 소명은 매우 주의 깊게 들어야 한다는 것이다. 소명의 구조는 콜러(Call-er)가 있고 콜리(Call-ee)가 있다. 부르는 사람과 듣는 사람이 있어야 한다. 콜러는 하나님이시다. 콜리는 인간이다. 하나님은 일꾼을 대기시키며 일을 맡기신다. 하나님의 사역은 인간을 배제할 수 없다. 하나님은 인간의 손이 필요하며 인간은 하나님의 손이 필요하다.

자기의 소명을 발견한 사람은 행운아다. 행복하다. 시련과 고통도 달게 받는다. 불평하지 않는다. 언제나 감사의 마음이다. 그 힘의 원천은 바로 하나님께서 주시는 것이다.

하나님이 주신 '천직'과 하나님이 요구하시는 '소명'(Calling)은 서로 다르다. 언어의 뉘앙스가 존재한다. 천직은 직업이나 생업의 의미에 가깝지만 소명은 하나님의 사역에 더 가까운 의미를 지닌다. 천직은 나의 피와 땀과 재능이 가미된 호구지책으로서 의지의 대책이지만, 소명은 하나님 나라를 위한 영성의 대책으로 원치 않는 고통이 종종 수반되어 따라온다.

사람들은 때때로 소명의 개념을 낭만적으로 생각한다. 하나님으로부터 소명을 받는 일은 당신의 세속적인 꿈의 직업을 얻는 것과 동일하지 않다. 꿈의 직업은 일반적으로 부, 권력, 신분상승, 안전 그리고 엄청난 이익을 약속해준다. 그러나 소명은 전혀 다른 이야기다. 소명은 내가 하고 싶은 일이 아니다. 내가 하고 싶지 않는 일을 하도록 위에서 시키는 일이다. 하나님의 수치에 맞는 소명은 공포와 전율이 다가온다. 세상에서 가장 강력한 권력의 소유자에게로 돌아가서 민족을 구해오라는 소명을 받은 모세를 보라. 자기 형 아론을 보내라며 회피하고 있다. 가장 부패하고 난폭한 도시로 가서 회개냐 아니면 죽음이냐를 외치라는 소명을 받은 요나를 보라. 엉뚱한 방향으로 피하고 있지 않는가! 아브라함, 기드온, 에스더, 예레미야, 마리아 등등 소명을 받은 저들의 첫 반응은 모두 "아니올시다!"였다.

"그 도전은 나의 것입니다."

"나는 그 일을 해낼 수 있습니다."

"나는 할 수 있습니다."

모두들 자신만만한 대답이 아니었다. 소명은 자원하는 것이 아니다. 소명은 '서원'한다고 하여 되는 것이 아니다. 소명은 마치 도살장으로 끌려가는 소처럼, 억지로 끌려가는 것이다. 하나님과의 만남의 사건은 웃음이 사라지는 눈물의 사건이요 고통의 사건이다. 마치 스데반 집사처럼, 성령이 충만하면 할수록 고통의 비극은 절정을 이룬다. 하나님의 신탁을 받는 일이 직업을 위하여 수년 동안 교육을 받으며 자격을 취득하는 일과 같을 수 없다. 목사의 타이틀도 마찬가지다. 장로의 타이틀도 역시 동일하다. 목사와 장로는 고통의 화신이 되어야 한다. 평신도들보다도 성령이 충만하지 않은가!

블랙캐비(Henry Blackaby)는 "하나님의 맞춤형 소명"(God-sized calling)이란 무엇인가에 대하여 다음과 같이 들려준다.

"하나님은 내가 할 수 없는 일을 결코 요구하지 않는다."라고 사람들은 말한다. 하나님께서 나에게 주시는 과제가 내가 다룰 수 있고 알고 있는 것이라면, 그것은 아마도 하나님께서 주신 과제가 아닐 것이다. 성경에서 하나님께서 주시는 과제들은 언제나 하나님 크기에 맞는 것들이다. 그것들은 언제나 인간의 이성과 상상을 초월한다. 왜냐하면 하나님은 자기 백성들이 지켜보는 세상에 대하여 하나님 자신의 본성, 전지전능하심을 보여주시기를 원하고 계시기 때문이다. 이것은 세상을 향하여 하나님 자신을 알게 하는 특별하고 유일한 방법이기 때문이다."

하나님이 원래 인간의 달란트를 해체시키면서까지 소명을 주시는 것은 아니다. 하나님이 부르시는 곳에서 하나님의 선물이 주어진다. 그러나 하나님의 소명을 이루기 위하여 주어진 달란트만으로 충분하지 않다. 하나님께서 우리에게 요구하시는 것을 하기 위하여 '나' 자신의 달란트와 능력을 초월한 아이디어와 에너지, 창조성이 필요하다. 그것은 하나님과 우리가 함께 공동으로 헤쳐 나가야 할 일들이다.

오트베르그(John Ortberg)는 『**만약** 물 위를 걷기 원한다면, 보트에서 벗어나야 한다』(*If You Want to Walk on Water, You've Got to Get Out of the Boat*)라는 책에서 "우리는 하나님을 **위하여** 소명을 받은 것이 아니라 하나님과 **함께** 일하도록 소명을 받은 것이다."라고 강조한다.

현대사회는 소명에 대하여 더 이상 많은 이야기를 하지 않는다. 오히려 직업에 관하여 많은 이야기를 나누는 편이다. 그러나 많은 사람들은 자신들의 직업이 생명과 삶을 투자하며 희생시키는 제단이 된 지 오래다. 아이오와 대학 역사학 교수인 허니컷(Benjamin Hunnicutt) 교수에 의하면, "일이 새로운 종교가 되었다."고 지적한다. 바로 그곳에서 우리는 경배하고 시간을 투자한다. 가족과 공동체와 신앙에 대한 헌신이 점점 줄어든다. 그러나 사람들은 자기의 직업이 인생의 의미, 인간의 관계성, 정체성, 자존감을 제공해주는 것으로 인식하고 있다.

내가 하나님을 위하여 할 수 있는 어떤 일, 즉 소명이 위협적으로 다가와 나의 신이 되어버린 직업으로 대체되었다. 소명은 내가 받는 것이다. 직업은 스스로 내가 선택하는 것이다. 소명은 하나님을 위하여 나의 소중한 시간을 투자하는 일이다. 직업은 사회적 신분과 부와 명예를 약속해준다. 그러나 소명은 상당히 원치 않는 고난과 고통이 따라온다. 그리고 하나님에 의하여 사용되는 하나님의 기회다. 인간의 기회가 아니다. 직업은 상승 지향적이다. 소명은 일반적으로 하향 지향적이다.

언제 소명을 받았느냐? 사람들은 묻는다. 교회의 일은 소명을 요구하는 일이며, 세상에서의 일은 단지 직업의 일부로서 요구하고 있는 것처럼 묻는다. 그러나 그것은 적절한 질문이 아니다. 소명과 직업을 이분법적으로 구분하여 생각할 필요가 없다. 우리는 예수의 수제자였던 베드로의 고백처럼, 우리 모두는 "왕 같은 제사장"(벧전 2:9), '여왕 같은 제사장' 들이기 때문이다. 교회의 일은 성장과 성취의 직업이 될 수 있다. 그리고 직업이 하나님과 이웃들을 위하여 봉사하는 소명이 될 수 있다는 것을 알아야 한다.

직업은 은퇴와 함께 끝이 난다. 소명은 죽을 때까지 끝이 나지 않는다. 직업에 대한 보상은 가시적이며 일시적이다. 소명의 의미는 영원토록 지속된다. 직업은 수많은 사건들에 의하여 혼란을 일으킨다. 그러나 소명은 그렇지 않다. 하나님이 사람들을 부르실 때, 가장 희망이 없는 환경 속에서도 그들의 소명이 성취되게 만드시는 분이다.

성경은 이런 사람들로 가득 차 있다. 압박을 받고 노예가 된다거나 사로잡혀 포로가 되어 끌려간다거나 감옥에 투옥되어 순교하는 사람들의 이야기들이다. 그들의 직업은 별 볼일 없어 보인다. 하잘것없다. 시시하다. 그러나 그들의 소명은 어떠한가? 특별하고 비상한 방법으로 자기들의 소명이 성취되는 것을 적나라하게 보여준다.

바로는 직업이 있었다. 그러나 모세(Moses)에게는 소명이 있었다. 보디발(Potiphar)은 직업이 있었다. 그러나 요셉(Joseph)에게는 소명이 있었다. 하만(Haman)은 직업이 있었다. 그러나 에스더(Esther)에게는 소명이 있었다. 아합(Ahab)은 직업이 있었다. 그러나 엘리야(Elijah)에게는 소명이 있었다. 빌라도(Pilate)는 직업이 있었다. 그러나 예수(Jesus)에게는 소명이 있었다.

콜슨(Charles Colson)은 미국에서 가장 화려한 직업을 가진 인물 중의 한 사람이었다. 그는 정치적인 권력을 쥐고 있었다. 엄청난 영향력을 발휘하고 있었다. 그러나 그의 직업은 결국 감옥에서 끝나고 말았다. 그때, 그는 자신의 인생이 끝난 것으로 생각했다. 어떤 면에서 그가 옳았다. 그의 천직이 끝난 것이다. 그러나 그의 소명이 그곳에서 싹트기 시작했다. 그의 생각이 바뀌기 시작했다. 자기처럼 감옥의 죄수들을 섬기라는 소명이 새록새록 솟아나기 시작했다. 그는 자신의 재능과 상처를 통하여 전 국민을 섬기라는 소명을 받은 것이다. 그는 "내 생애 실제적인 유산은 최대의 실패다. 나의 최대의 치욕은 감옥에 보내진 일이다. 감옥은 내 생애를 하나님께서 최대한 활용하시는 장이었다. 하나님의 영광을 위하여 내가 살 수 없는 나의 경험을 선택하셨다."라고 고백한다.

때때로 하나님의 섭리 안에서, 직업의 종말은 소명의 시작이다. 절망하지 마라. 좌절하지 말자. 그리고 당신은 하나님께서 주시는 특별한 소명을 갖고 있다. 당신은 스페어 부품이 아니다. 당신은 하나님의 걸작품이며 하나님으로부터 사명이 있다는 것을 기억하라. 그리고 명심하라.

E목사의 자살과 소명은 깊은 연관성이 있는 것 같다는 생각이 들었다. 가룟 유다의 자살로 그의 소명이 끝나는 것이라면, 그것이 예레미야(*Jeremiah*) 19장, 32장의 예언을 마태가 인용하고 있는 이유는 무엇인가!

> 그래서 예언자 예레미야를 시켜서 하신 말씀을 이루셨다. '그들이 은돈 서른 닢, 곧 이스라엘 자손이 값을 매긴 사람의 몸값을 받아서 그것을 주고 토기장이의 밭을 샀으니 주께서 내게 지시하신 그대로다.' (마 27:9~10)

누가는 시편(*Psalm*) 69, 109편에서 다윗의 예언을 사도행전(*Acts*)에 기록하고 있다. 무엇을 의도하면서 인용하고 있는 것인가?

> 시편에 기록하기를 '그의 주거지가 폐허가 되게 하시고, 그 안에서 사는 사람이 없게 하십시오' 하였고, 또 기록하기를 '그의 직분을 다른 사람이 차지하게 해주십시오' 라고 하였습니다.

가룟 유다의 자살이 하나님의 예정된 신탁이라면, 어떻게 해석해야 하는 것일까? 몸과 마음과 영혼의 딜레마가 자살이라는 선택을 강요한다면 우리는 어떻게 할 것인가?

현실의 쓰디쓴 고통을 잊기 위한 자살이라면, 천직의 실패와 몰락으로 더이상 살아야 할 이유가 없다고 자살을 선택하는 것이라면, 진정한 소명으로 반전시킬 그 에너지는 무엇이란 말인가? 생의 절망과 고뇌 속에서 원치 않는 하늘의 소명(?)은 어떻게 들려오는가? 천직에서 소명으로, 소명에서 천직으로 변화시키는 계기가 있다면, 그것은 무엇인가?

18. 만약 엘리사에게 가발이 있었더라면

이스라엘은 사막지역이 많아서 물과의 전쟁이었다. 그래서 우물을 파는 일이 그들의 일과 중에 가장 중요한 일이 되었다. 과거 그들의 믿음의 선조들도 우물을 놓고 한판 전쟁을 벌이기도 하였다. 그 당시의 우물이란 지하수를 파서 마시던 시절이었다. 물은 그들의 생명과도 같았다.

식수 오염으로 사람이 죽거나 특히 임신한 태아들이 유산되는 일이 벌어졌다. 물이 무엇 때문에 오염되었는지 성경은 알려주지 않는다. 이때, 선지자 엘리사(Elisha)는 무슨 생각을 했던 것일까? 한 번도 사용하지 않은 새 대접과 맑고 깨끗한 하얀 소금이 필요했다. 종 게하시(Gehazi)에게 새 대접으로 하얀 소금을 담아오라고 시킨다. 그것을 가지고 물길을 찾아 원래의 수원지가 어디인지를 찾아 나선다. 눈에 보이지 않는 수원지를 찾는 일은 쉽지 않았다. 수원지를 발견한 엘리사는 그곳에 소금을 뿌렸다.

그러자 이상한 일이 벌어졌다. 오염된 식수가 맑고 깨끗한 생수로 변한 것이다. 사람의 생명이, 태아 유산이 되는 일이 다시는 일어나지 않았다. 엘리사는 하나님의 도우심으로 기적을 일으켰다. 이처럼 그는 누구보다도 생명을 사랑하는 하나님의 종이었다. 소금의 기능 중에는 정화의 기능이 있다. 걸러낸다. 독을 해제한다. 교회의 기능은 세상의 독을 제거하는 일이다. 성도들의 역할은 '솔트클래스'(Salt Class)에 참여하여 부패한 곳에서 생명을 소생시키는 변화와 개혁의 주체가 되어야 한다.

죽음의 물을 생수로 변화시키는 기적을 행한 엘리사는 곧 바로 벧엘(Bethel)로 올라가게 되었다. 어린아이들이 성읍에서 나와 길가에서 놀면서 지나가는 그를 바라보았다. 엘리사는 먼 곳에서도 눈에 띌 정도로 반짝이는 대머리를 하고 있었다. 머리카락이 몇 개인지 셀 수 있을 정도로 눈이 부셨다. 햇살에 반짝이는 대머리를 보고서 아이들은 신기한 듯 바라보며 한마디씩 조잘거렸다.

"대머리야 꺼져라. 대머리야 물러가라."

아이들의 놀이는 일시적이며 악의가 있는 것은 아니다. 설령 아이들이 악의를 가지고 일을 벌였다 한들 엘리사에게 미치는 결정적인 영향은 무엇인가? 기분은 좋지 않았을 것이다. 그러나 어른은 어른이다. 어른다워야 한다.

평소에 대머리 콤플렉스를 안고 살아가던 엘리사는 화가 치밀었다. 하나님은 순서에 따라서 모든 것을 좋게 만드셨다. 머리에 목을 붙이시고 머리에 영광을 주기 위하여 머리카락을 붙이셨다. 백발의 영광을 누구보다도 잘 알고 있었던 엘리사는 자기의 아킬레스건을 건드린 자들을 나이와 상관없이 가만두지 않았다. **만약** 그 당시 가발 산업이 발달했더라면, **오늘의** 비극은 없었을 것이다. 그러나 한편으로 아무리 가발 산업이 발달했다 하더라도 엘리사가 사용하기를 원하지 않는다면, 그 역시 비극은 발생했을 것이다.

"저놈들을 그냥, 싹쓸이 해버리세요. 내 손에 걸리면 가만 놔두지 않겠다."

가던 길을 돌아서서 아이들에게 '주의 이름'으로 저주하였다.(왕하 2:24) 분노는 사람의 눈을 멀게 한다. 분노한 사람은 사람들을 있는 그대로 볼 수 없다. 자기 부모는 물론 형제들까지도 알아보지 못한다. 정의로운 사람도 원수처럼 보이기 시작한다. 오류의 그물이 증오로 사로잡힌 그에게 왜곡된 형상으로 보여준다.

엘리사(Elisha)의 마음속에 악의 씨앗이 떨어지는 순간이었다. 갑자기 숲

속에서 두 마리의 불곰이 나타났다. 굶주림에 지쳐 있었던 곰이었는지 아니면 화가 난 곰이었는지 발광을 하더니 닥치는 대로 아이들을 물어뜯어 죽게 만들었다. 다행히도 살아남아 도망친 아이들은 **아직도** 엘리사의 저주가 생생하게 들려온다. 이 광경을 지켜본 어른들의 심정은 어떠했겠는가? 아이들을 잃은 슬픔을 생각이나 해보았겠는가? 저주는 말 못하는 맹수에게 가장 잘 전달된다. 곰이 악마로 변질되었다. 함부로 저주하지 마라. 부메랑이 되어 되돌아온다.

하나님의 종, 주의 사자, 선지자 엘리사는 아이들을 조용히 타이르며 훈계로 교육시킬 마음이 없었던 것일까? 그는 50명의 신학생들을 교육시키는 베델신학교 교장이었다. 본래 소로 밭을 갈다가 스승인 엘리야를 만나 출세한 인물이다. 시골농부 출신으로 신학교 교장이 되었으니 가문의 영광이었다. 신학교는 하나님의 말씀과 진리, 정의와 사랑을 추구하는 곳이다. 무엇보다도 "하나님의 형상"을 닮은 인간들의 생명을 가장 소중히 가르치는 영혼의 군대이며 선지 동산의 요람이다. 교육의 의미가 무엇인지 누구보다도 잘 알고 있었던 그가 아니었던가! 자신의 경험에 비추어 비난의 화살이 날아올 때, 반드시 "하나님의 이름으로 저주하라."고 그는 가르칠 것이다. 커리큘럼에 '저주신학' 강좌도 개설되었을 것이다. 그의 교육철학과 신학의 정체성이 의심스럽다.

땅이 저주를 받는다. 아비나 어미를 저주한다. 생일을 저주한다. 입으로는 축복이요 속으로는 저주한다.(시 62:4) 스스로 저주를 자청한다.(삼상 3:13) 메로스의 저주, 아비멜렉의 저주, 요담의 저주, 시므이의 저주, 언약의 저주, 발람의 저주, 까닭 없는 저주, 온 지면에 두루 행하는 저주 등 성경은 저주로 가득 차 있다. 심지어 저주하기를 옷 입듯이 하는 사람들이 있다.(시 109:17~19) 날이며 날마다 저주하며 살아간다. 그의 수명이 얼마나 될까 궁금해진다. 문제는 사람들이 저주보다는 "하나님의 저주"(신 21:23)와 앞으로 "여호와 앞에서 저주를 받을 것이다"(수 6:26)라는 점이다.

복과 저주가 우리 앞에 놓여 있다.(신 11:26) 심중에라도 왕을 저주하지 마라. 저주하지도 말고 축복하지도 마라(민 23:25) 한 입으로 찬송과 저주가 나온다.(약 3:10) 이 글을 읽는 독자들도 "얼마나 많이 가끔 사람을 저주했는가를 아주 잘 알고 있을 것"(전 7:22)이다.

아이들의 조롱과 비난이 그렇게도 상처를 입었단 말인가! 나이든 어른의 입장에서 이해하지 못할 정도로 '한'이 맺혀 있었던 것일까? 나이를 먹어도 거꾸로 먹은 것이다. 엘리사를 생각하면 하나님의 종이 되기 이전에 먼저 인간이 되라는 메아리가 들려온다.

그 무엇보다도 생명을 아끼며 사랑해야 할 선지자가 '하나님의 이름'으로 저주를 퍼붓는다. 그 저주의 효력은 대단했다. 악이 발생한 것이다. 아니다. 악을 탄생시킨 것이다. '하나님의 이름'이 어린아이들의 생명을 해치는 '부적'으로 사용되었다.

가던 길은 돌아서지 마라. 그리고 저주하지 마라. 사람은 힘이 있는 만큼 일한다. 정신을 쏟는 만큼 성공한다. 목적을 두는 만큼 성취한다. 마음이 있어야 입을 연다. 눈이 있어야 잠을 잔다. 영혼이 있어야 말을 한다. 이것이 주님의 은총이다. 자존심에 상처를 입었다고 악을 저지르지 마라. 마음에도 없는 소리는 입 밖에 내지도 마라. 허튼 소리로 자신을 속이지 마라. 순수한 마음으로 침묵을 지키면, 하나님의 뜻이 어디에 있는지 알 것이다. 그리고 악을 물리치는 법을 깨닫게 될 것이다.

그날 그 비극의 현장에 차마 눈뜨고는 볼 수 없는 처참한 장면이 연출되었다. 선혈이 낭자했다. 무려 42명이나 되는 아이들의 머리와 팔과 다리, 찢겨 나간 사지들이 길거리에 너부러져 있었다.(왕하 2:23~24) 누가 누군지 DNA 검사를 해야 할 정도로 아이들의 시신이 망가져 있었다. 슬프다! 대머리 때문에 꽃을 피우지 못하고 사라져간 어린 영혼들이여!

검은 머리카락 하나하나를 꼼꼼하게 카운트 하고 계시는 분은 누구인가? 누가 그의 흰 머리카락을 빠지게 만들어 대머리로 만들었는가? 어느 누가 아이들의 검은 머리를 하얀 파 뿌리로 만들었는가?

저주거리와 치욕거리가 된다는 것은 불행하고 비극적인 일이다. 예수는 길가의 무화과나무를 저주하셨다. 환경 보호론자들과 생태계를 연구하는 사람들의 비판의 표적이 되고 있다. 이유나 동기 그리고 그 신학적 해석과 교훈이 무엇이든 그 저주로 인하여 나무는 말라 죽었다.(막 11:21)

예수가 십자가를 짊어지고 골고다를 향하여 걸어간다. 구레네(Cyrene) 사람 시몬(Simon)이 이 광경을 구경하다가 로마 군인들에게 붙잡혀 원치 않는 십자가를 대신 짊어진다. 길옆에 서 있던 여인들이 통곡한다. 그들을 보면서 예수는 말씀하신다. "예루살렘의 딸들아, 나를 위하여 울지 말고 너희와 너희 자녀를 위하여 울어라. 보아라. 사람들이 '임신하지 못하는 여인과 아기를 낳아보지 못한 태와 젖을 먹여본 적이 없는 가슴은 복되도다'라고 말할 날이 올 것이다. 그때에 사람들이 산에다 대고 '우리 위에 무너져 내려라', 언덕에다 대고 '우리를 덮어버려라 하고 말할 것이다.' 나무가 푸른 계절에도 사람들이 이렇게 하거든 하물며 나무가 마른 계절에야 무슨 일이 벌어지겠느냐?"(눅 23:26~31)

봄, 여름, 가을, 겨울의 사계절 중에서 어느 계절이든 인간에게 불행과 종말이 올 수 있다. 아직 잎이 무성한데, 에너지가 넘치는 청춘의 나무인데도 악에 의하여 허무하게 쓰러질 수 있다. 아직 때가 되지 않은 설익은 시간에 꽃이 떨어져 열매를 맺지 못하고 죽어가는 고통이 있다. 푸른 잎이 무성한 나무들과 잎새가 말라버린 나무들이 모두 서로 비슷하게 보였다. 그 이유가 궁금하다. 그래서 천사에게 물었다. 천사는 "그 나무들이 이 세상에 사는 사람들의 눈에는 비슷하게 보이는 법이다."라고 말했다. 그리고 "이 세상이 정의로운 사람들에게는 겨울과 같다." 여름과 겨울이 구별되지 않은 채, 그들은 죄인들과 더불어 살아간다.

하나님의 희망의 약속이 울려 퍼진다. "높은 나무는 낮추고 낮은 나무는 높이고 푸른 나무는 시들게 하고 마른 나무는 무성하게 하는 줄을 알게 될

것이다. 나 주가 말하였으니, 내가 그대로 이루겠다."(겔 17:24)

예수 그리스도는 인간의 생명을 사랑하신다. "저희를 저주하는 자를 위하여 복을 빌어주라"(눅 6:28)는 주님의 넉넉한 마음이 우리의 마음과 영혼에 메아리친다. 저주를 맛보지 않으려면, 신속하게 요한계시록(Revelation)으로 이동하라. 그곳에는 모든 저주가 사라질 것이다.(계 22:1~3)

'푸른 나무가 시들게 하는' 사건이 발생하지 않도록 기도하면서 알차게 영글어가는 늦가을의 추수를 희망해본다.

19. 10인승 구명정에 100명이 몰려온다면

하나님은 지구를 사랑하신다. "생육하고 번성하라"(창 1:28)고 하신다. 그러나 지구의 인구는 기하급수적으로 불어난다. 통제가 불가능하다. 하나님은 지구가 인구 과잉으로 비극적인 종말을 맞는 것을 원하고 계시지 않을 것이다. 예수가 재림하는 그날까지는 종말을 막기 위하여 **어쩔 수 없는** 선택으로 인구를 조절하실 것이다.

퀸네트(Paul Quinnett)는 자신의 저서 『다윈의 배스』(Darwin's Bass)에서, 핀란드의 철학자 린콜라(Penty Rincola)의 담론을 인용한다. 린콜라는 "세계에 지금 꼭 필요한 것은 기근과 대규모 전쟁이다."라는 것이다. 인류의 대다수가 없어지면 자연은 소생할 기회를 얻게 된다는 것이다. 그는 승객은 100명인데 구명정은 10인승 하나뿐인 침몰하는 배에 이 세계를 비유한다. "생명을 혐오하는 사람들은 구명정에 더 많은 사람들을 태워 전원 익사하게 만든다. 생명을 사랑하고 중시하는 사람들은 구명정 뱃전을 붙잡고 늘어지는 정원 이외의 사람들의 손을 도끼로 찍어낸다."

빈곤, 기아, 흉년, 질병, 해일, 태풍, 지진, 전쟁, 살인, 자살, 사고 등 다양한 방법으로 고통과 고난, 재앙이 있을 것이다. 노아(Noah)의 홍수가 그랬다. 소돔과 고모라 성의 파괴가 그랬다. 네로의 박해가 그랬다. 유럽의 페스트가 그랬다. 1, 2차 세계대전이 그랬다. 히틀러와 무솔리니의 나치가 그랬다. 아우슈비츠 가스실이 그랬다. 한국전쟁이 그랬다. 2008년 중국 쓰촨 성 대지진이 그랬다. 세계 속에 활동하는 모든 악의 현상들을 하나님의 인구조절 방법론이라고 하는 것이 과연 옳은 일인가?

하나님은 필터링의 전문가시다. 찌꺼기와 껍질을 가차 없이 걸러내신다.(눅 3:17) 알곡을 선별하여 인구 조절의 기초자료로 삼으신다.

1797년, 목사 안수를 받고 영국 성공회 교구 목사가 된 맬서스(Thomas Robert Malthus)는 자신의 『인구론』(Essay on the Principle of Population, 1798), 제1권 5장에서 이 세상의 모든 악은 과잉인구를 억제하는 하나님의 방법론이라고 주장한다. 수학을 전공한 정치경제학 교수로서, 신학을 전공한 목사로서 사회과학적인 방법으로 "신정론"에 접근하고 있는 맬서스는 자신의 이론을 주장하기 위하여 "이프"를 제시한다. **"만약 억제하지 아니하면, 인구는 기하급수적으로 증가하고 식량은 산술급수적으로 증가한다."** 인간의 재앙은 자연적인 결과로 생각하지만, 이 세계에서 발생하는 모든 불행과 악이 존재하는 궁극적인 이유는 하나님의 '거룩한 제정'에 기초한 것이라고 주장한다. 맬서스의 '거룩한 제정'(divine institution)에는 '악'이라는 표현이 함축되어 있다. 특히 과잉인구로 가난과 기근이 발생하며 가난은 인간의 나태함과 게으름을 방지하기 위한 하나님의 '교육방법론'이라는 것이다. 자연적인 재앙에 대한 맬서스 목사의 이 같은 주장은 솔직하며 정직하다. 그의 이 같은 주장은 하나님의 선하심을 부정하는 것이 아니라 하나님의 "의도적 오류"(IF)를 인정하는 것이다. 생명을 중시하는 하나님께서 인간의 자유의지와는 상관없이 어느 누구든지 원하시는 '희생양' (scapegoat)을 선택할 수 있다. 이 '희생양'은 남의 죄악을 대신하여 짊어지거나 자신의 죄를 짊어지고 앞서 희생되는 '속죄양'이다. 그 희생은 섭리의 선택적 확률의 문제다. 맬서스 목사의 관점에서 볼 때, 그 희생양들은 인구폭발로 인한 지구 환경 보존에 기여하는 '순교자들'이다.

맬서스는 인간의 '생존을 위한 투쟁'을 강조한다. 이러한 그의 사상은 월리스(Wallace)와 다윈의 '자연선택'(Natural Selection)의 기초를 형성할 만큼 지대한 영향을 주었다. 다시 말하면, '자연선택'이나 '자연도태'는 하나님의 섭리에 포함된다는 것을 의미한다. 즉, 생로병사의 인간 사이클은 모두 하나님의 뜻이라는 것이다. '자연선택'은 스펜서(Herbert Spencer)의 '적자생존'(survival of the fittest)이나 드캉돌(A. P. de Candolle)의 '자연전쟁'(nature's war)이라는 표현을 만들어 내게 하지만 이러한 주장 역시 하나님의 뜻이라는 것이다.

다윈은 맬서스를 '위대한 철학자'로 찬양하며 추앙한다. 다윈은 자신의 저서 『종의 기원』(The Origin of Species)이 맬서스의 교리를 그대로 가감 없이 적용하고 있다고 고백한다. 1802년, 『자연신학; 신성의 실존과 속성의 증거』(Natural Theology; or, Evidences of the Existence and Attributes of the Deity)의 저자인 창조신학자 페일리(William Paley)는 맬서스의 『인구론』을 하나님의 존재와 섭리를 증명하는 증거라고 주장한다.

20. '회색'은 주인을 알아본다

　인간은 세 개의 마스크를 가지고 있다. 하나님과 구별되는 점이다. 흰색과 검정, 회색이다. 인간은 자신만의 독특한 가정법이 있다. 신탁의 여부가 무엇이냐에 따라서 인간의 색상이 달라진다. 인간의 이성과 자유의지가 하나님 존재 증명에 대한 색깔을 결정한다. 인간은 실존적 불안 때문에 하나님의 존재를 인정한다. 그 속에서 더욱더 긴장을 고조시킨다. 또한 인간은 맹목적으로 하나님 존재를 인정한다. 자신만의 아성을 쌓는다. 기쁨이면 흰색, 슬픔이면 검정, 밋밋하면 회색으로 접근해 간다. 유리하면 선이요 불리하면 악이다. 축복이면 흰색이요 저주라면 검정이다. 선이면 희극이요 악이면 비극이다. 이것이 인생 장르의 구별법이다.

　엄격히 말하면, 흰색은 색이 아니다. 순수성의 컬러다. 신부들이 입는 드레스는 흰색이며 그것은 처녀성의 상징이다. 흰색은 친절과 겸손의 미학이다. 하이얀 국화는 변치 않는 사랑을 상징한다. 장례식에도 흰색 옷을 입는다.

　흰색은 완전한 빛의 에너지다. 흰색은 전체성, 완전성, 개방성의 상징이다. 흰색은 냉각효과를 지니고 있어서 그 에너지가 완성되면 명료성과 투명성을 제공해준다. 정화시키는 전파를 소유하고 있기 때문에 족쇄들과 장애물들을 제거해준다. 청결효과가 있다. 다른 색깔들에게 친근하게 다가가는 잠재력을 지니고 있다. 그래서 어느 방향에서든 새로운 시작과 발전을 위하여 좋은 선택을 가능케 한다.

　흰색은 수면과 심리적 에너지에 연관되어 있다. 어둠이 드리워진 후, 행운과 보호를 위하여 사용된다. 흰색은 모든 색깔들의 대체품으로 사용된다. 흰색은 순진무구함, 평화, 생명의 권리, 테러의 희생자, 양자를 상징한다.

검정색은 가장 오해하기 쉬운 컬러다. 엄격히 말하면, 흰색과 마찬가지로 검정색은 색이 아니다. 검정은 죽음을 상징한다. 검정 넥타이는 매우 공식적이며 우아하다. 그러나 미국 원주민들에게 검정색은 행운의 색상이다. 그 이유는 생명을 주는 흙의 색깔이 검정색이라고 생각하기 때문이다. 검정 에너지는 모든 색의 부재다. 반대편을 말할 때, 흑백논리라는 용어로 표현한다. 흰색이 선이라면, 검정은 악의 상징이다. 극과 극을 대변해준다.

검정은 블랙홀(black hole)처럼 모든 빛을 흡수한다. 흰색이 폭로하는 것이라면, 검정은 은폐한다. 빨강, 파랑, 노랑의 3자를 포용한다. 이들이 하나로 합쳐지는 순간, 검정이 탄생한다. 셋이 연합하여 선을 이룰 때, 검정은 하나 됨의 상생 철학이 무엇인지 선포한다.

검정은 알 수 없는 안정된 빈 공간이다. 눈에 잘 드러나지 않는다. 인간의 시력과 시계에 한계를 드러내 주는 신비의 동굴이다. 빛의 부재는 곧 보호에너지다. 비가시성을 창조해 낸다.

검정은 두려운 감정의 경험을 의미한다. 보이지 않는 미지의 세계와 연계된다. 불확실성의 시대에서 검정은 위험한 미지의 에너지를 내포한다. 검정은 밤과 낮이 교차되듯 나타났다 사라지는 평온하고 안정적인 빈 공간을 창조한다. 잠재성과 가능성을 제공해주는 신비가 숨어 있다. "얼음이 녹으면, 물이 검어진다. 눈이 그 속에 감추어질지라도 따뜻하면 마르고 더우면 그 자리에서 사라진다."(욥 6:16)

"무슨 색을 좋아하느냐?"라는 질문을 받을 때마다 회색은 언제나 찬밥 신세다. 사람들은 회색을 선호하지 않는다. 선뜻 내키지 않는다. 우중충한 색이라고 생각하기 때문이다. 회색은 언짢은 색으로 취급한다. 보기에 좋은 편은 아니다. 거무칙칙하다. 우울해진다. 맑고 깨끗하지 않다. 좋은 기분을 주지 않는다. 3D 현상의 색상은 회색이다. 그것은 아마도 활기가 없고 음침하고 더럽고 힘들기 때문일 것이다.

회색은 슬픔의 색깔이다. 회색을 선호하는 사람들은 외로운 늑대형이다.

편협한 사고를 가지고 있다. 상상력이 부족하다. 회색의 역기능은 정체성의 결핍과 추진력이 부족하다. 회색도 회색 나름이다. 은빛 색깔이 가미되어 있는 회색은 매우 능동적이며 적극적이다. 미국 원주민들에게 회색은 우정이다. 안정과 성숙, 신뢰와 책임, 보수적인 실용성을 상징한다. 회색은 무시간성, 실용성, 견고성이다. 이웃들과 잘 어울린다. 혼합된다. 회색은 신중하지만 소박하다. 따스한 감성을 느끼게 한다. 검은색처럼 회색도 공식적인 행사와 애도의 장에서 사용 된다. 철저하게 부정적인 검정의 속성에 물들지 않는 미묘한 색상이다.

회색은 기다림의 상징이다. 신체적으로나 정신적으로 불안정한 상태를 반영한다. 베케트(Samuel Beckett)의 『고도를 기다리며』(Waiting for Godot)에서 "Godot"는 하나님을 기다리는 두 노인의 마음을 반영한다. 참을성을 증폭시킨다. 위엄과 권위를 부여한다.

뇌의 색깔은 회색이다. 뇌와 지력, 지성, 지혜와 판단력을 상징한다. 뇌는 컴퓨터의 핵심장치인 중앙 통제장치를 반영한다. 메모리칩도 마찬가지다. 그 내부도 온통 회색이다. **만약** 회색이 변한다면 식물인간 취급을 받는다. 회색이 흰색이나 검정색으로 변하면, 그 생명은 끝난다. 회색이 살아 있을 때에만 살아 있는 인간이 된다.

회색의 영향은 무엇인가? 회색의 에너지는 중립적이다. 흑백의 극단에서 타협과 협상을 강요하는 컬러다. 좌우를 치우치지 않게 조정하는 균형의 미를 추구한다. 고소고발은 회색이 변질될 때 발생한다. 법정에 서기 전, 회색으로 마음을 달래보라.

회색은 공허한 공터에 생기를 공급한다. 그래서 평화롭다. 강렬한 색상 에너지들을 차단시키며 중화시킨다. 공격적인 감성을 누그러뜨린다. 회색은 마인드 컨트롤의 화신이다.

회색의 곁에 있으면 어느덧 초연함이 깃든다. 자극이나 흥분을 잠재운다. 불안, 초조, 공포의 진정제다. 냉각효과를 지니고 있다. 회색은 냉정을 잃지 않는다. 치유 에너지다. 관계성을 회복시킨다. 회색 드레스 코드는 효율성이 있다. 기업하는 사람들의 정책 코드다.

인간 시장은 회색시장이다. 회색지대는 호박 문진 속과 같이 한번 빠지면 나오기 힘든 딜레마의 늪이다. 전진과 후퇴가 불가능한 영역이다. 인간의 변증법이 통하지 않는 세계이다.

그러나 프랑스 상징주의 화가 르동(Odilon Redon)에 의하면, 회색은 주인을 알아본다. 주인을 식별해주는 기본적인 색이며 '모든 색의 영혼'이라는 것이다. 남성과 여성의 결혼을 지향하는 사랑의 색이다. 따라서 새로운 회색을 탄생시키는 성의 통합이다. 회색은 정반합의 '합'(合)에 해당하는 통섭의 공간이다. 회색은 하늘과 땅을 하나로 연결하는 상생과 통합의 정체성이다.

회색에 가까운 흰색이 있다. 회색에 가까운 검정색이 있다. 흰색에 가까운 회색이 있다. 검정색에 가까운 회색이 있다. 회백색의 머리는 영광의 면류관이다. 이 머리는 의로운 길에서 발견된다. 늙어도 곱게 늙어야 한다. 정의롭게 늙어야 한다. 중용을 지켜가며 늙어야 하는 것이 하늘의 이치다. 회백색의 머리에서 의로움이 채색되어 있지 않다면, 120세를 살아도 "가나안 땅"에 들어갈 수 없다. 천수가 가까웠다 할지라도 노랑머리로 물들인 아직은 설익은 검은머리를 하고 있는 것이다.

21. 죽을병

"어머니, 이 병이 죽을병인지 모르셨습니까?"

"뭐라고요? 죽을병이라고요?"

"예."

"그럼, 내가 왜 여기에 와 있나요?"

"……."

"선생님, 당신이 의사 맞습니까? 어떻게 그런 말씀을 하십니까?"

"나는 한다고 최선을 다하고 있습니다. 어머니, 그러니 너무 보채지 마시기 바랍니다."

"왜 아이가 갑자기 열이 오르고 보채고 있는지 물어보지도 말란 말입니까?"

"내 얘기는 ……."

"아니, 지금 이 병원에서 10년째 매달리고 있는데, 죽을병이라니요? 내 새끼가 아니니까 그렇게 말씀하시는 겁니까? 이보시오. 죽을병이라면, 왜 이 병원에서 아이와 함께 밤낮으로 지내야 합니까? 지금, 그것을 말이라고 하십니까? 누가 백혈병이 죽는 병인 줄 몰라서 이러고 있습니까? 이 아이와 내가 지금 누구를 바라보며 버티고 있습니까? 이 아이의 고통을 조금이라도 느낄 수 있다면, 어떻게 그렇게 말할 수 있습니까? 보호자들의 고통을 조금이라도 헤아려준다면, 그렇게 말할 수 없지 않습니까!"

"어머니, 진정하세요."

"진정하라고요. 의사는 신과 같다고 들었습니다. 생명을 다루고 있는 당신이 하루하루 안절부절못하면서 초조하게 살아가는 아이에게 어떻게 죽을병이라고 말할 수 있습니까? 우리 아이를 살려 내시기 바랍니다. **만약** 살려내지 않는다면……."

의사의 말 한마디가 환자의 생명을 죽일 수도 살릴 수도 있다. 환자는 의술의 스승이다. 의학적 기술보다는 의사의 말 한마디가 환자와 보호자들에게 희망을 불어 넣는다. 환자의 말을 경청하는 의사야말로 치유의 성공률을 높일 수 있다. 어떻게 하면 의사가 환자의 언어를 경청할 수 있을까? 신체적 죽음의 문제가 의사의 소관이라면, 영적인 죽음의 문제는 신학자들과 목회자들, 이른바 성직자들과 종교인들의 몫이다.

한 살짜리 어린아이가 '백혈병'(leukemia) 판정을 받았다. 초등학교 2학년에 다니기까지 대학병원에서 투병생활을 했다. 병마와의 눈물겨운 투쟁은 형언할 수 없는 고통과 역경의 세월이었다. 척추에서 골수를 뽑아낼 때, 터져 나오는 그 고통의 절규로 온 병동이 흔들린다. 아이의 처절한 몸부림과 얼굴에서 비 오듯 흐르는 땀방울, 눈물로 뒤범벅이 된 일그러진 얼굴, 양손을 깍지 낀 채 가슴 졸이며 바라보는 엄마의 안타까운 시선, 무엇이 그들을 이처럼 어긋장 나게 만들었을까?

"엄마, 예수님은 우리를 기르시는 목자요, 나는 주님의 어린 양이라고 했지? 내가 좋아하는 찬송인데."

"그랬지. 나도 그 찬송을 좋아해."

"근데, 엄마, 왜 예수님은 나를 이렇게 못살게 괴롭혀? 내가 뭘 잘못했기에?"

"첫째는 아담과 이브의 죄 때문이고, 둘째는 아빠, 엄마의 죄 때문이고, 셋째는 너의 죄 때문이다."

"내가 무슨 죄를 지었기에?"

"거짓말했잖아. 1,000원짜리 과자를 사면서 2,000원을 달라고 했잖아."

"에이! 그거 한번 했다고 병원에서 살아야 해? 집에 가고 싶어."

"조금만 참아."

"내가 하늘나라 가면, 아담과 이브를 열나게 두들겨 패줘야겠다."

"어허~"

아이가 이 땅에서 보낸 세월이 10년, 그중에서 백혈병으로 7년을 버텼다. 아마도 이 아이는 하늘나라에 도착하자마자 제일 먼저 아담과 이브를 찾았을 것이다. 그리고 그들의 뺨을 고사리 같은 연약한 손으로 있는 힘을 다해 후려치면서 한마디 했을 것이다.

"아담 아저씨, 정신 좀 차리세요. 내가 아저씨를 상대하기는 너무나 벅차지 않소? 우리 엄마가 그러는데 이 모두가 당신 때문이라는데."

고통 받고 있는 아이와 가족들의 십자가를 대신 짊어질 사람도 없었다. 의사들의 전문성도 무용지물이었다. 제약회사들이 만들어 낸 고가의 약들도 약발이 듣지 않았다. "살려 달라"고 옆에서 기도하던 목사의 영발도 통하지 않았다. 10년이라는 짧은 생을 마치면서 결국은 하늘나라로 떠나고 말았다.

무슨 죄를 지었는가? 왜 이러한 고통을 당하게 하는가? 무슨 죄악으로 징계와 형벌을 받고 있는가? 하나님의 영광을 위하여 태어난 것인가? 아이의 외마디 소리가 하나님의 침묵을 흔들어 깨우기에 모자랐던 것일까? 이 아이를 위한 작은 십자가를 누가 만들었을까?

질병의 고통 없이 사는 비결이 있다. 그것은 모세의 '이프 신학'에 귀를 기울이는 것이다. 하나님의 말씀에 '철저하게' 순종하며 의를 행하며 계명을 잘 듣고 지키는 것이다. 설령 고통이 있다 할지라도 생명은 보전해주실 것이다. 그 이유는 하나님은 "여호와 라파", "나 여호와는 치료의 하나님"(출 15:26)이시기 때문이다.

저 흠 없고 순진한 어린 유아들이 있지 않은가! 한 생명을 살리기 위하여 수많은 어린이들의 희생되었다. 모세를 살리기 위하여 이집트에 살던 히브리 어린아이들이 강물에 내던져 익사했다. 예수를 살리기 위하여 베들레헴(Bethlehem)의 어린아이들이 비참하게 죽어갔다. 아이들이 무슨 죄가 있는가? 아버지가 씹은 신포도주 맛을 볼 수밖에 없는 운명이었나? 그렇게 갈 수밖에 없는 운명이라면, 새 생명의 잉태와 탄생은 무엇을 의미하는가? 어린아이들의 죽음을 빛이요, 선이라고 할 사람은 아무도 없을 것이다.

바로, 헤롯, 빌라도는 누구인가? 저들의 권위와 "권세"를 인정하라고 사도 바울은 외치고 있다.(롬 13:1) 세상의 권좌는 누가 부여한 것인가? 저들의 악역은 그들 스스로 선택한 것인가 아니면 하나님의 기획인가?

법정에 선 예수에게 빌라도(Pilate)는 묻는다. "네가 어디서 왔느냐? 내게 말하지 않을 작정이냐? 내게는 너를 놓아줄 권한도 있고 십자가형에 처할 권한도 있다는 것을 모르느냐?" 예수는 대답한다. "**만약** 위에서 주지 않으셨더라면, 나를 해할 아무런 권한도 네게 없었을 것이다."(요 19:8~11) 결국 빌라도는 예수를 십자가에 처형하도록 허락한다.

아벨(Abel)의 나이가 몇이나 되었을 때, 그는 죽음을 맞이했을까? 스데반이 돌에 맞아 죽을 때, 그의 나이는 몇이나 되었을까? 순진무구한 어린아이들의 죽음이 무엇보다도 애달프고 슬프다. 그러나 더 고통스러운 일은 아이를 잃은 부모의 심정일 것이다. 눈을 감을 때까지 결코 그 충격에서 헤어나지 못할 것이다. "라마"(Ramah)에서 통곡하는 소리가 메아리쳐 들려온다.(렘 31:15)

> 라마에서 소리가 들려왔다. 울부짖으며 크게 애곡하는 소리다. 라헬(Rachel)이 자식들을 잃고 우는데 자식들이 없어졌으므로 위로를 받으려 하지 않았다.(마 2:17~18)

새장에 갇힌 새들이 왜 울고 있는지 조금은 알 것 같다. 데이비스(Mary Carolyn Davies)는 "고통이란 빗속에 방치된 쇠처럼, 녹이 슬어 아름답게 변한다."고 말한다. 인간의 통곡하는 소리들이 선율에 실리어 영혼에 감동을 줄 수 있다면, 천상의 음악처럼 아름다울 것이다.

만약 바로와 헤롯의 잔인한 유아살해 기획이 없었더라면, 인류의 해방과 자유, 구원과 평화는 도래할 가망이 없었던 것인가? 구원의 다른 기획은 없었던 것일까? 누군가는 악역을 담당해야만 하는 것이 구원의 필연적인 과정이라면, 가롯 유다의 선택은 무엇인가?

22. 원발불명암

고통의 신비는 수수께끼다. 그리고 인간의 딜레마다. 영원한 정의와 하나님의 본성에 대한 수수께끼다. **만약** 하나님께서 전지전능하시고 의로운 분이라면, 왜 착하고 선한 사람들이 고통을 받아야 하는가?

암은 종류도 다양하다. 위, 간, 폐, 암, 췌장, 유방, 자궁 등에서부터 피부암의 일종인 살리코마에 이르기까지 다양하다. 그중에서도 '원발불명암'은 글자 그대로 '원인을 알 수 없는 암'이다. 암은 사람들의 마음을 어둡게 한다. 슬프게 한다. 암적 존재야말로 사탄과 같다. 그래서 '병마'라는 표현을 쓰는지 모르겠다.

"암이란 어머니의 남아 있는 뼈를 통과하는 달리기 경주다."라고 그레이버(Elizabeth Grader)는 『바디 상점』(The Body Shop)에서 말한다. 암은 정상적인 세포와 더불어 살면서 생명을 단축시킨다. 암의 특징 중의 하나는 세대차를 두지 않으며 공평하고 평등하다. 우선 나이를 묻지 않는다. 시간과 계절에 관계없다. 잘났거나 못났거나, 있거나 없거나, 남자든 여자든, 유아나 노인이나 그 성별을 가리지 않는다. 마치 하늘에 계신 하나님께서 악한 사람에게나 선한 사람에게나 동일한 햇살을 비추어주시고 의로운 사람이든 악한 사람이든 동일하게 비를 내려주시는 것처럼(마 5:45) 남녀노소를 구별하지 않는다. 이러한 의미에서 암은 공정하다. 그러나 어찌 암을 두고 공평하다고 말할 수 있을까?

　암은 생명을 좌지우지한다. 아직까지 현대 의학으로는 치료가 불가능하다. 하나님께서 보내신 '죽음의 사자'라고 볼 수 있다. 암은 생사화복을 주관하시는 하나님의 주권이요 영역이다. 하나님을 의지하는 믿음에 따라서 남은 생의 의미가 달라진다. 단순한 고통의 수단인가 아니면 의미 있는 축복과 성장의 도구인가.

　모든 질병은 확률의 문제다. 누구라도 걸릴 수 있다는 뜻이다. 성직자들도 예외는 아니다. 어느 길을 가든 인생은 질병과 함께 그렇게 가는 것이다. 문제는 암에 대한 반응이다.

　존경하는 P형이 S대를 졸업하고 대기업의 임원으로 활동하시다가 '하나님의 나라'를 위하여 헌신하기로 결단했다. Y대 신학대학원에서 목회신학을 연구하고 안수를 받고 목회의 길로 들어섰다. 40대 중반의 나이, 컴퓨터 20여 대를 등에 업고 중국으로 날아가 복음을 위한 비밀 선교를 했다. 밀고자의 고발로 중국의 경찰에 발각되어 체포되었다. 수백만 원의 벌금과 모든 컴퓨터를 몰수당하고 한국으로 추방당했다. 귀국 후, 외국인 근로자들을 위한 사역지에서 사심 없이 헌신적으로 일하시던 하나님의 종! 그가 '원발불명암'이라는 진단을 받고 투병생활을 했다. 이러한 모습을 옆에서 지켜보는 가족들과 교인들, 친구들의 심정은 어떠하겠는가?

　내피, 중피, 상피, 온몸에 암세포가 퍼져 있다. 마취를 하고 수술을 했다. 복수가 차고 횡격막이 상승하여 숨이 가빠온다. 항암의 투여로 머리가 다 빠진다. 배가 화석처럼 단단해져 온다. 다리가 붓는다. 자연요법과 대체의학으로 치료도 해보았다. 식욕도 없다. 체중은 줄어든다. 피골이 상접해진다. 42킬로그램의 체중으로 버텼다. 병상에 누워 가느다란 목소리로 어머니의 사랑을 들려준다.

　가렵다 등이

왜

가려운 것일까?

손을 뒤로 돌려 긁을라 치면

내 맘대로 되지 않는다

내 맘대로 했던 그 시절이

지금은 내 것이 아니다

발끝으로 졸던 어머니 어깨를 툭툭 건드려 본다

발로 치는 불효자가 따로 없다

부스럽게 놀라 일어나 앉는다

"응, 왜?"

"어머니, 등이 가려워서……."

한 곳이 가려우면

덩달아 다른 곳도 가렵다

어디쯤이라고 알려 드릴라 치면

손이 먼저 가 있다

위아래 좌우 어김없이 훑는다

영락없이 시원하게 긁어주신다

어머니의 닿는 손이 시원하다

세지도 않다

그렇다고 약하지도 않다

한동안 가렵지 않다

어머니의 손길이 지나간 길은

마치 잡초를 벤 것처럼 마음까지 상쾌해진다
팔순 노모의 그 시원한 손이
내 영혼의 끝에 닿았으면.

의사도 손을 놓고 바라만 보고 있는 '원발불명암!' 그저 옆에서 지켜만 보고 있을 뿐 기도가 나오지 않는다. 암으로 죽어가는 의사도 암과 사투를 벌인다. 결국은 암이 승리의 깃발을 병상에 꽂는 모습을 적지 않게 바라본다.

P목사의 고통을 어머니가, 아내가, 자녀가 대신해줄 수 없다. 그 고통을 어느 누가 감당해줄 수 있을까? 혹시 '원발불명암'이 그가 살아 있는 동안에 함께 해주었을까?

목회 사역도 중단했다. 가던 길도 더 이상 갈 수 없었다. '하늘 나그네'로서 창살 없는 감옥에 갇힌 죄수 신분으로 그렇게 살아갔다. 정들었던 친구들도 멀어져 간다. 찾아주는 발걸음도 뜸하다. 이야기를 하고 싶고 듣고 싶다. 그러나 외롭고 고독하다. "지붕 위에 홀로 앉아 있는 외로운 참새"(시 102:7) 만도 못하다.

"아하! 하나님의 은혜로다. 하나님의 영광이로다! 참 잘되었도다. 이것은 하나님의 뜻이다."

이렇게 고백할 수 있는지 묻고 싶다. '원발불명암'은 의사들도 손을 쓸 수 없는 암이다. 사이버나이프도 무용지물이다. 방사선과 투약의 타깃이 어느 곳인지 알 수 없다. 하늘의 "치료하는 광선"(말 4:2)조차도 머뭇거린다.

목사님이 보내는 휴대폰 문자가 점점 어긋장 난다. 신세대도 아닌데 말이다. 목사에게는 말 못하는 남다른 고뇌가 더 있다. 환자복을 입고 있는 자신에게 "목사님!"이라고 부를 때, 발걸음이 무겁다. "목사님! 기도해주세요."라고 요청할 때면, 쥐구멍으로 들어가고 싶다. 신유의 은사라도 있어서 "달리다굼!"(막 5:41, *Talitha cum*, Get up, my child)이라도 흉내를 내보고 싶다. "여호와 라파!"(출 15:26), "치료의 하나님!"이라고 한번 외치면, 소화라도 될 것 같은데 말이다. 감기라도 멈출 수 있을 텐데…….

옆 병상에 함께 누워 있으면서 환우들의 무거운 십자가를 어떻게 내려놓게 할 수 있단 말인가? 이것이 병상에 누워 있었던 P목사의 딜레마였다. 그리고 자신은 영적 자존심에 상처를 입는다. 세상의 신세는 그래도 참을만하다. 이 세상이 "사망의 음침한 골짜기"가 아니라 "영혼을 교육하는 골짜기"라고 C. S. 루이스의 말을 빌려 위로도 해보았건만, 얼마의 효과가 있었을까?

성직자의 병원 신세는 여간 괴로운 일이 아니다. 7년 동안 병원에서 임상목회라는 암 환우들을 돌보면서 필자에게 다가온 메타포가 있다면, 고난의 가시밭길에서도 '암을 보살피는 하얀 백합화'들이 피어난다. 병이 깊어 가면 갈수록 인간은 악해지기보다는 더 선해진다. '신의 겸손'을 전달해주는 하나님의 메신저들이었다. 삶의 의미를 모두 다 잃게 될 때, '죽음의 이르는 병'이라는 절망이 아니라 하늘과 땅을 향한 온유와 평강이 그리고 담대함이 저들의 꽃잎에 새겨져 있었다.

그렇다! 암이란 누구나 걸릴 수 있는 확률의 문제다. 그러나 천하보다도 소중한 생명이라면, '원발불명암'이라는 불청객을 끌어들여 원치 않는 '바꿔치기 인생'을 살아가도록 재촉하는 것이 과연 누구의 기획이란 말인가?

'나'의 삶의 대부분은 '내'가 아닌 나의 삶이다. 어찌 보면, 나의 삶이란 자체가 무의미한 것인지 모른다. 어쩌다 나의 삶을 '순간을 산다'고 해도 이미 남의 삶을 나의 삶으로 바꿔치기 하는 과정일 수 있다. 결국 나의 삶은 정의될 수도 없는 삶의 조각난 파편조차 되기 어려운 것이라 해도 무방하다.

모든 사람들은 저마다 '나의 삶'을 산다고 말하지만, 불행하게도 그것은 억지논리다. 모든 사람들은 저마다 주어 모아진 다른 많은 사람들이 합성되어 나타나는 '나 아닌 나'의 삶을 살아갈 뿐이다.

몸은 또 어떠한가? 몸은 수정되어 태어나기 전부터 전진과 상승, 후진과 하강이라는 '밤바다 여행'을 거쳐 이미 다른 몸으로 분해되고 재합성되어 구성된다. 한때는 물고기의 몸을 이루던 것이 사람의 몸에 섭취되어 분해되어 사람의 몸의 형태로 또 재합성된다. 유전인자, DNA에 따라 그 형태를 달리할 뿐이다.

"하나님의 형상"(The image of God, 창 1:27)이란 바로 이런 관점에서 볼 때, '나 아닌 나' 이전의 '나인 나'를 말하는 것이리라. 우리는 '나인 나', '나 아닌 나'를 구분하고 찾는 것에 현혹되지 말아야 한다. '나 아닌 나'를 인정하고 그에 따르는 삶을 발견하는 것이 우리 삶의 참 모습이 될 때, 아이러니하게도 그 삶의 끝에서 우리는 '나인 나'로 완전히 돌아가는 것이다. 죽음은 곧 '나인 나'로 돌아가는 순간이다. 어느 날 죽음이 내게 손짓하는 것을 보았다.

"어서 다가오라! 나의 손을 잡으라."

내가 그 유혹에 이끌려 다가가지 않더라도 죽음은 내게 손을 한껏 뻗으며 다가왔다. 그 유혹에 빠지지 않았지만, 나는 점점 다가오는 죽음과의 간격을 유지하려고 뒷걸음질을 쳤다. 하지만 나의 시간에 뒷걸음질이란 존재하지도 않았다. 발버둥 치던 나는 순간 꾀를 내었다. 그러고는 다가오는 죽음을 향해 소리쳤다.

"나는 네가 생각하는 내가 아니다."

"나는 '나인 나'가 아니라 '나 아닌 나'로 지금까지 살아왔기 때문에 네가 찾는 '나'가 절대 아니다."

그 말에 죽음은 비웃듯이 내게 말을 걸었다.

"네가 '나 아닌 나'인 것을 증명해보아라."

그래서 나는 그 죽음의 손끝이 내게 닿기 전에 '나 아닌 나'임을 증명하려고 지금도 발버둥치고 있다. 그 증명보다 죽음의 손끝이 내게 먼저 닿을지 모른다. 그때가 궁금해진다. 그 죽음의 손끝이 닿는 순간, 맞이하는 죽음은 '나인 나'인가 아니면 '나 아닌 나'인가 하는 것이다. '나 아닌 나'이면, 내가 죽는 것이 아니다. '나인 나'라면, 그런 나는 있을 수 없기에 그 또한 내가 죽는 것이 아니기 때문이다.

'나인 나'는 '나'라는 생명체가 태어나는 순간부터 지속적으로 상실되어 가고 그 자리는 '나 아닌 나'로 대체되어 간다. 그러한 과정은 변화라기보다는 변질에 속하는 것이다. 단편적으로 말하면, 삶이란 것은 그 변질의 연속이며 다만 형태의 속도를 저마다 달리하는 것일 뿐이다. 그런 면에서 죽음은 '나인 나'의 끝이 아니라 '나 아닌 나'의 끝이 되는 것이다. '나'는 일생 동안 '나 아닌 나'를 이루어가면서 살아가는 어리석고도 허망한 존재가 되는 것이다. 그런 기운데서 우리는 '삶의 가치라는 것을 찾아볼 수 있겠는가?'라는 질문의 유효성을 따져보아야 한다.

23. 낙엽이 제때에 떨어질 수만 있다면

낙엽이 떨어지는 순간, 저 멀리 하늘에 있는 별은 반짝인다. 하나님의 역사는 언제나 고통 속에서 더욱 빛나는 법이다. 하나님은 항상 인간의 '몸값'을 원하신다. 떨어지는 낙엽을 제때에 떨어지게 할 수만 있다면 얼마나 좋을까!

"하나님은 사람의 생명이 파멸에 빠지지 않도록 지켜주십니다. 사람의 목숨을 사망에서 건져주십니다. 하나님은 사람에게 질병을 보내셔서 잘못을 고쳐주기도 하시고 사람의 육체를 고통스럽게 해서라도 잘못을 고쳐주기도 하십니다. 그렇게 되면, 환자는 입맛을 잃을 것입니다. 좋은 음식을 보고도 구역질만 할 것입니다. 살이 빠져 몸이 바짝 마르고 전에 보이지 않던 앙상한 뼈만 두드러질 것입니다. 이제 그의 목숨은 무덤에 내려가 죽음의 문턱에 이르게 될 것입니다. 그때에 하나님의 천사 천 명 가운데서 한 명이 그를 도

우러 올 것입니다. 그 천사는 사람들에게 사람이 마땅히 해야 할 일을 상기시킬 것입니다. 하나님은 그에게 은혜를 베푸시고 천사에게 말씀하실 것입니다.

'그가 무덤으로 내려가지 않도록 그를 살려주어라. 내가 그의 몸값을 받았다.' 그렇게 되면, 그는 다시 젊음과 건강을 되찾을 것입니다. 그가 하나님께 기도드리면, 하나님은 그에게 응답하여주실 것입니다. 그는 기쁨으로 하나님을 섬기고 하나님은 그를 다시 정상적으로 회복시켜주실 것입니다. 그는 사람들 앞에서 고백할 것입니다.

'나는 죄를 지어서 옳은 일을 그르쳤으나 하나님이 나를 용서해주셨습니다. 하나님이 나를 무덤에 내려가지 않게 구원해주셨기에 이렇게 살아서 빛을 즐기게 되었습니다.'

이 모두가 하나님이 하시는 일입니다. 하나님이 사람에게 두 번, 세 번 이렇게 되풀이하시는 것은 사람의 생명을 무덤에서 다시 끌어 내셔서 생명의 빛을 보게 하시려는 것입니다."(욥 33:18~30)

하나님의 주된 관심 사항은 인간의 생명이며 그것은 천하를 주고도 바꿀 수 없다. 하나님의 징계나 체벌은 인간에게 문제가 있다는 증거이며 인간의 생명에 대한 위협이다. 생기와 호흡의 고갈이다. 이른바 '암'이라는 메신저를 보내시는 것이다. 채찍은 잘못을 고치라는 경고의 표시이며 육신의 고통으로 마음과 영혼의 각성을 통하여 하나님의 존재를 재인식하라는 것이다. 하나님의 교정론은 인간의 성장과 발전을 위한 당근이며 사랑의 표현이다.

자극을 받고도 뉘우침이 없다면 회개가 아니며, 돌아설 줄 아는 진정한 결단이 회개다. 단순한 뉘우침이 아니며 행동하는 뉘우침이다. 인간의 회개는 하나님의 즐거움이다. 하나님께서 회개의 눈물을 보셨을 때, 일천 천사 가운데 치유의 사역을 담당하고 있는 메신저, 하늘의 천사를 파송하신다. 그가 돌보아주실 것이다.

하늘의 천사는 환우에게 이 땅에서 해야 할 일을 다시 가르쳐줄 것이며 잃어버린 달란트와 소명으로 '하나님의 나라'를 위하여 헌신하도록 촉구한다.

하나님은 환우의 몸값을 받았다. 여기에 신비로움이 있다. 그 몸값이란 과연 무엇인가?

소생이 되었다. 건강을 되찾았다. 하나님의 소생론은 인간의 기도를 요청한다. 다시 기도할 수 있는 힘을 주신 것이다. 기도할 때마다 응답을 받으며 간증을 한다. 우리는 모두 죄인이라는 것이며 죄악에 대한 하나님의 용서를 구해야 된다는 것이다. 그러면 구원의 은총을 받을 수 있다.

이러한 과정에 문제가 발생한다. 한번이면 족한 것을 두 번, 세 번 반복적으로 지속되게 하시는 하나님이신 것을 알 수 있다. 고통의 연속을 왜 되풀이해야 하는 것인가? 그래도 그것은 감사한 일이다. 왜냐하면 생명을 거두어 가시지 않기 때문이다. 다시 우리를 소생시켜주시기 때문이다.

지금까지 젊은 청년 엘리후(Elihu)가 우리에게 들려주었던 임상목회 세미나는 생명론, 징계론, 교정론, 회개론, 천사론, 소명론, 몸값론, 소생론, 기도론, 응답론, 간증론, 죄인론, 용서론, 구원론, 반복론 소생론의 16단계의 코스를 거친다.

엘리후의 하나님은 철저하다. 질투의 화신이다. 16단계의 큰 틀에서 하나님은 고통을 반복적으로 실행하시면서 인간들을 견제하신다. 어린아이에서 노인에 이르기까지 예외가 없다. 욥의 고통은 한 번으로 끝이 났다. 참으로 다행스러운 일이다(?). 시계추처럼 되풀이되는 고통의 순환은 죽지 못해 사는 인생 여정을 반영한다.

역사는 나이를 묻는다. 그러나 인간들은 나이를 들먹인다. 나이로 역사를 휘어잡는다. "나이도 50이 안 되는 자가 어떻게 아브라함을 보았다고 하느냐?"(요 8:57~59) 유대인들은 예수의 나이를 17년이나 부풀렸다. 예수는 비록 30대 젊은 나이지만 50대처럼 보였을 것이다. 30대 초반, 주님의 얼굴과 그의 외모와 골격을 스케치해 보라. 그렇게 나이 들어 보였던 것은 무엇 때문이었을까?

그러한 예수가 50이 채 되기도 전에 '요절' 한다. 인간의 수명이 70이요, 건강하면 80이라는 통계자료에서 한참이나 미치지 못한다. 70을 기준으로 한다면, 예수는 37년이라는 세월을 누리지 못했다.

혹시 목회를 '직업' 으로 생각하고 있지 않는가? **만약** 하나님의 사역을 사회적 권력이나 명예, 부의 축적을 위해 살아온 것이라면, 거울 앞에 서서 그대들의 얼굴 모습을 살펴보라. 얼굴에 파인 주름살에 에덴에서 흐르는 4대 강이 흐를 정도의 깊이인지 묻고 싶다.

24. 웰빙과 웰다잉

"어떤 사람들은 죽을 때까지도 기력이 정정하다. 행복하고 편하게 죽는다. 몸의 영양도 남아돈다. 뼈 마디마디마다 생기가 넘친다. 그러나 어떤 사람들은 불행하게 죽는다. 행복하고는 거리가 멀다. 고통 속에서 살다가 고통스럽게 죽는다." **만약** 욥의 고백에 선택하라면, 어느 쪽을 선택할 것인가? 전자인가 후자인가?

자살의 유혹에 굴복하지 마라. 포기하지 마라. 모든 에너지를 가지고 부조리에 대응하라. 생명! 정복할 수 없다는 것을 당당하게 보여주라. 저항하라. 도전하라. 대치하라. 투쟁하라. 불평하지만 살아남는 것이다. 원망하지만 버티는 것이다. 인간의 품위와 의미는 모순에 저항하는 것이다. 끔찍한 자살의 유혹을 받아보라. 욥이 그 심정을 잘 말해줄 것이다. 그는 생명을 긍정하는 염세주의자였다. 그 속에서도 살아남지 아니했던가!

웰빙은 중요하다. 웰다잉도 중요하다. 웰빙의 과정이 웰다잉을 결정한다. 인생은 과정이다. 과정이 좋으면 결과도 좋다. 과정이 나쁘면, 아무리 좋은 결과라도 바람직스러운 일이 아니다. 노벨평화상을 수상한 미국의 심장 전문의 라운(Bernard Lown, M. D.)은 『잃어버린 치유의 예술』(*The Lost Art of Healing*)에서 "품위 있는 죽음은 누구나가 빼앗길 수 없는 권리다."라고 강조한다.

모건(Marlo Morgan)은 『무탄트』(*Mutant Message down Under*)에서, "사라지는 기술을 가르치는 교실이 필요하다."고 주장한다. 주검도 결국은 흙으로 돌아간다. 생명과 자연의 생성과 소멸은 피할 수 없다. 그 순환의 사이클은 자연스럽다. 죽지 않으려는 몸부림 때문에 오히려 인간은 더욱 고통스럽다. '사라지는 기술' 이란 웰다잉의 교육이다. 흐르는 강물처럼 웰다잉의 원리는 자연스럽다. 넉넉한 자연스러움이다. 자연적인 순응의 원리다. 웰다잉은 살아남은 가족들을 위로하는 죽음이며 구원의 죽음이다. 하나님은 웰다잉을 원하신다. 아름다운 죽음을 원하신다. 그렇게 믿고 싶다.

'사라지는 기술' 을 전혀 몰랐던 스데반(Stephen) 집사가 있었다. 그의 그리스도를 위한 변론은 유대인들의 마음에 분노의 불을 지필 정도로 강력했다. 또한 성령께서도 그와 함께하셨다. 분노에 찬 유대인들은 그에게 달려들었다. 수많은 돌들이 그의 머리와 얼굴에 날아들었다. 머리가 깨지고 뼈들이 위골되었다. 그는 피를 흘리며 죽어갔다. 숨이 멎는다. 그의 몸은 어느덧 돌무더기로 쌓여가고 있었다. 그의 처절하게 죽어가는 모습을 보고 하늘의 우편에 앉아 계셨던 주님도 자리에서 일어서실 정도로 비참한 죽음이었다.

그러나 누가(Luke)의 프리텍스트(pretext)가 우리의 영혼을 뭉클하게 만든다.

"예수여! 나의 영혼을 받아주소서. 이 죄를 저들에게 돌리지 말아주소서." (행 7:59)

쉽게 고백할 수 있는 말이 아니다. 육신의 죽음보다 영혼의 죽음을 더 안타깝게 여긴다. 아름다운 죽음은 영혼을 하나님께 맡기는 것이다. 기독교의 웰다잉은 육신의 고통이 심하면 심할수록 영혼의 행복은 더욱 증폭되는 역설적인 죽음을 맞이하는 것이다. 세속적인 고뇌와 원망을 털어버리고 아름다운 영혼을 간직한 채 죽음을 맞이했던 스데반 집사처럼 마지막 순간까지 천사의 얼굴을 소유할 수 있다면 얼마나 좋을까!

마음먹기에 따라서 인생은 참으로 허무하게 느껴질 때가 있다. 허무주의란 삶은 살아갈 가치가 없는 것이라고 선언하는 철학이다. 애매모호하며 잘못된 길로 인도하는 불완전한 정의라고 할 수 있다. 죽음은 빠져나갈 수 있는 출구임을 삶은 인정하지 않는다. 왜냐하면 견딜만하니까. 버틸 수 있으니까. 참아낼 수 있으니까. 저 골고다의 처절한 몸부림에 비하면 아무것도 아니니까.

"헛되고 헛되니 모든 것이 헛되도다." 솔로몬(Solomon)은 위험한 사고를 하고 있다. 전도서 마지막 12장에 도달하기까지 불안하다. 그의 선언은 형이상학적 자살을 부추긴다. 생명에 관하여 염세적으로 판단하는 사람이다. 결핍된 것이 무엇인가를 찾아 나선다. 합리적인 정당성이 부족하다. 자살을 유도하는 부조리의 혜택이라고 할까. 영웅적인 행동으로 허무를 완성시킨다. 자발적인 죽음으로 허무를 성취시킨다. 연민이나 동정도 아니며 정신 병리적인 것도 아니다. 자신의 행동과 이유도 알고 있다. 그러면서 자살 충동에 사로잡히게 한다.

랜즈버그(Paul-Louis Landsberg)는 『죽음의 경험』(*The Experience of Death*)에서 "자살은 결코 인간 본성을 거스르지 않는다. 생존을 위한 인간의 의지는 제한적이며 조건적이다."라고 말한다. 인간은 언제나 무조건적으로 생명을 사랑하지 않는다. 왜냐하면 인간의 고통 때문이다.

솔로몬은 자살하지 않았다. 참으로 다행이다. 말년에 생명을 거부하는 허무주의에 빠져버렸다. 인생의 쓴물, 단물 다 마셔본 한 나라의 통치자가 아니었던가! 그런 그가 왜 허무주의에 빠진 것일까?

아르치배세프(Michael Artzybashef)는 『극한상황』(Breaking-Point)에서 다음과 같이 말한다. "나에게 생명은 비극도 아니요 공포도 아니요 의미 없는 이야기도 아니다. 단지 지루할 뿐이다. 자연과 미는 시시콜콜한 것들이다. 피곤하게 만든다. 사랑, 따분하다. 인간성, 어리석을 뿐이다. 우주의 신비는 헤아릴 수 없지만 지루하다. 설령 헤아린다 할지라도 재미없다. 모든 것은 이미 알고 있는 것만큼 지루하다. 영원 속에서는 큰 것도 작은 것도 없다. 하나의 조화는 기적이다. 신비다. 그 조화를 알고 있지만 흥미는 없다. 같은 방식으로, **만약** 우리가 하나님을 만난다면 하나님은 따분할 것이다. 왜 하나님과 같은 분이 있어야 하는가? 불필요하다." 그의 이러한 주장은 "해 아래서 새것이 없다"는 솔로몬의 고백과 다를 바 없다.

무의미한 영의 저주로 고통을 받는다. 삶의 투쟁은 의미가 없다고 부추긴다. 행복을 추구하는 것은 사악한 환상이다. 죽음은 빠를수록 더 좋다고 유혹한다. 죽음은 생명보다 더 낫다는 논리를 내세운다. 그 논리의 부름에 복종한다. '논리적인 자살'을 시도한다. 자살의 논리는 악몽이다. 그 논리는 인생에서 결정적인 힘이 될 수 없다. 세상을 변화시키지 못한다. 부조리한 사육제만 되풀이될 뿐이다. 부조리한 논리는 윤리적 딜레마를 초래한다. 이것이냐 저것이냐? 사느냐 죽느냐의 선택의 문제다. 그릭스버그(Charles I. Glicksberg)는 『허무주의 문학』(The Literature of Nihilism)에서 다음과 같이 말한다. "인간은 자연과 맞서 싸울 그리고 정복할 수 있는 자신의 무기를 선택할 수 있다. 요지는 의지를 잃지 않고 투쟁을 계속하는 것이다. 세상은 나사로의 집이 아니다. 뿌리 뽑아야 할 악이 있고, 쟁취해야 할 자유가 있고, 창조해야 할 예술이 있고, 발전해야 할 과학이 있다."

알바레즈(A. Alvarez)는 『야만적인 신』(The Savage God)에서 "자살은 선택적 행동이다. ······자신의 손에 죽는 사람은 자기가 가진 생명이 진지하게 살 가치가 없다고 생각하기 때문이다."라고 말한다. 그릭스버그는 『현대문학과 하나님의 죽음』(Modern Literature and the death of God)에서 "더 이상 지탱할 수 없는 실존이라는 확신과 실존적 의미의 붕괴가 발생했을 때, 자살이 발생한다."고 말한다. 아무리 절망적인 상황이라 할지라도 완전한 절망이란 없는 것이다. 절망에도 틈이 있다. 구원해줄 것이라곤 아무것도 없다고 확신했을 때, 삶에 대한 투쟁은 중단된다. 절망의 틈을 그 무엇으로 메워야 한다.

가장 중요한 것은 생명의 줄을 끊으려고 했을 때의 마음 상태다. 자살을 결정한 순간, 하나님의 존재는 사라진다. 귀로 듣던 하나님은 물론 욥이 눈으로 보았다고 고백하는 하나님은 더 이상 존재하지 않는다. 자살은 구원의 길로써 받아들인 죽음이 아니다. 사라져 가는 인간 생존의 의지를 어떻게 극복할 수 있을까?

25. 타면자건(唾面自乾)

목사가 권총으로 장로를 살해하고 그의 상점에 불을 질렀다. 그리고 스스로 자살했다. 하나님은 그에게 무엇을 허락하신 것인가? 이렇게 질문해도 되는 것인가? 실수가 아닌 의도적 오류인가? 우연적 필연성인가? 아니면 필연적 우연성인가? G장로의 죽음은 슬프고 안타깝다. 참으로 억울하기 그지없다. 유족들이 겪는 고통과 정신적 충격에 대한 보상은 복음으로 그 대체가 가능한 일인가?

당나라 측천무후 시절에 누사덕(屢師德)이라는 재상이 있었다. 그는 성품이 온후하고 너그러웠다. 버릇없이 무례하게 구는 사람이 있어도 탓하지 않앉고 참아내며 탓하지 않는 시간을 늘리는 훈련을 쌓았다. 신뢰와 정직으로 정사를 처리했기 때문에 많은 백성들의 존경을 한 몸에 받았다.

한번은 누사덕의 아우가 지방 관리로 임명되었을 때다. 누사덕은 아우를 불러 앉혀놓고 물어보았다.

"우리가 황제의 신임을 받아 관직을 얻은 것은 좋은 일이나 그만큼 남의 질투와 시샘도 클 것이다. 아우는 원치 않는 남의 질투에 어떻게 대처할 생각이냐?"

그러자 아우가 대답했다.

"누가 내 얼굴에 침을 뱉는다면, 결코 상관하지 않고 화내지 않고 수건을 꺼내서 잠자코 닦아 내겠습니다. 만사를 이와 같이 하면 형님에게 누를 끼치지 않을 것입니다."

동생의 반응에 형인 누사덕은 고개를 좌우로 저었다.

"그 점이 바로 내가 염려하는 바다. 누군가 네 얼굴에 침을 뱉는다면, 그것은 너에게 크게 화가 났기 때문이다. 그런 상황에서 네가 바로 그 침을 닦아내면 상대방은 더 화가 날 것이다. 침은 닦지 않아도 저절로 마르게 되어 있다. 그럴 때는 웃으면서 침이 말라서 떨어질 때까지 기다리는 것이 상책이다."

"얼굴에 묻은 침은 저절로 마른다."라는 뜻의 타면자건(唾面自乾)으로 누사덕은 세상을 살아가는 데 인내가 얼마나 중요한가를 일깨워주었다. 순간의 분노를 참아라. "일흔 번씩 일곱 번"(마 18:21) 참는 시간을 계산해보면, 침이 마를 때보다도 더 오랜 시간이 걸릴 것이다.

인내하는 것은 포기하는 것보다 어렵다. 오트베르그(John Ortberg)는 『물 위를 걷기를 원한다면, 보트에서 벗어나라』(If you want to walk on water, You've got to get out of the boat)에서 "포기하는 것은 인내하는 것보다 더 쉬운 것이다."라고 말한다. 인내의 능력은 충동에 자신을 내맡기지 않는 것이다. 인내의 결실은 충동의 노예가 되지 않는 것이다. 욕구 충족이나 만족을 지연시키는 일은 성장과 성숙을 위한 시련의 테스트다.

그리스도인들에게 반드시 지켜내야 하며 준수해야 할 권리가 있다. 범사에 참는 권리이며 절제와 인내의 책임이다. 그리스도의 복음을 전하는 일에 아무 지장이나 장애가 없도록 하기 위하여 모든 것을 참아야 한다. 세상에 하고 싶은 일이 있어도 복음 때문에 그 자유가 제한을 받는다면, 그 고통의 자유는 죽음보다도 더 가치가 있으며 소중하다.

26. 와우(WOW): 물 위를 걷는 기술

행여 당신의 가는 길에 '방해하는 나귀'가 있다면 어떻게 할 것인가? 옆에 차고 있는 검으로 나귀의 목을 치겠는가? 채찍으로 후려치겠는가? 그대를 방해하는 원수 같은 나귀가 그대의 목숨을 구명하는 도구가 되고 있지 않은가! 나귀의 생명은 보존되나 당신의 목숨은 사라질 것이다. 천사가 손에 검을 들고 서 있는 모습을 왜 보지 못하는가? 그 얄팍한 오기(傲氣)의 영성으로 어떻게 목회를 하겠다는 것인가?

괘씸죄와 엔돌 무당의 굿판은 한통속이다. 목사의 괘씸죄는 하나님도 못 말린다. 불행의 싹인 줄 알면서도 내려놓지 못한다. 목사의 죄목에서 괘씸죄를 지울 수 없다. 목사가 지향하는 '고통의 자유'가 고작 그런 괘씸죄라면, 어떻게 악을 극복할 수 있겠는가!

성직자들이여! 인간적인 한계를 넘어서라. 물 위에서 걷기를 원하는가? 그러면 그 보트에서 벗어나라. 탈출하라. 움켜쥔 보트 끈을 미련 없이 던져버려라. 내려놓으라. 왜 그 보트의 손잡이를 놓지 못하는가?

보트 손잡이가 떨어져 나가지 않을까 걱정인가? 그래서 필사적으로 매달리고 있는가? 거친 파도가 보트를 삼키려 한다. 죽음의 공포가 다가왔다. 귀신도, 유령도 나타났다. 혼미한 상태다. 이제는 희망이 없다. 절망이다.

그러나 한 제자만 살아남았다. 역사의 한 페이지를 극적으로 장식했던 불같은 성격의 베드로, 그가 뛰어내렸다. 스스로 선택한 최초 익사자로 기록되었다. 그 역시 완전한 실패자였다. 여기에 제자들의 갈림길이 있었다.

보트 안의 변사체들을 보라. 열한 제자 모두 보트 안에서 익사체로 발견되었다. 그들은 모두 실패자들이다. 아직도 손에 잡은 끈을 놓지 못한다.

예수의 따스한 손길이 그를 기다린다. 해저의 깊이만큼 차원이 다르다. 베드로! 그래도 그대에게는 높은 점수를 주고 싶다. 물 위를 걷는 기술, 죽음의 '와우'(WOW, Walking On Water)를 조금이라도 맛보았으니 말이다.

십자가를 앞에 놓고 진정한 자유를 누리지 못하는 성직자라면, 그 직에서 내려오라. 골고다의 십자가는 설자리를 잃게 된다. 십자가가 서 있는 곳이 어디인가? 골고다 언덕이다. 틀렸다! 두 강도들 사이에 있다. 두 죄인들의 틈 사이에서 십자가는 우뚝 서 있는 것이다. 고아들, 과부들, 나그네들, 가난한 이웃들, 소외된 이웃들, 환우들을 보살피라. 사회복지에 무관심한 교회들은 '열린 무덤'과 같은 것이다. 목회에서 '성공'과 '실패'라는 단어는 존재하지 않는다. 단지 '바실레이아', '하나님의 나라'를 전할 뿐이다. 처절한 십자가의 고통을 맛보는 '오늘'이 바로 목회의 현장이다. 고난의 바다에 빠지는 순간, 새로운 생명이 탄생할 것이다.

27. 알끼키의 원리

　우주의 질서가 금이 가기 시작하면, 비극의 주인공이 탄생한다. 하나님은 질서를 존중하신다. 질서의 하나님이시다. 과연 장로의 생명을 해치면서 자살할 만한 사건이었다고 보는가? 어느 교회에서든 그 정도의 갈등과 반목, 질시와 투기, 오기와 왕따는 있을 수 있다. 갈등 없는 세상은 없다. 에덴에서도 선악과를 앞에 두고 아담과 이브는 심각한 갈등을 겪었다.

　목사와 성도들 사이에서 마찰이 없다면, 그곳은 교회가 아니다. 갈등을 부정적 시각으로만 보지 마라. 갈등은 정의를 위한 좁은 길이다. 하늘에서도 존재한다. 목사의 의견이 최상은 아니다. 무조건 다 옳은 것은 아니다. 반론을 제기하는 장로가 있어서 균형이 이루어진다.

　양심이 있는 곳에 위선이 있다. 정의가 있는 곳에 불의가 있다. 이것이 세상이다. 교회도 예외는 아니다. 왜곡의 칼날이 심장을 도려낼 정도로 고통과 아픔이 있다. 진실을 향한 변론을 준비하라. 그리고 설득하라.

　알아주라. 끼워주라. 키워주라. 이것이 '알끼키의 원리'이다. 목사는 양들을 '알끼키' 하라. 사소한 모임까지도 끼워주라. 그리고 '들보'는 숨겨주고 달란트는 키워주라. 목자와 양들은 적과의 동침이 이루어질 정도로 긴장관계가 아니다. 증오의 싹은 키우지 마라. 집안에 있는 원수와 교회 안에 사탄들을 보듬어 안아서 아우르라.

　사랑이란 무엇인가? 존 턴(John Donne)은 "고별사: 금지하는 애도"(A Valediction: Forbidding Mourning)에서 사랑은 "컴퍼스를 가지고 원을 그리는 것"이라고 고백한다. 컴퍼스는 두 개의 다리가 있다. 하나는 롱 다리요, 다른 하나는 숏 다리다. 짧은 숏 다리에 몽당연필을 끼워라. 사랑의 에너지다. 컴퍼스의 기능은 동그라미를 그리는 것, 결혼반지처럼 사랑의 원을 그리는 것이다. 원은 원이다. 자유를 향한 수갑이요 기쁨을 위한 구속이다. 뫼비우스 띠와 같은 원을 만들라. 어떻게 원을 그리느냐가 문제다.

"점잖은 사람들은 점잖게 숨을 거두며 그들의 영혼에게 가자고 속삭인다. 임종을 지켜보는 슬픈 어린 벗들이 '숨이 졌다, 아니다' 말하고 있을 때, 그처럼 우리도 조용히 사라지세나. 눈물의 홍수나 한숨의 폭풍 없이 속물들에게 사랑을 알린다는 것은 우리의 기쁨을 모독하는 것이 된다. 지구가 움직이면 재난과 공포가 따르고 인간들은 그 피해와 익미를 계산한다. 천체의 움직임은 그보다 더하지만 사람들에게 끼치는 해로움은 덜하다. 우둔한 속세 인간들의 사랑이란 그들이 오로지 관능만을 아는지라 이별을 이겨내지 못한다. 이별은 사랑의 요소를 제거하기 때문이다. 그러나 우리는 이별을 모를 만큼 서로가 서로의 마음을 믿고 있고 사랑으로 세련되어 있으므로 눈, 입, 손이 없음을 탓하지 않는다. 우리 둘의 영혼은 결국 하나이니 내가 떠난다 하여도 헤어짐이 아니요 가공하여 엷어진 금박 모양으로 오로지 넓게 확장되는 것일 뿐. **만약** 우리의 영혼이 둘이라 하더라도 컴퍼스의 다리처럼 한데 붙은 둘이 되나니 고정된 다리인 당신의 영혼은 다른 다리를 따라 움직이게 마련이다. 당신의 다리가 중심에 서 있어도 상대방이 멀리 움직여 떠날 때면, 그쪽으로 몸을 기울이며 귀를 기울인다. 그리고 그쪽이 돌아오면 곧게 일어선다. 당신도 나에게 정녕 그러하리라. 비스듬한 다리처럼 움직이겠지만, 당신의 확고함이 내 원을 바르게 하고 내 출발한 곳에서 끝나게 한다."

한쪽 다리가 중심을 잡는다. 다른 쪽은 원을 그리려고 집을 나선다. 밖에 있는 다리, 안에서 중심을 잡고 있는 다리를 향하여 몸을 기울인다. 안에 있는 다리, 밖에 있는 다리를 향하여 몸을 기울인다. 서로 의지하며 어깨를 빌려준다. 컴퍼스의 두 다리처럼, 합력하여 선의 원을 완성하는 것, 이것이 사랑이다.

이 두 다리의 상생으로 원을 그릴 때, 왜 장애물이 없겠는가? 정삼각형, 정사각형, 직사각형, 마름모꼴……. 길목마다 기다린다. 백지 위에 거침돌이다. 컴퍼스로 삼각형을 그린다. 네모를 그린다. 불가능한 일이며 부질없는 일이다. 서로에 대한 책임과 의무가 쾌락보다 우선한다.

    교회는 컴퍼스의 지체들이다. 혼자서는 그릴 수 없는 원이다. 보름달과 같은 원을 그리는 것이다. 서로를 위한 다리가 필수적이다. 신랑이신 예수 그리스도를 중심으로 속이 꽉 들어찬 아가페의 원을 완성하라.

28. U자형 인간

    그는 행복한 사나이였다. 전보다도 두 배의 복을 받았으니 말이다. 두 배의 축복이라면, 아마 아내도 둘이 아닐는지? 이렇게 질문하는 것 자체를 오픈엔딩이라고 해두자. 그럼에도 불구하고 그는 해피엔딩의 주인공이다. 아주 기술적인 희극의 주인공이 되었다.

    그러나 나는 그의 행복한 결말에 대하여 동의하고 싶지 않다. 부러워하지도 않는다. 그 이유는 자식을 잃은 사람은 아무리 아름다운 딸을 다시 얻는다 해도 먼저 간 자식의 고통과 슬픔 때문에 위로가 되지 않는 법이다. 어디 딸뿐인가? 아들은 물론 모든 재산까지도 잃었다. 그 정신적 충격은 단순한 충격파가 아니다. 그 흔적은 '예수의 흔적'을 몸에 지니고 다닌 바울처럼, 시체가 되어서도 그 고난의 흔적은 결코 지워지지 않을 것이다.

    고통을 야기한 상황들은 변할 수 있다. 그러나 그 고통의 상처는 쉽사리 사라지지 않는다. "시간이 약이다." 약발의 정도에 따라서 다르겠지만 결코 시간은 약이 될 수 없다. 약은 시간이 지나면서 그 효능이 사라질 뿐이다.

"세월이 지나면 잊히겠지."라고 위로해주어도 그때뿐이다.

행복의 크기는 망각의 속도와 정비례한다. 정말 그럴까? 그도 그렇게 느끼고 있었을까? 그러나 고통의 크기는 망각의 속도와 반비례할지 모른다. 속도와는 무관하다. 어느 누가 그에게 그 느낌을 질문한 적이 있는가?

"욥 어르신, 지난날의 고통에 대하여 어떻게 생각하십니까?"

"묻지 말게나. 나는 다 잊었으니까!"

설령 그가 다 잊었노라는 말을 했다 치자. 정말 그는 그 고통을 다 잊었겠는가? 천만에. 어떻게 잊을 수 있겠는가! 아마 망각의 신이 있다 할지라도 그에게는 고장 난 신이 되었을 것이다.

과거의 행복을 되찾으라. 무엇이 필요한가? 오늘의 고통을 초월할 수 있는 계기를 만들어라. 계기는 하나의 방편! 그것은 이해할 수 있다. 그러나 꿈에서 깨어나듯 전혀 다른 인간이 될 수 있는 것은 아니다. **만약** 회복된 환경이 그를 이해하지 못하는 세 친구들의 세계와 단절되어 있다면, 이 행복한 사나이, 욥의 스토리는 아무런 의미도 뜻도 없을 것이다.

인생은 U자형이다. U의 틀 속에 살아갈 운명이다. "인생은 수수께끼와 같다."고 이야기한다. 그 해답은 U의 틀 속에 잠복해 있기 때문이다. 영어 알파벳의 U구조를 살펴보라. 처음 시작하는 출발점은 알파 포인트로서 창조의 시작이며 생명의 시작이다. 그러나 수수께끼와 같은 인생은 미래를 예측할 수 없다. 그러나 U는 모든 인간들을 기다린다. 자연의 모든 생명체들도 U와 함께 출발한다. 이미 하늘나라에 가 있는 성도들도 U의 패턴을 거쳐 간 사람들이다.

U 속에서 인간은 희로애락을 경험한다. 성경의 인물과 사건들은 대부분 U자형이다. U를 떠나서는 이야기할 수 없다. 요셉의 고난과 승리, 욥의 재앙과 회복, 예수의 십자가, 바울의 회심 등 모두 U 스토리의 원본들이며 주인공들이다.

그리스도는 U의 원형이다. 성육신과 십자가와 부활이 그랬다. 아담으로부터 장차 오실 메시아에 이르기까지 기독교 구원도 U자형이다. 목가적이며 농경적인 약속의 땅을 점령하는 모세와 여호수아도 U 속에서 살아갔다.

그대는 어디쯤 달려가는가? 상상해보라. 그대의 인생 패턴도 U처럼 춤을 춘다. 바람에 밀려 **어쩔 수 없이** 오르락내리락 기복의 법칙을 반복할 것이다. 파도의 파고가 높을수록 그 골 또한 깊어진다.

햇살이 부딪쳐 반짝이는 그 파고의 끝! 그 끝의 연속이 지속된다면, 그 인생은 얼마나 행복할까? 그 첨단, 그 고공, 그 정상을 정복하면서 살아간다면, 얼마나 좋을까? 인생의 여정이 언제나 상승과 전진만이 있다면, 얼마나 좋을까!

U는 인간의 생과 사의 과정을 묘사한다. 좌측의 알파에서 우측의 오메가로 끝이 난다. 인생은 본질적으로 고난이다. 아래로 달려가는 내리막길이다. 그것도 직선으로 직행한다.

생의 마지막 전환점, 터닝 포인트에 다다른다. 벼랑 끝이다. 가장 차갑고 음침하고 어두운 곳이다. 이곳에서 모든 인간은 숙명적으로 '죽음에 이르는 병'에 걸린다. 죽고 싶어도 죽을 수 없는 병, '절망'이다. 밑바닥 인생으로 죽음의 문턱에 서 있다. 죽음의 계곡이다. 생사의 갈림길이다. 고독과 슬픔, 눈물과 통곡의 현장이다. 사막이다. 밀림의 늪지대로 빠져나갈 수 없는 수렁이다. 좌절과 절망의 가마터다. 모든 생기와 영혼까지도 빨아들인다. 부조리한 오메가의 해체현장이다. 고갈의 신학이며 죽음의 신학이다. 스올이다. 무저갱이다. 지옥이다. 십자가가 외롭게 서 있던 자리, 바로 그곳이다. 십자가 신학이 탄생한다.

그러나 외롭지 않다. 고독하지 않다. 쓸쓸하지 않다. U의 기저에 한 줄기 '치유하는 광선'이 블라인더 사이로 비추어 온다. 알파의 햇살이다. 소생의 에너지가 꿈틀거린다. 온돌의 구들장처럼, 서서히 생명의 온기가 달아오른다.

1분 1초에도 수많은 U가 너울거린다. 인생은 멀미한다. 기나긴 멀미의 과정이다. 기뻐하라. 기도하라. 감사하라. 문제는 바른 U가 거꾸로 된 U로 변형되는 순간이다. 거꾸로 선 U는 죄와 벌, 당근과 채찍의 고통을 겪고 있는 인간형이다. 그는 사건이 역전되는 반전의 지점에서 미끄러진다. 추락한다. 재도전의 기회를 저버리고 나락으로 떨어지고 마는 인생이다. 하강의 파국으로 곤두박질친다. 몰락과 패배, 실패하는 인생의 표본이다.

바른 U나 거꾸로 된 U는 공통적으로 부정적인 구조적 이미지를 가지고 있다. 전자는 "구덩이"(겔 31:14)를, 후자는 "무덤"(욥 17:1)을 상징한다. 인생은 믿을 만한 존재가 아니다. "너희는 인생을 의지하지 말라"(사 2:22)는 이사야의 경고가 담겨 있다.

컵은 U자형이다. 복을 기다리는 잔이다. 차고 넘치도록 그대의 잔을 높이 들어라. 사발, 투가리, 바가지, 통, 함박, 독, 항아리를 열어두라. 항아리는 그대의 몸이다. 영혼의 그릇이다. 항아리의 뚜껑을 열어 젖혀라. 닫는 일은 그대의 몫이다. 그대의 믿음이다.

하늘과 맞닿은 대지와 흙이 그대를 기다린다. 마지막 한 알의 밀알이 뿌려진다. 나사로가 그랬다. 더 멋진 사나이들도 보인다. 에녹과 엘리아가 하늘로 솟아오른다. 인간 예수도 우측 오르막길을 통하여 하늘로 직행한다. 이 얼마나 멋진 장면인가!

U가 흔들릴 때마다 믿음도 흔들린다. 절망하는 순간에 "하늘의 보물인 이슬"(신 33:13)이 말라간다. 이슬창고를 새롭게 만들라. 그리고 한 방울씩 한 방울씩 하늘의 이슬을 저장하라. 하늘의 보물인 이슬 에너지를 확보하라.

29. 한 알의 모래알 속에서 우주를!

헬레니즘(Hellenism)의 일반적 정서였던 우주론적 이원론을 야기하는 가장 본질적인 관심은 1차적으로 윤리적인 것이다. 다시 말해서 이 세계의 악을 어떻게 설명하느냐에 관한 것이었다. 당대의 신화적 세계관에 젖어 있던 사람들은 악에 대한 상황 윤리적 사고력을 결핍하고 있기 때문에 반드시 그 기원을 찾으려 했다.

선악의 문제에 있어서 동양사상은 그것을 실체화시키지 않았기 때문에 매우 쉽게 해결할 수 있었다. 예를 들면, 한 톨의 모래알이 분단에 있을 때에는 그것은 선이다. 그러나 그것이 내 밥그릇에 들어와 있으면 악이 된다. 그것은 이를 부러뜨리며 망가뜨리고 맹장염을 일으켜 생명을 위협한다. 그러나 한 톨의 모래알 그 자체에 악이나 선이 들어 있는 것은 아니다. 그것을 악이나 선으로 규정할 수 있는 상황이 있을 뿐이며 그 상황은 가변적이다. 따라서 절대적 선과 악은 존재하지 않는다.

그러나 헤브라이즘(Hebraism)과 헬레니즘 문명은 선과 악을 절대시하고 실체화시키며 존재화시킨다. 그것이 실체가 되고 존재가 되면, 반드시 그 존재의 계보나 창조자를 찾게 마련이다. 그러면 이 세계의 악은 악의 주인이 따로 설정되어야 한다. 따라서 이 세계의 선은 선신이 창조하고, 이 세계의 악은 악신이 창조하게 되며 그렇게 되면 이 세계도 선악으로 분열하게 되고 신도 선악으로 분열하게 된다. 그러면 인류의 역사는 선신과 악신의 우주적 대결의 장이 되어버리고 만다.

요한복음에도 이분법적 사상이 없는 것은 아니다. "그 빛이 어둠 속에서 비치니, 어둠이 그 빛을 이기지 못하였다."(요 1:5) 선악을 실체화시키고 그 기원을 따져서 문제를 해결하려는 노력은 매우 그럴듯하게 보인다. 그러나 근원적으로 선악의 문제는 해결될 수 없다. 어떤 사람이 악신의 지배에 의한 살인행위를 했다고 하여 당장 처형해버린다 할지라도 악의 문제는 해결되지 않는다. 모범수로서 수감생활을 하는 것을 보면, 그는 매우 선량한 사람일 수 있다.

구약의 욥기서에도 이러한 우주론적 이원론의 갈라짐이 내포되어 있지만, 욥은 자신의 일원론적 실존의 선택으로 그 갈라짐을 메우고 채우려는 영웅으로 등장한다.

역사적 예수는 결코 선과 악이라는 대립적인 쌍들에 관심이 없다. 또한 그는 인간본성의 선악에 대하여 언급한 바 없다. 그것은 복음의 핵심적인 내용이 아니기 때문이다. 그의 사전에는 성선(性善)과 성악(性惡)이라는 갈등 구조가 존재하지 않는다. "아버지께서는 악한 사람이나 선한 사람에게나 똑같이 해를 떠오르게 하시고 의로운 사람에게나 불의한 사람에게나 똑같이 비를 내려주신다."(마 5:45) 하나님은 오히려 선과 악에 대한 공평한 저울을 갖고 계신다. 인간 예수의 하나님은 선과 악의 분리가 아니라 통합을 추구하신다. 악에 대한 따스한 햇살과 단비를 공정하고 공평하게 부어주신다. 그리고 단지 천국을 선포할 뿐이다.

로고스(*Logos*)에 의한 창조의 세계 속에는 유일신 사상이 가장 중심에 자리 잡고 있다. **만약** 이 세계를 창조한 하나님이 유일한 하나님이라고 한다면, 하나님은 자기가 창조한 세계에 대해서 전적으로 책임이 있다는 뜻을 내포하고 있다. 즉, 이 세계의 악도 결국 하나님에 대한 피조의 결과이며 그 악도 하나님의 책임 속에 들어 있는 것이다. 그러나 실상 악이 따로 존재하는 것이 아니라 인간의 악한 의지와 관련이 되어 있다. 인간을 악하게 만드는 것은 악한 의지일 뿐이다. 사실 이 세계는 에덴동산처럼 아름다운 곳이다. 인간의 의지가 악할 뿐이며 죄를 지을 뿐이다. 그러나 인간의 의지는 인간의 육체의 죄성과 타성에 관련되어 있다. 따라서 일반적으로 육체는 윤리적으로 선한 것으로 간주되지 않는다. 욕심과 탐욕, 모든 이기적 충족의 원천이다.

하나님의 백성들은 무심결에 입 벌리고 있는 연약한 굴에게 소리 없이 다가가 고통 없는 한 개의 모래알이 되어주는 것이다. 특히 성직자들의 역할은 그 굴속에서 아름다운 영혼의 진주가 태어날 수 있도록 돌보아주며 섬기는 서번십 사역이다.

30. 하나님의 컬러(color)

하나님의 컬러는 무엇인가? 하나님의 컬러는 검정색과 흰색을 구분하지 않는다. 기회가 있을 때마다 이 둘을 혼합시키는 데 온 힘을 기울이신다. 회색의 상대는 없다. 회색의 적이나 원수도 존재하지 않는다. 하나님은 회색의 적수를 창조하지 않으셨다. 회색은 하나 됨의 미학으로 통합을 추구한다. 회색의 미학은 조화와 균형을 추구하는 하나님의 뜻이요 섭리이다.

가을하늘의 하얀 뭉게구름은 낭만적이며 감성적이다. 그러나 소나기를 몰고 오는 여름 장마의 구름은 현실적이며 이상적이다. 이른 비와 늦은 비로 흙 속에 묻혀 있는 씨를 촉촉이 적셔주는 회색하늘을 바라보라. 회색은 생명의 씨와 깊은 관계가 있다.

회색은 둘로 나누어도 회색이다. 회색이 되기 전에는 흰색과 검정색이 갈등한다. 이것이 문제다. 회색은 두 가지 요소가 필수적이다. 반드시 상반적이며 적대적이어야 한다. 찬성과 반대의 컬러를 혼합시키는 원리를 지향한다. 밝고 어두운 이분법적 색상들의 결합이다. 정반합을 추구한다. 회색은 영적 변증법이다.

하나님의 섭리는 회색지대 공간에서 완성된다. "원수를 사랑하라"는 말씀의 근본은 회색이다. 회색은 중용의 길이요 갈등을 아우르며 싸매주는 상생의 색상이다. 좌로나 우로나 치우치지 않는다. 회색의 미학은 평화이다. 이곳에서 자유와 진리가 탄생한다. 참으로 아름다운 생명의 색상이다.

설익은 흰색이 수직이라면, 수평은 설익은 검정색이다. 수직과 수평의 교차점에서 십자가가 회색으로 채색된 채 탄생한다. 아주 잘 익은 골고다의 십자가였다. "골고다"(Golgotha)(마 27:33)는 '그레이 포인트'(Gray Point, GP), 즉 회색점이다. 십자가는 '알파/오메가'의 패러다임이 '알파-오메가'의 패러다임으로 만나는 GP의 공간이다. GP는 흑백을 빨아들이는 블랙홀이다. 십자가는 회색이며 하늘과 땅을 연결하는 중용의 샘이다. 죄의 변증법이요 구원의 시너지다. 구원에 이르는 열쇠가 바로 이곳에 있었으며 하나님은 GP의 주인이셨다.

하나님의 '이프 신학'은 철저하게 이분법적이다.(신 28장) 머리가 될지언정 꼬리가 되지 말라고 한다.(신 28:13) 신명기 글쓴이는 이분법을 조장하며 부추긴다. 복을 받느냐? 저주를 받느냐? 머리와 꼬리 사이의 중간지대, 중간역, 간이역을 인정하지 않는다. 오직 '알파/오메가'의 단절구조뿐이다. 이것은 기복신앙의 단초를 제공한다. 복과 저주 사이에서 신음하는 인생의 나그네들은 안중에도 없다. 마치 키메라(Chimera)처럼 삼위 일체 하나님의 삼분법을 인정하지 않는다. 키메라는 머리는 사자, 몸통은 염소, 꼬리는 뱀으로 구성된 상징적인 동물이다. 머리와 꼬리는 이분법이다. 그러나 몸통은 이분법을 연결해주는 완충지대이며 연결고리다.

십자가는 회색의 영역이다. 그레이 존(grey zone)이다. 십자가는 창조된 회색이다. '알파-오메가'의 구조를 지향한다. 선악이 공존하는 총화의 상징이다. 선의 승리와 악의 패배, 악의 승리와 선의 패배가 통합되는 회색의 현장이다.

33세 젊은 청년인 예수가 요절했다. 악이 춤을 추었다. 무덤에 들어가 사흘 만에 부활했다. 선이 춤을 추었다. 패배와 승리의 나팔이 잠들어 있던 우주를 흔들어 깨웠다. 어떠한가? 이 정도면, 선과 악의 무승부라고나 할까?

인간의 이성적인 논리에는 모순이 존재한다. 신앙은 모순이며 역설이다. "부조리하기 때문에 믿는다."는 터툴리안(Tertullian)의 담론으로 우리의 문제를 끝낼 수 있을까? 모순 때문에 믿는, 부조리하기 때문에 믿는 회색신앙 말이다.

"아버지께서는 악한 사람이나 선한 사람에게나 똑같이 해를 떠오르게 하시고 의로운 사람에게나 불의한 사람에게나 똑같이 비를 내려주신다."(마 5:45) 하나님은 선과 악을 구별하지 않으신다. 흰색과 검정을 차별하지 않으신다.

흰색이라면, 보수요 우파다. 검정색이라면, 좌파요 진보다. 이른바 전자는 보수신앙이요 후자는 진보 신앙이다. 기독교는 신학과 신앙, 그 이념의 '촛불집회'를 사이에 두고 대치한다. 하나님의 몸이 찢긴다. 하나님이 서로 자기편이라고 고성을 높인다. 하나님은 흰색이야. 아니다. 하나님은 검정색이야. 색깔의 정체성으로 난리법석이다. 그러나 십자가에서 달리신 하나님은 색깔 논쟁을 하지 않는다. 두 강도들의 흰옷과 검정 옷을 수용과 침묵으로 포용하신다.

C. S. 루이스에 의하면, 하나님의 컬러는 흰색과 검정 사이에서 교차되는 하나님의 윤리적 판단을 강조한다. "하나님의 도덕적 판단은 우리 인간의 관점과는 전혀 다르다. 검정색이 흰색이 될 수 있으며 흰색이 검정색이 될 수 있다. **만약** 그렇다면, 선과 악에 대한 관점도 달라질 것이다. 하나님을 '선하시다'라고 평가하는 것은 아무런 의미가 없다. 하나님과 인간의 판단에서 서로 공통점이 없을 때, '하나님은 선하시다' 혹은 '악하시다'는 인간의 판단은 하나님에 대한 무지를 드러내는 것이다. 하나님의 선악에 대한 개념은 인간의 생각과는 다르다."

흑과 백이 교차되는 성경의 메시지들은 적지 않다. "내가 무슨 악을 행하였기에 너희 조상이 나를 떠났느냐?"(렘 2:5) 하나님은 자신의 악을 부정하신다. "징계는 다 받는 것이거늘 너희에게 없으면, 사생자요 참 아들이 아니니라"(히 12:8) 징계의 범위에 따라서 다르겠지만, 그것은 진정한 아들을 삼기 위한 하나님의 선과 채찍이라는 것이다.

 토기장이, 디자이너, 하나님의 색상은 회색이다. 선택된 하나님의 백성들이 사는 하늘나라도 회색일 것이다. 인간의 영혼을 위하여 하나님은 회색의 패러다임을 추구하였다. 흑백을 아우르는 해방과 자유신학의 컬러도 회색이다.

 회색은 화해와 용서의 언어다. 기독교의 사순절(四旬節)은 회색이며 참회의 상징이다. 영적인 "뫼비우스 띠"(Moibius Strip)를 형성하라. 안과 밖이 하나의 문지방에서 만나듯이 소통의 통로가 되어줄 때, 회색의 멋은 바로 그곳에 있다. 그대의 컬러는 무엇인가?

31. 은밀한 원인(secret cause)

 종교적인 관점에는 두 가지가 있다. 하나는 선과 악을 대립시키는 윤리적 관점으로서 성경에 근거한 서구 기독교에서는 '선'(善, the good)과 '악'(惡, the evil)을 대립시키는 윤리를 강조하고 있다. 서구인들은 자신들이 가지고 있는 종교로 인해 이원론적인 영역에 매여 있지만, 신비적 관점에서는 선과 악을 한 과정이 지니는 두 측면으로 이해한다. 중국의 음양(陰陽) 표징이나 태극(太極)이 여기에 해당한다. 따라서 전혀 다른 두 가지 다른 관점이 있는 셈이다.

타락 이후의 세상에 절대적인 선악이 존재한다고 보는 성경적 관점에서는 타락한 자연에 의지할 수 없다. 그보다는 자연을 바로 잡고자 하며 악에 대항하여 선의 편에 서고자 한다. 반면에 동양의 종교에서는 서구에서 선악이 교차한다고 보았던 자연과 만날 수 있게 한다. 동양의 전통적 관점에서 보면, 자연의 여러 과정들에 대해서 악이라고 말할 권리가 없다. 에덴동산에서 타락이나 그로 인한 자연이 타락에 대해서 전혀 알지 못하는 세계가 있다. 자연의 과정은 결코 악일 수 없다는 것이다. 서양의 전통에 의하면, 모든 자연적 충동은 특정한 방식으로 정화되지 않는 한 죄가 된다.

'고통당하는 인간'이란 무엇인가?

제임스 조이스(James Joyce)와 아리스토텔레스(Aristotle)는 인간의 '비극적 감정'을 '공포', '두려움', '연민', '동정'이라는 말로 정의한다. 이들은 공포와 두려움을 구별해서 정의하고 있는데 공포는 고통을 넘어서는 지고의 존재에 대한 고요한 경험이다. 즉, 인간의 고통 안에 있는 심대하고도 지속적인 것 앞에서 마음을 사로잡는 감정이다. 캠벨(Joseph Campbell)에 의하면, 이러한 감정은 '은밀한 원인'(secret cause)과 하나가 되게 하는 감정이다. 이것은 무엇을 의미하는가? 모든 것의 열쇠는 바로 '은밀한 원인'이다.

마틴 루터 킹(Martin Luther King)처럼, 흑인이 백인의 총에 맞아 살해당했다. 죽음의 원인은 무엇인가? 총알 때문인가? 그것은 단순히 도구적 원인일 뿐이다. **만약** 당신이 총알을 가까이 두어서는 안 되며 총기를 판매하는 상점에서 총을 아무나 사도록 해서는 안 된다고 총알에 대해서 글을 쓴다면, 그것은 총기 소지 규제에 대한 중요한 논문을 쓰는 것일 뿐 비극적인 이야기가 되지 않을 것이다. 백인이 흑인을 쏜 것이다.

그렇다면 살인의 원인은 미국의 인종 갈등인가? **만약** 이에 대하여 글을 쓰고자 한다면, 이것 역시 도구적 원인일 뿐 흑인의 죽음에 대한 '은밀한 원인'은 아닐 것이다. 매우 중요한 사회적 논문을 쓰는 것일 수 있지만 이것 역시 비극이 될 수 없다. 즉, 불행이기는 하지만 비극은 아니다.

마틴 루터 킹이 암살당하기 직전에 한 중요한 멘트가 있다. "나는 정의를 위해서 그리고 그 목적을 위해서 내가 죽음을 무릅쓴다는 것을 안다." 그가 말한 것은 바로 '은밀한 원인'이다.

죽음의 '은밀한 원인'이 곧 우리 자신의 운명이 된다. 그리고 영웅이란 결국 운명이 어떻게 되든 상관없이 자신들의 행동을 시작하는 사람들이다. 따라서 여기서 일어나는 것은 그 한 사람이 한 일의 결과다. 그 삶 전체에 대하여 그렇다고 할 수 있는 것이다. 또한 여기서 '은밀한 원인'이 드러난다. 인간 삶의 여정 자체가 바로 죽음의 '은밀한 원인'인 것이다.

삶의 여정 자체가 원인이 되어 사고를 일으키며 다른 사건이 아니라 죽음의 계기가 되는 것이다. 특정한 방식으로 생명을 잃게 되는 **우연한** 사건은 그의 운명의 성취라고 할 수 있다. 죽음 그 자체는 부차적인 것이다. 사건 전체에 걸쳐 드러나야 할 것은 지금까지 살아온 삶의 엄숙함이며, 사건도 그 삶의 일부분일 뿐이다. '나도 역시 이런 식으로 죽게 될 것인가?'라고 묻게 될 때, 우리 역시 이러한 완성을 이루며 죽을 수 있기를 바란다는 것을 의미한다. 이러한 관점에서 죽음은 우리 삶의 방향과 목적의 성취다.

예수의 십자가에 대한 근저에도 이러한 생각이 깔려 있다. 마틴 루터 킹의 죽음은 그리스도의 십자가의 죽음에 상응한다. 예수는 십자가에서 "죽게 되리라"는 것을 알면서도 "예"하고 스스로 세상에 내려왔다. 말하자면 우리 모두는 이러한 방식으로 "아니오"가 아니라 "예"라고 말하면서 그 "예"에 순응하면서 인생의 길을 걸어가는 것이다. "아니오"라고 말할 때, 우리의 도덕성이나 정의의 문제 또는 이와 관련된 범주들에 줄을 서게 된다. 그것은 대립 쌍들을 만나는 피라미드에서 한 단계 아래로 내려가는 것과 같다. 대립 쌍들이 없는 곳은 욕망도 두려움도 없는 곳이다.

십자가 위에서 죽음조차도 긍정하는 생명에 대한 그리스도의 "예"의 관점은 그 사건의 배경을 만들어 그것이 빛을 발하게 한다.

모든 종교들의 전면은 윤리적이다. 그러나 종교에는 선악을 넘어서며 나와 너를 넘어서며 삶과 죽음을 넘어선다.

32. 만약 선과 악의 이원론이 맞는다면

전쟁의 전문가인 이사야와 요엘의 평화와 전쟁이라는 이분법도 한 하나님 안에서 벌어지고 있는 신앙적 사건임을 간과할 수 없다. C. S. 루이스는 『순수한 기독교』(Mere Christianity)에서, 우주적 선과 악의 문제 그리고 인간의 '사회적인 악'이 어떻게 발생하는 가를 다음과 같이 주장한다.

세상은 원래 좋았는데 나빠졌으며 그럼에도 불구하고 돌아가야 할 원래 모습의 기억이 여전히 남아 있다고 보는 입장과 이원론의 입장이 있다.

이원론은 모든 것의 배후에 선과 악이라는 두 개의 동등하며 독립적인 힘이 있으며 우주는 그 두 힘이 끝없이 싸우는 전쟁터라고 믿는다. 이원론은 기독교 다음으로 가장 남성적이며 분별력 있는 관점이라고 생각한다. 그러나 여기에는 함정이 하나 있다.

이원론에 따르면, 그 두 힘 내지는 두 영 또는 두 신—하나는 선하고 하나는 악한—은 아주 독립적인 존재다. 그 두 힘은 모두 영원 전부터 존재했다. 그중 하나가 다른 하나를 만든 것도 아니고 하나님으로 자처할 수 있는 권리를 더 가진 것도 아니다. 아마 두 힘은 각각 자기가 선하며 상대방이 악하다고 생각할 것이다. 둘 중의 하나는 미움과 잔인성을 좋아하고 다른 하나는 사랑과 자비를 좋아하는데 두 힘 모두 '자기가 선하다'고 주장한다. 그렇다면, 우리는 대체 어떤 뜻에서 하나는 '선한 힘'이라고 부르고 다른 하나는 '악한 힘'이라고 부르는가?

단순히 하나를 다른 것보다 더 좋아하게 되었다는 뜻에서 그렇게 부르는 것이든지, 아니면 그 두 힘이 스스로를 어떻게 생각하느냐와 상관없이 두 힘 가운데 하나가 스스로 선하게 여기는 것은 사실상 틀린 것이며 잘못된 생각이라는 뜻에서 그렇게 부르는 것이든지 둘 중의 하나일 것이다.

만약 '선한 힘'을 더 좋아하게 되었다는 뜻에서 그렇게 부르는 것이라면, 선과 악에 대해서는 더 이상 아무 말도 할 수 없다. 선이란 어쩌다 보니 그 순간에 '더 좋아하게 된 것'이 아니라 '더 좋아해야만 하는 것'을 뜻하기 때문이다. **만약** 선하다는 것이 단지 별 이유 없이 마음이 끌리는 편에 합세하는 것을 뜻한다면, 그때의 선은 선이라고 불릴 가치가 없다. 따라서 우리가 하나를 '선하다'고 부르고 다른 하나를 '악하다'고 부르는 데에는 두 힘 가운데 하나는 실제로 그릇된 것이며 다른 하나는 실제로 옳다는 뜻이 들어 있는 것이다.

그러나 이렇게 말하는 순간, 이 두 힘을 제외한 제3의 힘의 존재, 즉 두 힘 중에 하나는 거기에 부합되지만, 다른 하나는 부합되지 않는 어떤 법칙 내지는 기준 또는 규칙을 우주에 끌어들이는 셈이 된다. 이처럼 그 기준에 다라 두 힘을 판단하게 될 때, 그 기준 내지는 그 기준을 만든 존재는 그 두 힘보다 더 오래전부터 있었을 터이며 더 높은 곳에 있을 것이며 그야말로 진정한 하나님일 것이다. 즉, 우리가 하나를 '선하다'고 하고 다른 하나를 '악하다'고 하는 것은 사실상 하나는 진정한 궁극적인 하나님과 바른 관계를 맺고 있으며 다른 하나는 잘못된 관계를 맺고 있다는 뜻이다.

만약 이원론이 맞는다면, '악한 힘'은 악 그 자체를 좋아하는 존재다. 그러나 실제로 우리는 단지 악이 악하기 때문에 좋아하는 사람들을 본 적이 없다. 우리는 여기에 가장 가까운 사례를 잔인한 행동에서 찾아볼 수 있다. 그러나 현실 생활에서 사람들이 잔인하게 구는 이유는 둘 중의 하나이다. 가학성 변태성욕자, 즉 잔인한 행동에서 감각적 쾌락을 얻는 성도착 증세를 가진 사람이기 때문이거나 그런 행동을 통해 얻으려 하는 무언가—쾌락, 돈, 권력, 안전—가 있기 때문이다. 그러나 쾌락이나 돈이나 권력이나 안전은 일정한 범위를 벗어나지 않는 한 전부 선한 것들이다. 잘못된 수단을 동원하여 그릇된 방법으로 너무 많이 추구할 때, 악이 되는 것이다. 물론 이러한 짓을 하는 사람들이 그렇게 극악한 자들이 아니라는 뜻은 아니다. 사악함을 자세히 들여다보면, 그것이 선한 것을 잘못된 방법으로 추구하는 것임을 알게 된다는 뜻이다.

인간은 선 자체를 위해 선해질 수 있다. 그러나 단지 악 그 자체를 위해 악해질 수는 없는 것이다. 친절을 베풀 마음이 전혀 없고 그 행동에서 전혀 기쁨을 느끼지 못할 때에도 단순히 '친절은 옳은 일'이라는 이유로 친절을 베풀 수 있다. 그러나 단순히 '잔인한 행동은 잘못된 일'이라는 이유로 잔인한 행동을 하는 사람은 아무도 없다. 그 잔인함이 자신에게 쾌락을 주거나 유용하기 때문에 그렇게 하는 것일 뿐이다. 다시 말해서 악은 선이 선 되는 것과 같은 방식으로 악이 될 수 없다. 선은 선 그 자체이다. 그러나 악은 선이 부패한 것에 지나지 않는다.

무언가 부패했다는 것은 처음에는 좋은 것이 있었다는 뜻이다. 우리는 가학성 변태성욕을 '성도착'이라고 부른다. 그러나 '도착되었다'고 말할 수 있으려면, 먼저 정상적인 성관계에 대한 개념이 있어야 한다. 그래야 어떤 것이 도착되었는지 알 수 있다. 정상적인 것을 기준으로 볼 때, 무엇이 도착되었는지 설명할 수 있는 것이지 도착된 것을 기준으로 삼아 무엇이 정상적인 것인지 설명할 수는 없는 법이다.

이원론에서 가정하고 있는 바, '선한 힘'과 동등한 입지를 가진 존재, '선한 힘'이 선을 사랑하는 것과 같은 방식으로 악을 사랑하는 '악한 힘'의 존재라는 것은 단순히 허깨비에 불과하다. '악한 힘'이 악해지려면, 먼저 선한 것을 원하고 그 다음에 잘못된 방식으로 그것을 추구해야 한다. 충동을 왜곡시키려면, 그보다 먼저 왜곡시킬 좋은 충동이 있어야 한다는 뜻이다. 그렇다면 결국 그는 독립적인 존재가 아니라는 뜻이 된다. 그는 '선한 힘'이 다스리는 세상의 일부에 불과하다. 그는 '선한 힘'에 의해 만들어진 존재이거나 두 힘 모두의 너머에 있는 어떤 힘에 의해 창조된 존재다.

'악한 힘'이 악해지려면, 일단 그는 존재해야 하고 지성과 의지를 지니고 있어야 한다. 그러나 존재나 지성이나 의지는 그 자체로서는 모두 선한 것들이다. 그러므로 그는 좋은 신으로부터 그것들을 얻어오는 수밖에 없다. 악해지기 위해서 적의 것을 빌려오거나 훔쳐 와야 한다는 것이다. 따라서 기독교가 악마를 타락한 천사라고 부르는 이유를 알 수 있을 것이다. 이것은 단순히 어린아이들을 위해서 만들어 낸 이야깃거리가 아니며 악이 원형이 아니라 원형에 기생하는 것임을 깊이 인식하는 데서 나온 말이다. 악이 악을 행할 수 있게 하는 힘은 선에서 나온다. 악한 자가 효율적으로 악해지는 데 필요한 모든 것—결단력, 영리함, 좋은 인상, 생존 그 자체—은 그 자체로서는 다 선한 것들이다. 이것은 엄밀한 의미에서 이원론이 통할 수 없는 이유다.

그러나 기독교는 이원론에 아주 가깝다는 것을 인정한다. 신약성경에는 우주 안에 존재하는 '어두운 권세'—죽음, 질병, 죄의 배후세력으로서 막강한 악령—에 관한 언급이 상당히 많다는 것을 알아야 한다. 그러나 기독교는 이 '어두운 권세' 역시 하나님이 창조하신 존재로서 본래는 선하게 창조되었으나 후에 악하게 변한 존재로 생각한다는 점에서 이원론과 구별된다. 이 우주는 전쟁 중이라는 견해에서는 기독교는 이원론에 동의한다. 그러나 이 전쟁을 두 독립적인 권세들 사이에 일어나는 일로 생각하지는 않는다. 기독교는 이 전쟁을 일종의 내란 내지는 반란으로 생각하며 우리가 살고 있는 우주가 반역자들에게 일부 점령당했다고 생각한다.

적들의 점령지역, 이것이 현재 이 세상의 모습이다. 기독교는 합법적인 왕이 이를테면, 변장한 채, 어떻게 이 지역에 상륙했는가에 관한 이야기로서 이 거대한 파괴 작전에 참여할 것을 촉구한다. 교회에 가면 동지들의 비밀

무전을 들을 수 있다. 그러므로 우리를 교회에 못나게 하려고 그토록 노심초사하고 있는 것이다. 적은 이 일을 위해 우리의 자만과 게으름과 지적 허영을 이용하고 있다.

33. 메타포에게 말을 걸어보라

메타포(Metaphor, 은유)는 하나님의 진리와 리얼리티를 인식하는 데 필수적이다. 그 이유는 진리란 객관적인 사상이나 이성을 통하여 드러나지 않기 때문이다. 메타포는 이성과 상상력을 사용하여 진리와 리얼리티를 설명해준다. 따라서 메타포는 영적 세계를 이해할 수 있는 가장 중요한 수단이며 방식이다.

메타포는 진리를 담는 일종의 그릇으로서 인구조사나 연감 통계 자료보다도 훨씬 신뢰할 만하다. 아리스토텔레스(Aristoteles)는 "지금까지 가장 위대한 것은 메타포를 정복하는 일이다. 메타포의 장인이 되는 일이 가장 중요하다"라고 말한다.

메타포는 시공을 초월하여 인간정신과 영적 생명력을 전달해주는 메신저와 같다. 창세기(Genesis)를 메타포로 이해한다면, 믿음과 미신을 구별하지 못하고 뒤죽박죽 혼합종교를 생산해 낼 과오나 실수를 범하지 않을 것이다.

은유를 뜻하는 "Metaphor"는 그리스어에서 "지나감" 또는 '한 장소에서 다른 장소로 이동해 가는 것'을 뜻하는 "meta"와 "옮기다", "나르다"를 뜻하는 "phorein"에서 나온 말이다. 은유는 한 장소에서 다른 장소로 이동시킴으로써 우리들을 가두고 있는 경계들을 넘어설 수 있게 해주는 자유가 있다. "A는 B이다"라는 메타포의 공식을 "A는 B와 같다"라는 직유의 방식으로 어물쩍 넘어갈 생각이라면, 진정한 자유를 얻지 못할 것이다.

메타포를 사실로 받아들이는 사람들과 메타포는 사실이 아님을 아는 사람들, 두 그룹의 사람들이 있는 것 같다. 은유가 사실이 아님을 아는 사람들을 '무신론자'라고 부르며 은유를 사실로 받아들이는 사람들을 '종교인'이라고 생각한다. 그렇다면 이들 중에서 누가 실제로 의미를 이해하고 있을까?

메타포는 그 외연으로서 역사적 맥락이 지니는 딱딱하고 사실적이며 1차원적인 내용들이 아니다. 스스로 일깨우는 진리의 여러 측면들에 대한 증거들의 성운을 통해서, 즉 그 내포를 통해서만 메타포의 의미를 제대로 전달할 수 있다. 성경적 은유가 지니는 내포적 의미는 풍부하며 무시간적이다. 다른 어떤 외적 세계에 있는 누군가를 지시하는 것이 아니라 바로 우리들 자신, 지금 21세기를 살아가는 여기, 우리들 자신의 내적이고 영적인 경험들을 지시한다.

영적 생명력은 은유적 열정으로부터 나온다. 그리고 거기에 의존한다. 메타포는 단순한 지적 개념 이상을 전달한다. 왜냐하면 초월의 현실성에 실제적으로 참여한다는 느낌을 주는 것이 메타포의 고유한 특성이기 때문이다.

구약의 메타포는 인간 본성에 관한 것들이 대부분이며 다양하고 독특하다. 특히 시편 80편의 '포도원지기 메타포'는 아주 담대하다. 왜 하나님이 자신이 심은 포도원을 파괴하는 데 동참하고 있는지 그것에 대한 비난이며 화살이다. 단순한 비판이 아니라 열정적인 매달림으로 그리고 능수능란한 메타포의 기교를 통하여 하나님을 향하여 울부짖는다. 원망한다. 그러나 대책도 없다.

예수는 자신의 메타포―"나는 생명의 떡이다", "나는 세상의 빛이다", "나는 문이다", "나는 선한 목자다", "나는 부활이요 생명이다", "나는 길이요 진리요 생명이다", "나는 참 포도나무다"―를 사용하여 세상을 향하여 말을 걸어온다.

예수가 가르치는 이 메시지를 듣는 사람이 **만약** 있다면, 그는 위험해진다. **만약** 듣지 않으려고 냉담한 의식을 가지고 앉아 있는 사람이 있다면, 그는 더 위험하다. 왜냐하면 메시지를 전하는 예수나 듣는 사람 둘 사이에 눈에 보이지 않는 팽팽한 긴장이 형성되며 중간에 교착상태에 빠질 수 있기 때문이다. 가장 평범한 진리조차도 이 긴장 때문에 놓치고 만다.

하나님의 말씀은 특정한 시대에 특정한 영적 상태들을 은유적 언어들로 표현한 은유 덩어리들이다. 이 덩어리들은 비록 그 구상들이 외견상 구체적인 지역적 특성들을 나타내지만, 결정적으로 어느 한 장소나 역사적 시기에 고정될 수 없다. 이 덩어리들은 실제 세계나 그것들이 건드리는 개인의 내면에 존재하는 차원들과 실재들의 의미를 표현한다. 메타포는 시공간의 외적 세계를 묘사하는 것으로 보이지만 은유가 지시하는 실제 우주는 내적인 삶의 영적 영역이다. "하나님의 나라는 너희 안에 있다"고 말씀하시는 예수는 메타포의 화신이다.

성경 말씀 대부분의 주석들과 설교들은 생명력으로 살아 숨 쉬는 능동적인 은유 덩어리들을 내포적 의미보다는 외연적 의미에 치중해 왔다는 점에서 아쉬움이 되살아난다. 예를 들면, "젖과 꿀이 흐르는 가나안", 그 약속의 땅은 피와 눈물과 고난의 여정이었다. 단지 외연적인 줄거리에 그 초점을 맞추면, 생명을 해치는 칼과 창으로 무장한 무력과 세력으로 땅을 빼앗는 땅따먹기 경쟁에 관한 이야기에 불과하다. 그 내연의 진정한 의미는 존 번연(John Bunyan)의 『천로역정』(Pilgrim's Progress)과 같이 인간의 의식과 마음의 지도가 그리는 과정의 결과, 즉 구도자의 영적 여정과 그 종착점인 것이다.

은유가 궁극적으로 지시하는 내용, 함축적인 의미들은 시공간의 영역 안에서 이 초월적 에너지가 어떻게 작용하는 신비를 열어 젖혀야 한다. 하인리히 치머(Heinrich Zimmer)의 말을 빌려보면, "최상의 것은 말로 표현할 수 없다. 그리고 차선의 것은 오해를 받는다." 왜 차선의 것은 오해를 받는가? 그것은 너무 자주 사용되기 때문에 내연이 아니라 외연으로 잘못 해석하게 되는 메타포들일 것이다.

메타포는 개인의 삶과 생명의 가치를 다루는 것들이 주된 내용이기 때문에 은유로 표현되는 영적 사건들에 대한 메시지를 포기해버려서 좋을 것은 하나도 없다. 결국 메시지는 있는데 바로 거기에 우리를 가로막는 장애물이 있다는 점이다. 왜냐하면 이 메시지가 은유적이 아니라 문자 그대로 받아들여지기 때문이다.

성경의 은유들이 말을 걸어오지 않을 때, 다시 말하면 의식의 내밀한 차원으로 침투해 들어오도록 마음의 문을 화들짝 열어두지 않을 때 그리고 은유의 발걸음 허용하지 않는다면 하나님의 영적 신비를 체험할 수 없다. 편협하게 구체적인 시간과 장소에 초점을 맞추려는 의식과 해석이 영적 장애물이 될 것이다.

기독교의 은유들을 마음과 영에서 우러나는 상징들이 아니라 역사적이고 지리적인 사실로 만 이해하면서 영적인 권리들을 주장할 경우, 세계는 끔찍하게 분열되고 어쩔 수 없이 엄청난 비극을 맞게 된다.

"선악과"는 하나님의 선과 악, 인간의 자유의지에 대한 메타포다. 선도 메타포다. 악도 메타포다. 에덴에서 추방되기 전, 악이 발생하기 전, 하나님은 선악의 개연성을 열어놓고 있다. 그러나 "십자가"는 실제로 악이 발생하여 선과 악이 공존하는 '혼합 메타포'(Mixed Metaphor)다. 에덴의 상실로 인한 추방과 죽음이라는 리얼리티인 메타포가 십자가에서 악의 메타포로 드러내는 현상을 볼 수 있다.

십자가의 메커니즘은 '선-악-선' 이라는 순환 시스템을 생성시킨다. 인간 예수의 죽음, 소생, 부활 그리고 하늘 아버지의 뜻대로 쓴 잔을 마시는 아들의 '거룩한 겸손' 이라는 메시지를 떠나서 이 세상은 악이 존재한다는 것을 이 시스템은 **아직도**(still) 증명해주고 있다. 그리스도의 죽음을 예언하는 구약의 신탁과 예수 자신이 스스로 고백하는 죽음의 여정이 현실적이면서 아버지의 '은밀한 원인'에 순응하는 것이다.

십자가는 21세기의 해 아래서 여전히 벌어지고 있는 자연적인 악, 사회적인 악, 윤리적인 악을 막을 수 없다. 십자가에 매달린 하나님의 아들 예수는 악의 대못과 창끝이 주는 고통을 체념과 순응으로 응답한다. 그러나 십자가의 메타포는 이러한 악을 제어할 수 있는 힘과 맞서 싸울 수 있는 용기와 희망을 제공해준다.

영적 유산과 그 은유들의 외피만을 취하고 그 안의 살은 내던져버리는 사람들. 과연 그들은 누구인가? 그들의 영적 메타포는 무엇인가 묻고 싶다.

메타포는 창조 이래 **아직도** 살아서 움직이는 언어다. 그러나 많은 오해를 받기도 한다. 고등교육을 받은 신학자들이나 성경과 신학에 정통한 박사들조차도 어떤 사람이나 사건에 대한 거짓이나 왜곡이라고 생각한다. 그것은 은유적 언어를 잘 모르는 데서 오는 무지를 드러내는 것이다. 성경에 등장하는 모든 종교적 이데아들은 영적 신비에 대한 메타포들이다. 그러나 메타포의 외연을 내연으로, 내연을 외연으로 잘못 해석하는 경우, 그 상징이 내포하는 의미를 완전히 상실할 수 있다는 점을 명심해야 할 것이다.

21세기 종교지도자들은 종교적 은유들의 역사-사실적 성격만을 고집함으로써 그 본래의 의미를 왜곡시키고 천박하게 만들었다. 결과적으로 사람들의 영적 요구들을 무시하고 있다. 교황 요한 바오로 23세는 "시대의 표징을 읽으라."고 선포하지만, 자신들의 시대마저 뒤처지고 있는 현실이 아쉽기만 하다.

21세기에 새롭게 등장하는 '사이버신학'의 메타포— http://blog.naver.com/jdewpoint.do—는 '신학적 트로이 목마'로서 하나님의 섭리를 이해하는 새로운 장치이며 도구다. 디지털의 메타포는 하나님의 뜻을 이해할 수 있는 가장 좋은 로고스 커뮤니케이션 중의 하나다. **만약** 필자가 연구해온 이 '사이버 신학' 혹은 '사이버 은총'의 메타포를 이해할 수 없다면, 그것은 영적 빈곤 상태에 빠지게 될 것이다.

나가는 말

DDS!

믿음의 '바람직한 상태의 정도'(the degree of desirability of a state)를 말한다. 마치 인간의 욕심이나 욕망처럼, 그것이 선의 DDS이든 악의 DDS 이든 DDS에는 한계가 없다.

왜 하나님은 완벽한 세상을 창조하지 않으셨을까? 왜 하나님은 보다 나은 세상을 만들지 않으셨을까? 악에 대한 가장 핵심적인 문제는 전자가 아니라 후자다. DDS의 높고 낮음은 인간의 책임이다. 따라서 DDS를 증가시켜라. 그대 안에서 활동하시는 성령의 창조적인 '권능', 즉 '두나미스'(dunamis) 를 확대시켜라. DDS의 균형을 유지하라. DDS의 감소는 위험하다. 왜냐하면 사람들에게 우주적 생명의 고갈을 가져온다. DDS의 상실은 선의 약화를 가져온다. 악에게 기회를 줄 수 있다. "선으로 악을 이길 수 있는"(롬 12:21) '두나미스'의 DDS를 키워야 한다.

슬프도다! 어찌하랴! '토기장이'를 원망하랴? 원통하여 심장이 터질 것 같은 외마디 한번 외쳐보는 것을…….

"그것은 하나님의 실수였습니다."